La France dans ses territoires

Collection Pour les concours

Parmi nos récentes publications
Réussir les nouvelles épreuves de géographie aux concours, Alexandra Monot, Lionel Laslaz, Karine Marot, Loïc Rivault, Dominique Roquet
France : aménager les territoires, Raymond Woessner
La France en villes, Gérard-François Dumont
Produire pour nourrir les hommes, Jean-Paul Charvet

Illustration de couverture : Construction d'un pont dans les environs de Lyon.
© Eberhard Streichan/Corbis.

Maquette de couverture : © Didier Thimonier

ISBN : 978-2-301-00068-2

Internet : http ://www.editions-sedes.com

Magali Reghezza-Zitt

La France dans ses territoires

SEDES

Sommaire

Introduction

« L'expression géographie de la France porte en elle la lourde hérédité de trois séries d'images erronées : souvenirs de l'école où s'accumulent des listes de noms et de chiffres; présentation quasi encyclopédique de tous les aspects et de tous les phénomènes, du relief au commerce extérieur, du régime des fleuves aux pyramides des âges; invitation à la découverte touristique de la France par l'évocation de ses paysages et de ses sites. La géographie n'a rien à voir avec ces représentations. »

P. Pinchemel, *Géographie de la France*,
Armand Colin, 1963, *Avant-propos*, p. 5.

I. LA FRANCE : LE PARTI PRIS DU TERRITOIRE

De nombreux manuels traitent de la géographie de la France. La succession des productions universitaires montre à quel point les approches se sont renouvelées au fur et à mesure des transformations du territoire national, mais aussi des évolutions de la discipline. Dans le même temps, plusieurs observateurs constatent que la France demeure « le maillon faible des connaissances » (R. Knafou), « la mal-aimée des concours » (M. Candelier-Cabon), un « enseignement négligé qui ne semble guère intéresser les élèves » (G. Hugonie). Le défi auquel nous cherchons à répondre n'est donc pas des moindres : présenter à partir des recherches récentes une géographie de la France qui rende non seulement compte de la complexité des dynamiques territoriales actuelles, mais aussi de la richesse des travaux réalisés ses dernières années et des perspectives ouvertes.

Pour ce faire, nous avons pris le parti d'aborder la France par l'entrée du « territoire ». Il ne s'agit pas d'un simple effet de mode, même si le contexte actuel s'y prête. Le mot « territoire » a en effet envahi le discours politique et médiatique. On l'utilise volontiers au pluriel, pour insister sur l'irréductible diversité des lieux et des espaces, des milieux et des paysages, des sociétés et des identités qui s'expriment au sein du pays.

L'engouement rhétorique pour le territoire reflète en réalité l'attention nouvelle accordée au local. Le pouvoir politique, héritier d'une longue tradition centralisatrice, redécouvre aujourd'hui des vertus d'une gestion de proximité. La promotion du local est aussi portée par une partie de la société française qui aspire, à des degrés divers et de façon plus au moins explicite, à retrouver et valoriser des racines parfois largement fantasmées ou mythifiées, dans une terre clairement identifiée. La référence au territoire mêle alors confusément le rejet des échelons politiques supérieurs, jugés technocratiques et coupés des réalités, la revalorisation des savoirs et savoir-faire traditionnels, le refus de certaines transformations économiques ou sociales, l'attachement à un certain nombre de valeurs, l'expression d'une crise identitaire, l'aspiration au concret, etc.

Notre choix d'entrer par le territoire pour parler de la France est pourtant davantage imposé par l'évolution de la géographie que par l'air du temps. Les travaux du géographe C. Grataloup ont montré que le « territoire » correspondait à un troisième moment de la pensée géographique, qui prend désormais en compte l'identité des individus et des sociétés, après le moment du « milieu » et celui de « l'espace ». Le territoire réconcilie les approches d'une géographie physique renouvelée en géographie de l'environnement et celles d'une géographie humaine refondée en géographie sociale et spatiale. Le concept exprime donc la diversité et la richesse de la géographie française contemporaine, tout en faisant converger des branches disciplinaires qui s'étaient éloignées les unes des autres.

Le « territoire » est en effet un concept « inclusif » qui permet d'intégrer l'apport de divers courants de pensée géographique et des différentes analyses de la surface terrestre qui leurs sont associées. Le terme est pour cette raison fortement polysémique, les différentes acceptions ne signifiant pour une fois pas une confusion, un « flou », mais la richesse des perspectives ouvertes.

Au sens le plus élémentaire, le mot « territoire » désigne l'espace géographique *approprié* par la société. Parler de territoire permet d'emblée à la géographie de se poser comme une science sociale à part entière, tout en conservant la richesse du concept « d'espace géographique ». La définition du territoire renvoie en effet d'abord à l'espace comme portion de la surface terrestre, c'est-à-dire à une étendue physique qui possède des propriétés géométriques et qui est donc mesurable. Cette étendue est aussi caractérisée par sa matérialité concrète, qui relève d'un environnement spécifique, produit d'un rapport original entre une société et un milieu naturel. En tant qu'espace géographique, le territoire est un construit social. Il se caractérise par un agencement spatial des faits sociaux et de relations entre des lieux, que l'on appelle organisation spatiale. Ces organisations évoluent au cours du temps : le territoire est ainsi modelé, transformé, par des dynamiques spatiales, reflets des mutations sociales, économiques ou politiques.

Toutefois, le territoire ajoute à la notion d'espace géographique la dimension de l'appropriation. Celle-ci peut être tirée dans deux directions différentes, quoique complémentaires :

– l'appropriation peut être politique. En ce sens, le territoire est une portion d'espace sur lequel s'exerce un pouvoir, qui inscrit généralement sa souveraineté dans le cadre de limites clairement identifiées, parfois juridiquement sanctionnées. Cette acception du territoire demande de réfléchir à la question des acteurs et aux rapports de forces entre ces acteurs. Elle concerne la question des maillages, des frontières, des conflits qui surgissent autour de l'appropriation ;
– l'appropriation peut être symbolique. Elle renvoie alors à l'inscription d'un individu ou d'un groupe social dans une terre. On touche ici aux questions des pratiques et des représentations qui construisent un sentiment d'appartenance et qui produisent une identité singulière. Le territoire dans cette perspective rejoint les questions attachées à l'habiter, aux espaces de vie, aux espaces vécus, aux lieux.

Dans les deux cas, le territoire permet d'insister sur l'ancrage local des sociétés et des individus.

II. PENSER LA FRANCE À L'HEURE DE L'EUROPE ET DE LA MONDIALISATION

L'entrée par le territoire est aussi la conséquence de deux processus concomitants qui ont profondément bouleversé la géographie de la France : l'intégration à l'Union européenne et la mondialisation.

L'intégration européenne est envisagée ici comme un processus de construction politique supranationale qui privilégie de nouveaux échelons, en particulier l'échelon régionale. La mondialisation désigne, quant à elle, le processus de mise en relation des différents lieux et espaces de la planète par une intensification et une diversification des flux, des échanges et des mobilités.

Du fait de la mondialisation et de l'intégration européenne, les processus économiques, sociaux, environnementaux doivent désormais s'appréhender à des échelles nouvelles sans lesquelles il est impossible de saisir leur cohérence. Alors que l'intégration européenne amorce la construction d'une échelle continentale, la mondialisation renvoie à l'émergence d'une échelle planétaire.

Or, et c'est un paradoxe, ces processus d'échelle supranationale ne signent en aucun cas la fin du local, et avec elle, la mort des territoires. C'est plutôt l'exact contraire qui se produit : jamais les territoires n'ont été aussi présents.

Intégration européenne et mondialisation entretiennent en effet des liens étroits avec les territoires. Elles peuvent d'abord être considérées, selon les cas, comme des moteurs directs ou indirects d'une partie des mutations socio-spatiales qui se produisent aux échelles infra-nationales. On observe par exemple localement des recompositions plus ou moins achevées des sociétés, des systèmes d'acteurs, des paysages, des identités. On assiste à la naissance de nouvelles organisations sociales et spatiales, de nouvelles pratiques, de nouvelles représentations. Ces transformations sont autant de dynamiques territoriales, qui transforment le territoire français dans son ensemble et qui peuvent donc être appréhendées comme des traductions locales, territorialisées, de processus dont les logiques se déploient à des échelles plus globales. Elles ne s'opèrent toutefois pas toutes au même rythme ou avec la même intensité. En ce sens, le degré d'insertion dans la mondialisation et la dynamique d'intégration européenne sont de puissants facteurs de différenciation territoriale.

En outre, mondialisation et intégration européenne participent à ce que certains auteurs ont pu qualifier de « fabrication débridée des territoires ». F. Girault et B. Antheaume appellent ainsi la création de multiples périmètres d'action, d'intervention ou de mobilisation. Ils soulignent en particulier que « la production contemporaine des territoires locaux » obéit désormais « à une logique de recherche des territoires multiformes du développement, au sens d'espaces de mobilisation des différents acteurs potentiels du développement autour d'un projet »[1]. Cette production territoriale est le fait de multiples acteurs : certains sont institutionnels (les pouvoirs locaux par exemple, qu'il s'agisse des échelons communaux et intercommunaux, des régions ou de l'Union européenne), d'autres relèvent de la « société civile » (organisations non gouvernementales, associations, particuliers), certains appartiennent à la sphère publique, d'autres au secteur privé. Ces nouveaux territoires se caractérisent par de nouveaux modes d'appropriation politique et symbolique. Ils sont porteurs d'une identité qui peut être pensée en rupture avec le passé, mais qui est également réinscrite dans une continuité temporelle.

III. LA FRANCE, UNE QUESTION D'ÉCHELLE

La géographie de la France ne saurait en effet être pensée indépendamment de son histoire. Tout territoire présente une épaisseur temporelle qui se traduit par une mémoire, des héritages, des traditions.

1. B. Antheaume et F. Giraut, *Le territoire est mort, Vive les territoires*, Paris, Éditions de l'IRD, 2005.

Un territoire s'inscrit par conséquent dans une durée. La prise en compte des échelles temporelles est dans ces conditions essentielle. Le territoire doit s'envisager comme un système, c'est-à-dire comme un ensemble d'éléments solidaires dont les interactions forment une totalité. Chaque composante de ce système territorial, qu'il s'agisse de la société, des activités économiques, des milieux, etc., possède sa propre temporalité, ses propres rythmes d'évolution. De fait, lorsque des dynamiques exogènes, telles que la mondialisation ou l'intégration européenne, affectent le territoire, toutes les composantes du système ne réagissent pas à la même vitesse. Il existe toute une série d'états intermédiaires qui font passer d'un système territorial à un autre et qui correspondent à des recompositions inachevées, des transformations inabouties, des retours en arrière.

L'attention portée aux échelles temporelles se double de celle qu'il est impératif d'accorder aux échelles spatiales. La dimension multiscalaire est consubstantielle à l'analyse géographique. Certes, le territoire nous tire invariablement vers le local. Mais le sens du mot « local » est ici ambigu car il ne renvoie pas systématiquement à la grande échelle. Le local est avant toute chose une référence à la proximité, une forme d'abolition plus ou moins achevée de la distance, qu'il s'agisse d'une distance kilométrique, sociale, culturelle, mentale, etc. Le caractère local peut ainsi s'exprimer pour des surfaces variables : la maison, le quartier, la ville, la région urbaine, le pays, peuvent selon le contexte être considérés comme du local.

Penser les territoires implique donc de considérer, au-delà de la diversité mise en exergue par le pluriel, une multiplicité d'échelles spatiales et ce alors même que la mondialisation et, dans une moindre mesure, l'intégration européenne, ont eu pour conséquence de changer le rapport aux échelles. Pendant longtemps en effet, on a considéré que les différents niveaux scalaires s'emboîtaient, un peu à la manière des poupées russes. Cette image reste totalement valable si l'on envisage le territoire français dans sa dimension de construit politique. Les mailles administratives qui pavent l'espace national s'emboîtent (d'aucuns diraient s'empilent) effectivement de façon plus ou moins efficace. Mais ce schéma n'est absolument plus pertinent pour les autres formes de territoire, qu'il s'agisse des espaces de vie ou des espaces vécus, des territoires de l'économie ou de la mobilité. La fabrique des territoires a produit de multiples périmètres d'échelles variées, aux limites floues, qui se superposent, se mélangent et qui interagissent. De fait, non seulement des espaces de dimension variée relèvent de la même forme territoriale, et donc en un sens d'une même échelle, mais l'interaction entre les échelles devient un objet d'analyse. Les différentes échelles doivent alors être appréhendées simultanément et non plus successivement.

IV. LA FRANCE, ENTRE GÉNÉRAL ET PARTICULIER

Historiquement, la géographie s'est construite sur l'observation du particulier afin d'en dégager un savoir général théorique. Héritière d'une tradition qui a longtemps privilégié la démarche idiographique, la monographie régionale et le « plan à tiroir », la géographie régionale, et avec elle la géographie de la France, a été vivement critiquée comme étant peu scientifique, non rigoureuse et pour le dire clairement, prodigieusement ennuyeuse. Si l'on sort des caricatures encore hélas fort répandues d'un apprentissage visant à retenir la liste des départements, des préfectures et des sous-préfectures, la géographie de la France reste peu attractive, sans doute trop peu exotique, trop « facile », trop banale.

Pourtant, la géographie de la France est une géographie difficile car elle suppose que l'étudiant (et *a fortiori* l'enseignant et le chercheur) soit capable d'articuler des savoirs théoriques, en particulier un corpus de notions et de concepts abstraits, *et* la connaissance concrète d'espaces dont la singularité est irréductible. Il doit de fait disposer de connaissances concrètes, diversifiées et sans cesse actualisées, pour pouvoir proposer une analyse pertinente, sachant que le niveau de précision exigé est infiniment supérieur à celui que l'on attendrait pour d'autres pays puisque l'étudiant en question est supposé vivre en France. Notre souci a donc été d'opérer un va-et-vient constant entre général et particulier, entre concept abstrait et terrain, entre exemple localisé et idée générale.

Dans ce contexte, un manuel sur la France se heurte d'emblée à la difficulté de devoir proposer, en un nombre de signes forcément limité, à la fois une géographie du général, qui mette l'accent sur les grandes lignes d'organisation du territoire et sur leurs dynamiques, et une géographie du particulier qui fournisse au lecteur une connaissance plus circonstanciée de l'espace traité. Nous développerons donc un certain nombre d'études de cas, présentées tant pour leur représentativité que pour leur caractère atypique (quoiqu'en la matière, la différence entre exemple canonique et exemple original soit très relative). Elles seront traitées dans le corps du texte, à la manière de ce qui est souhaité dans l'exercice de la dissertation, mais aussi sous la forme d'encadrés accompagnés de croquis et de cartes de synthèse, à l'image de ceux que l'on demande aux candidats de réaliser lors des examens et des concours.

Plusieurs études de cas seront tirées du croisement d'articles scientifiques récents et de cartes topographiques. En dehors du fait que le commentaire de cartes soit inscrit au programme de nombreux concours, l'analyse de la carte topographique est un excellent moyen pour s'entraîner à la méthode du questionnement géographique et pour apprendre à connaître de façon fine le territoire national.

V. LA FRANCE, DU TERRITOIRE AUX TERRITOIRES

Le souci de concilier le général et le particulier s'exprime également dans la tension entre *le* territoire et *les* territoires, c'est-à-dire entre l'ensemble national et la diversité du local. Nous souhaitons ainsi proposer une géographie de la France, qui sans être exhaustive, aspire à présenter la diversité des dynamiques territoriales actuelles tout en faisant émerger les caractéristiques communes à certains espaces. La nécessaire attention à la singularité du local présente un risque important : celui faire disparaître l'unité du territoire national. La France ne saurait en effet être réduite à une collection de territoires, une mosaïque plus ou moins pointilliste.

Pour dépasser cette difficulté, guider le lecteur et conférer une cohérence à l'ensemble, nous avons choisi un fil directeur : la déclinaison et l'articulation des différentes acceptions du territoire en géographie. Nous adopterons ainsi une approche thématique et non un découpage par grandes régions. Ce choix nous permet notamment d'introduire un certain nombre de notions et de problématiques générales, valables aussi bien à l'échelle nationale que locale, qui sont autant de pistes d'approfondissement pour le lecteur.

Ainsi, le premier chapitre part du territoire comme construit géopolitique et géohistorique et traite de l'appropriation politico-administrative de l'espace français à travers la question du maillage et des acteurs. Il permet d'introduire le passage du territoire national aux territoires, envisagés ici comme échelons infranationaux et comme périmètres d'intervention.

Le deuxième chapitre glisse vers la dimension matérielle des territoires en abordant la question des milieux et de l'environnement, qui confèrent aux territoires une identité sociale et paysagère spécifique. Ce chapitre permettra de rappeler des connaissances élémentaires de géographie « physique », d'aborder la question des risques et des ressources ou de réfléchir aux questions de protection de la nature. Nous croiserons ici les interrogations concernant le rapport nature/société et celles de la production territoriale. La gestion des questions environnementales fabrique en effet de nouvelles mailles d'interventions tandis que l'évolution de notre rapport à la nature conduit à de nouvelles pratiques et de nouvelles identités sociospatiales.

Le troisième chapitre rebondira sur la question des identités socio-spatiales en envisageant la dimension symbolique de l'appropriation à l'origine de la production territoriale. Nous nous intéresserons ici aux espaces de vie et aux espaces vécus à l'heure des mobilités, afin d'appréhender l'évolution des appartenances territoriales et les identités qui en découlent. La diversification et l'intensification des mobilités, liées notamment à la mondialisation, produisent en effet de nouveaux rapports à l'espace, qui sont autant de modes d'appropriation territoriale susceptibles de perturber l'organisation socio-spatiale et le sentiment d'appartenance à une terre.

Les chapitres suivants examineront les grandes dynamiques territoriales qui caractérisent aujourd'hui le territoire français. Nous commencerons par étudier les dynamiques qui affectent l'urbain (chapitre 4), dans la mesure où le fait urbain structure le territoire national à diverses échelles. Nous insisterons ici sur la dynamique métropolitaine, en tant que traduction locale de la mondialisation. Nous aborderons ensuite la question des campagnes et des territoires ruraux (chapitre 5), non seulement dans leurs liens à la ville, à travers la question de la périurbanisation, mais à l'aune de leurs dynamiques endogènes. Nous consacrerons ensuite un chapitre aux territoires de l'industrie (chapitre 6), afin d'examiner d'une part la déterritorialisation/reterritorialisation d'un secteur économique de plus en plus mondialisé, d'illustrer d'autre part la notion de « transition territoriale ».

Le septième chapitre traitera la question des territoires périphériques, en insistant sur les différentes échelles possibles. Il permettra notamment d'aborder la question de l'Outre-mer, des montagnes françaises ou encore des banlieues. À cette occasion, nous reviendrons sur la notion d'« aménagement des territoires ».

Les deux derniers chapitres présenteront les deux défis territoriaux qui accompagnent, encouragent voire suscitent, la fabrication des territoires évoquée précédemment. Le huitième chapitre étudiera ainsi le passage du gouvernement à la gouvernance des territoires, en revenant sur les risques et les défis entraînés par la territorialisation des politiques de gestion. Le neuvième chapitre s'attardera sur la question du développement durable, à la fois référentiel et horizon de l'action politique, enjeu et opportunité pour les territoires.

Je tiens à remercier ici tout particulièrement Éloïse Libourel et Pauline Guinard pour leurs précieuses relectures et leurs conseils.

Chapitre 1

Des territoires appropriés et construits politiquement

Dans l'acception politico-juridique du terme, un territoire est défini comme une étendue bornée sur laquelle un acteur exerce son contrôle. On parle de territoire car il y a bien un processus d'appropriation, au cours duquel un acteur déploie une stratégie pour asseoir et maintenir dans le temps son pouvoir sur une portion de la surface terrestre. L'appropriation repose en particulier sur la délimitation juridique du périmètre de souveraineté de cet acteur, qui contribue à institutionnaliser son autorité.

Le territoire français se présente ainsi comme le cadre spatial dans lequel s'établit une communauté humaine, la nation. Cette dernière matérialise son installation sur une terre donnée en délimitant par des frontières internationales les contours de sa souveraineté. Cette souveraineté est exercée par l'État, personnalité juridique émanant de la société, incarnée par un gouvernement qui dispose de la prérogative suprême d'action, de commandement et de coercition.

Toutefois, ce rapport de souveraineté entre un pouvoir et un espace délimité se décline aussi à d'autres échelles, qui sont autant d'échelons politico-administratifs. Chaque périmètre ainsi défini relève d'une autorité précise qui est dotée de compétences spécifiques. Ces mailles politiques locales ou intermédiaires contribuent toutes au façonnement des territoires de la France.

Les maillages politiques français sont complexes à double titre. Ils le sont par un emboîtement de périmètres multiscalaires, qui vont de la commune à l'État et, de plus en plus, à l'Union européenne. Ils le sont également parce qu'ils se superposent à d'autres types de territoires, qui correspondent à d'autres modes d'appropriation de l'espace : par exemple, les espaces de vie des Français ou les territoires économiques.

Dans ces conditions, en quoi la France se singularise-t-elle par sa construction territoriale ? Comment est organisé le maillage politique du territoire national ? Comment le pouvoir politique central, mais également les pouvoirs locaux, adaptent-ils les périmètres politico-administratifs, dans un contexte de mondialisation et d'intégration européenne ?

I. UN ÉTAT CONSTRUIT PAR ET DANS DES TERRITOIRES POLITIQUES

La France se singularise dans l'espace européen par l'ancienneté et la pérennité du couple formé par le territoire et le gouvernement central incarnant l'État. Ce couple État/territoire existe de manière continue au moins depuis le XIIIe siècle. Il se rapporte à un espace physique dont les bornes et l'étendue font preuve d'une indéniable stabilité, malgré les modifications régulières, liées notamment à la succession des conflits.

A. Un État et une nation construits dans un cadre territorial ancien

La France a une superficie de 670 922 km², dont 547 030 pour le territoire métropolitain. Elle est le 41e plus grand État du monde par sa superficie terrestre, mais le deuxième si l'on tient compte de la souveraineté exercée sur les espaces maritimes. S'il est vrai que les frontières actuelles de la partie métropolitaine du territoire ont encore été modifiées à l'issue de la Deuxième Guerre mondiale, l'étendue soumise à l'autorité de Louis XIV à l'issue de son règne (1643-1715) est très semblable à celle contrôlée aujourd'hui par la République, que l'on soit en métropole ou outre-mer.

Deux types de limites territoriales peuvent être distingués : les frontières terrestres et les frontières maritimes. La France possède des frontières terrestres en Europe, en Amérique latine avec la Guyane, sur l'île de Saint-Martin (Antilles) et en Antarctique. La plupart des tracés sont anciens. Par exemple, la frontière des Pyrénées entre la France et l'Espagne date de 1649. Les frontières atlantiques remontent à l'intégration de la Bretagne au royaume de France en 1582, grâce au mariage d'Anne de Bretagne et de Charles VIII en 1491. Toutefois, certaines frontières sont relativement récentes : le comté de Nice n'a été rattaché à la France qu'en 1860, après référendum. Toujours dans les Alpes-Maritimes, Tende et la Brigue ne rejoignent la France qu'en 1947.

En revanche, la reconnaissance internationale des frontières maritimes est beaucoup plus récente. Il a ainsi fallu attendre 2003 pour l'établissement définitif de la délimitation maritime entre la France et les îles anglo-normandes.

La France, produit d'une construction territoriale

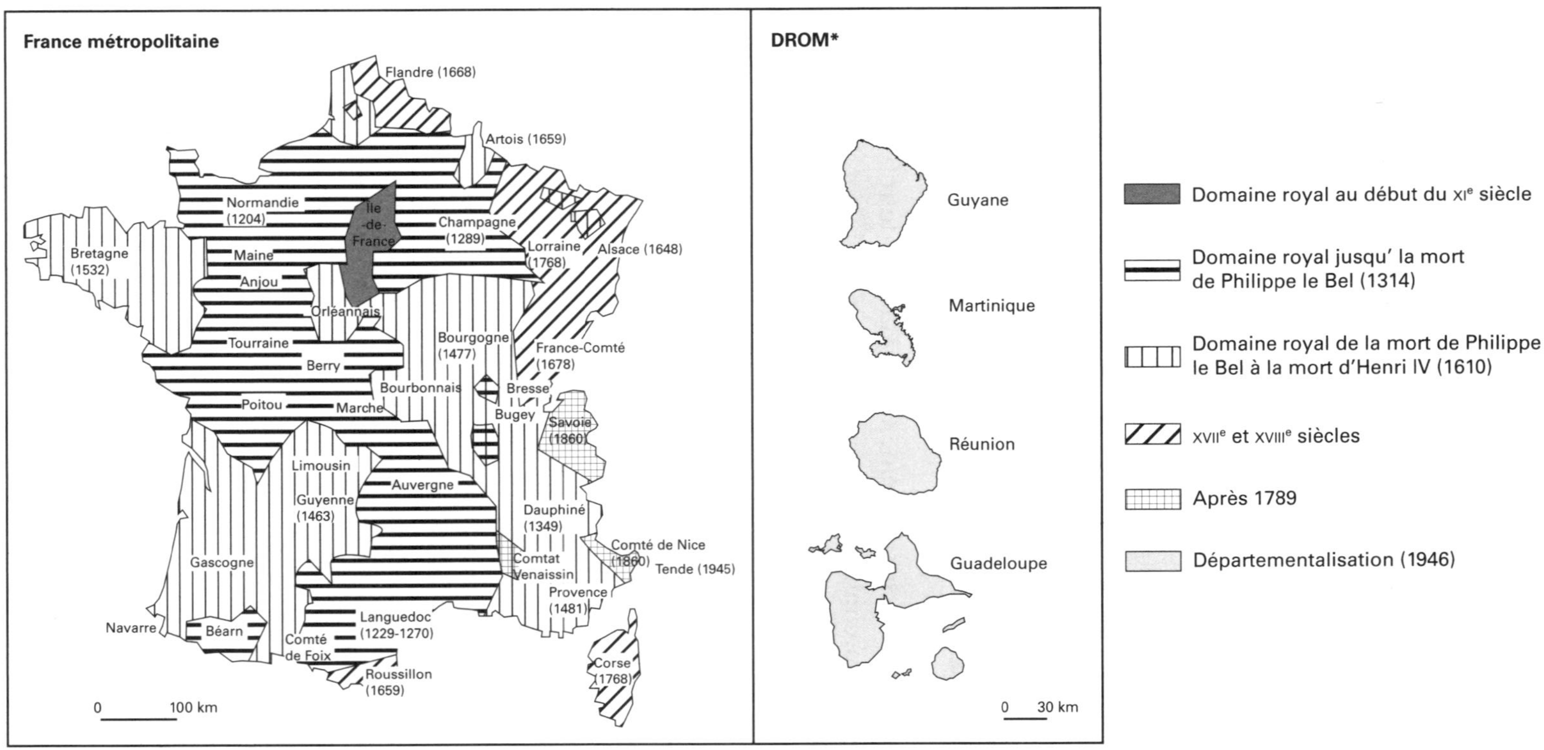

** L'ensemble des territoires d'outre-mer n'est pas représentés*

La définition des frontières maritimes est désormais fixée par la Convention des Nations unies sur le droit de la mer (1982), selon des règles uniformes qui s'appliquent en droit à tous les États. L'État français exerce ainsi un droit de pleine souveraineté sur les « eaux territoriales » qui s'étendent sur douze milles à partir des côtes. Cette zone est considérée comme partie intégrante du territoire national. À cela s'ajoute jusqu'à deux cents milles des côtes, une zone économique exclusive (ZEE), sur laquelle l'État exerce un droit de gestion des ressources.

Les frontières maritimes sanctionnent donc la souveraineté de la France sur un vaste espace. Cette ampleur est largement héritée des anciennes possessions coloniales (environ 10 millions de km^2 de superficie, dont 4,8 millions de km^2 pour la seule Polynésie française). Les territoires ultra-marins ont ainsi une importance stratégique majeure.

B. Un territoire national marqué par la centralisation : Paris et « ses » provinces

La grande particularité française réside dans le rôle premier que l'État a joué dans la construction de l'unité non seulement politique, mais aussi culturelle et économique du territoire national. De la langue commune à l'ancrage de la conception française de la nation et de la République, les principales composantes de la cohésion nationale résultent de l'action étatique. D'ailleurs, contrairement à des pays comme l'Allemagne ou l'Italie, l'État en France précède et engendre la nation, c'est-à-dire la population rassemblée par une identité et un projet politique partagés.

La puissance du pouvoir central est un héritage historique. La centralisation étatique s'est patiemment construite depuis le Moyen Âge à partir du royaume de France. La monarchie est à l'origine de la concentration des pouvoirs administratifs dans la capitale, ce qui faisait d'ailleurs dire à Tocqueville que « la centralisation administrative est une institution de l'Ancien Régime et non pas l'œuvre de la Révolution ni de l'Empire ». La République n'a fait ici que poursuivre cette action autour de l'idéal d'une nation « une et indivisible », et ce malgré les aspirations décentralisatrices.

Le primat du politique et du niveau étatique dans la construction de l'entité géographique « France » se traduit par une articulation particulière entre la région capitale et les autres, qui, toutes ensembles, constituent *la* Province. L'expression apparaît aujourd'hui désuète. Le temps où la province était décriée ou perçue comme attardée par les Français est bel et bien révolu que ce soit en ville ou à la campagne. La plupart des Français, y compris les Franciliens, reconnaissent même volontiers une préférence pour les cadres et les conditions de vie provinciaux. Néanmoins le fait géographique demeure. Certes, le terme de « région », politiquement plus correct, est préféré à celui de Province. Mais quand un média annonce un reportage ou un événement « en région », on comprend aussitôt que l'on se déplace dans « l'autre » France. Le singulier s'impose encore et toujours pour désigner l'ensemble des composantes non parisiennes du territoire, des provinces d'Ancien Régime aux régions d'aujourd'hui.

Le rapport à la région capitale demeure par conséquent un élément structurant du territoire français, qu'il s'agisse de l'organisation politique ou de la façon dont la population se représente le pays. Cette organisation territoriale, qui consacre la domination du centre parisien, est lisible à la simple observation d'une carte routière ou ferroviaire. Les réseaux majeurs (autoroutes, lignes à grande vitesse LGV, transports aériens) sont dessinés en étoile : les voies radiales sont pensées comme un instrument d'intégration de chacune des régions au territoire national, parce qu'elles offrent une liaison rapide au centre parisien. Très souvent, le chemin le plus rapide pour aller d'une capitale régionale à une autre passe par Paris, même si le détour kilométrique est important. De fait, si les réseaux constitués de radiales permettent effectivement une assez bonne insertion des différentes régions dans un système d'échanges national, ils consacrent aussi une inégale accessibilité entre la région parisienne, « carrefour » par excellence, et le reste du pays. Les régions françaises sont ainsi très bien connectées à la capitale, mais sont nettement moins bien reliées entre elles.

II. DES MAILLAGES TERRITORIAUX COMPLEXES

Le maillage administratif est pour l'État, un instrument qui lui permet d'exercer ses prérogatives sur le territoire national. Pour contrôler son espace de souveraineté, la puissance étatique découpe le territoire en plusieurs sous-ensembles : chaque périmètre est associé à un échelon de gestion et à un acteur ayant une compétence précise. Ce périmètre est administré, c'est-à-dire géré au nom de l'intérêt général. L'administration de ces sous-ensembles territoriaux est le fait d'élus issus de la circonscription concernée, et/ou le fait d'agents et de services de l'État (on parle alors parfois « d'État local »).

A. 100 départements et 36 000 communes : une France « en miettes » ?

Chacun en France habite à la fois une des 36 682 communes, un des 4 039 cantons, une des 577 circonscriptions législatives, un des 100 dépar-

Circonscriptions administratives des régions au 1er janvier 2009

	Départements	Arrondissements	Cantons	Communes
Alsace	2	13	75	904
Aquitaine	5	19	235	2 296
Auvergne	4	14	158	1 310
Bourgogne	4	15	174	2 046
Bretagne	4	15	201	1 270
Centre	6	20	198	1 842
Champagne-Ardenne	4	15	146	1 949
Corse	2	5	52	360
Franche-Comté	4	9	116	1 785
Île-de-France	8	25	317	1 281
Languedoc-Roussillon	5	14	186	1 545
Limousin	3	8	106	747
Lorraine	4	19	157	2 339
Midi-Pyrénées	8	22	293	3 020
Nord-Pas-de-Calais	2	13	156	1 547
Basse-Normandie	3	11	141	1 812
Haute-Normandie	2	6	112	1 420
Pays de la Loire	5	17	203	1 502
Picardie	3	13	129	2 291
Poitou-Charentes	4	14	157	1 462
Provence-Alpes-Côte d'Azur	6	18	236	963
Rhône-Alpes	8	25	335	2 879
Guadeloupe	1	2	40	32
Guyane	1	2	19	22
Martinique	1	4	45	34
Réunion	1	4	49	24
France métropolitaine et DROM	100	342	4 036	36 682

Source : INSEE; code officiel géographique.

tements, une des 26 régions (22 en métropole). Selon B. Giblin, la France compte ainsi à elle seule le tiers des structures territoriales de l'Union européenne.

Le découpage territorial infra-étatique français est caractérisé par la complexité, la parcellisation et l'égalitarisme. La complexité du maillage est liée à la multiplicité des niveaux scalaires de gestion, qui vont de la commune à l'échelon national, en passant par l'intercommunalité, le département, la région. La parcellisation des territoires administratifs découle du fait que les périmètres sont nombreux, souvent petits. L'égalitarisme impose enfin l'unité des dimensions de ces entités administratives au sein de chaque niveau de maillage.

La multiplicité des échelons politico-administratifs se traduit dans l'exercice de la citoyenneté. S'il est vrai que seuls la commune, le département, la région, l'État et l'UE sont des territoires de gestion et de gouvernance, chaque citoyen élit néanmoins directement ou indirectement le conseil municipal de sa commune, le conseiller général de son canton, les conseillers régionaux (ceux-ci sont élus par départements et non directement par région), le député de sa circonscription législative, les sénateurs (là encore, c'est l'échelle du département qui compte), les députés européens de sa circonscription européenne (8 en France) et, bien sûr, le président de la République.

Si la plupart des Français identifient leur maire et le président de la République, ceux qui sont capables de nommer le président de leur Conseil général ou celui de leur Conseil régional sont nettement minoritaires. Le maillage politique n'est donc pas toujours reconnu et approprié par les populations et les périmètres administratifs qui en découlent ne sont pas forcément des repères territoriaux pour leurs habitants.

B. Le tournant de la décentralisation

Le poids de l'échelon étatique a toutefois été redéfini par la loi du 2 mars 1982, relative aux droits et libertés des communes, des départements et des régions. Cette loi est appelée « loi de décentralisation » ou « loi Deferre ». Le choix des termes est ici important. On parle de décentralisation quand les collectivités territoriales gagnent des compétences au détriment de l'État. En revanche, quand le gouvernement délocalise ses propres services de la capitale vers les régions et départements, on parle de déconcentration administrative. Par exemple, les préfectures de région, les DREAL (Directions régionales de l'Environnement et de l'Aménagement du territoire) ou les rectorats d'académie sont des services déconcentrés de l'État à l'échelon régional. Inversement, les collectivités territoriales sont des « structures administratives françaises, distinctes de l'administration de l'État, qui doivent prendre en charge les intérêts de la population d'un territoire précis »[1]. Il s'agit bien d'une décentralisation au sens fort.

La loi de 1982 s'organise autour de trois évolutions majeures. Elle allège d'abord la tutelle administrative de l'État sur les échelons locaux. Par exemple, le préfet n'exerce plus de contrôle *a priori* sur l'opportunité des actes des collectivités, mais *a posteriori* et uniquement sur leur légalité. La loi de 1982 assure aussi le transfert du pouvoir exécutif au département et à la région alors que jusque-là, le préfet assurait l'exécution des mesures prises par le département et la région. Enfin, elle transforme la région en collectivité territoriale. Elle place donc les régions sur le même plan que les communes et les départements, consacrant trois niveaux de collectivités territoriales.

Depuis la loi de décentralisation de 1982, communes, conseils généraux et conseils régionaux exercent des compétences dans des domaines essentiels à l'évolution de leur territoire : logement, transport, urbanisme, infrastructures d'enseignement, infrastructures hospitalières... Tous ces pans de l'action publique échappent désormais largement à l'initiative et à la tutelle étatique. Ces transferts de compétences s'accompagnent de transferts financiers, les dotations annuelles, qui constituent une part essentielle des ressources financières des collectivités. Ces dotations sont justifiées par la modestie des taxes et impôts locaux, départementaux et régionaux et par la nécessité de compenser les considérables inégalités de potentiel fiscal existant entre les territoires. L'État joue ainsi un rôle complexe, voire politiquement ingrat, dans le financement de l'action publique : il est chargé de l'essentiel de la collecte des ressources, alors que les collectivités territoriales et les fonds européens qu'il abonde se chargent de la majorité des dépenses.

C. La décentralisation, un bilan contrasté

La décentralisation est sans doute la modification législative la plus importante de l'organisation administrative du territoire national. Il est désormais nécessaire pour comprendre les dynamiques territoriales de considérer des jeux d'acteurs beaucoup plus complexes, y compris dans le champ politique institutionnel. Par exemple, les collectivités territoriales réalisent désormais à elles seules près de 70 % de l'investissement public national.

Toutefois, si les politiques publiques sont aujourd'hui décentralisées, elles restent unitaires : la loi est la même partout, à la différence des États

1. Direction de l'information légale et administrative, www.vie-publique.fr.

fédéraux. Les processus de décentralisation administrative et politique n'ont d'ailleurs pas remis en cause les caractères fondamentaux de la géographie politique française, en dépit de l'émergence des régions et de considérables transferts de compétences. L'État demeure infiniment plus puissant que chacune des collectivités territoriales.

En outre, le partage des compétences entre les collectivités et les élus est en lui-même assez complexe. De nombreuses responsabilités sont conjointes ou partagées entre les différents échelons territoriaux, qu'il s'agisse d'aménagement, d'urbanisme, de logement, d'éducation, de culture, de développement économique, ou encore de protection de l'environnement. La collectivité territoriale concernée peut intervenir dans n'importe quel domaine du fait de la « clause générale de compétences ». Par exemple, la coopération transfrontalière relève des communes, intercommunalités, département, région (cf. encadré). À ces collectivités territoriales s'ajoutent l'État, l'Union européenne, les chambres consulaires (notamment les chambres de commerce et d'agriculture), etc. Ainsi, l'aménagement des territoires et l'urbanisme s'exercent le plus souvent par des interventions croisées qui associent laborieusement des institutions, des réglementations et des financements qui vont de l'échelle locale à l'échelle européenne. Autre exemple, la gestion des risques naturels relève des communes (particulièrement pour les plans communaux de sauvegarde ou l'information préventive), des départements et des services déconcentrés de l'État. L'entretien des cours d'eau incombe, selon les cas, aux services de l'État, au département, aux syndicats des eaux, mais fait aussi intervenir les ports autonomes, les agences de bassin, la région, etc.

Cette organisation des acteurs se complique encore lorsqu'on se trouve dans des territoires frontaliers. Si l'on prend le cas de la gestion de l'Escaut, fleuve de 320 km qui traverse la France, la Belgique et les Pays-Bas, on voit intervenir pour la France le Préfet de région, les Voies navigables de France (VNF) et l'Agence de l'eau. Il faut ajouter les instances des deux autres pays et l'échelon européen. Celui-ci tente de créer un cadre commun avec des normes communes aux trois États pour gérer de manière globale la masse d'eau. Une Commission internationale de l'Escaut, regroupant les différents acteurs des trois États a d'ailleurs été créée dans les années 1990.

Les compétences des collectivités territoriales, d'après Direction de l'information légale et administrative, 2009

Région	Transports ferroviaires régionaux Enseignement (gestion des lycées) Formation professionnelle Développement économique Aides aux entreprises Environnement Culture (inventaire général du patrimoine, etc.) Santé
Département	Action et aide sociale (RMI, RAS, dispositifs d'insertion) Transports scolaires, transports routiers de voyageurs Enseignement (gestion des collèges) Voirie Culture
Communes/ intercommunalités	Action et aide sociale (centres communaux d'action sociale) Transports urbains Enseignement (gestion des écoles primaires et maternelles) Urbanisme (permis de construire, PLU, etc.) Culture (bibliothèques, musées)

III. LE « TRIOMPHE » DU LOCAL ?

La décentralisation répond à une volonté de la puissance étatique d'inscrire les politiques publiques dans le local. Les promoteurs de la décentralisation développent ici un argumentaire très bien résumé par B. Giblin : il s'agit de « rapprocher le pouvoir des citoyens [pour permettre] une meilleure connaissance des problèmes et des besoins de la population et donc d'y apporter des réponses plus adéquates et plus rapides, de faire des économies, de réformer l'État (ce qui consiste pour l'essentiel à réduire le nombre de ses fonctionnaires et à accroître celui des collectivités locales), de moderniser le pays en libérant ses forces vives étouffées par un État dominateur puisque centralisateur ».

A. La poursuite de la décentralisation

Encouragée par le plus haut niveau de l'État, la décentralisation n'a cessé de se poursuivre. Une deuxième phase s'est déroulée entre 2003 et 2005. Le point d'orgue de cette évolution réside dans la réforme de la Constitution du 17 mars 2003 qui affirme désormais « l'organisation décentralisée » de la République, renforce la responsabilité financière des collectivités territoriales et élargit la démocratie locale (institutionnalisation des référendums locaux). L'objectif a été clairement énoncé par le Premier ministre : la réforme doit « bâtir une République des proximités, unitaire et décentralisée ».

La loi relative aux libertés et responsabilités locales du 13 août 2004 définit ensuite l'ensemble des nouvelles compétences transférées par l'État aux collectivités locales. Elle précise et étend les compétences de ces collectivités, en renforçant en particulier celles des départements, qui se voient ainsi confier la gestion de l'ensemble des politiques sociales. Les régions doivent désormais « coordonner » le développement économique, mais les moyens qui leur sont accordés pour le faire sont trop modestes pour qu'elles puissent conduire de véritables politiques économiques.

Ces compétences élargies des échelons inférieurs ont été assises sur de nouvelles ressources financières, qui ont notamment permis le développement d'un potentiel d'expertise propre, mais aussi la création d'une fonction publique territoriale locale. Après les transferts de personnels de 2005, celle-ci compte un peu moins de 2 millions d'agents et représente plus du quart de la fonction publique.

Toutefois, cette dynamique de décentralisation semble aujourd'hui ralentie, voire en cours d'inversion. On constate tout d'abord que le gouvernement prend de nouvelles initiatives en termes d'aménagement du territoire (Grand Paris, création de nouveaux Parcs nationaux…). De plus, le projet de loi de réforme territoriale de 2010 prévoit la fusion des fonctions de conseiller général et de conseiller régional. Il privilégie l'émergence de nouvelles instances intercommunales, non élues, de gestion des territoires (métropoles, pays…). Cette réforme a pu être analysée comme un vecteur d'affaiblissement des pouvoirs régionaux et, plus largement, des pouvoirs démocratiques intermédiaires.

B. La remise en cause des mailles locales et intermédiaires

La décentralisation n'a pas fait taire les critiques portées à l'encontre des divisions polico-administratives du territoire national. Au-delà du problème démocratique posé par la complexité du maillage, qui rend opaque le fonctionnement administratif, l'efficacité du découpage territorial est souvent discutée, du fait de la multiplicité des acteurs politiques et administratifs qu'il est nécessaire de mobiliser et d'associer pour conduire tout projet d'envergure. Régulièrement, des voix s'élèvent pour dénoncer le « mille-feuille » territorial et administratif, qui serait à la fois générateur d'inefficacité, de lenteur et de surcoûts.

Les mailles locales et intermédiaires sont alors remises en question. Le souci de simplification repose en particulier sur l'argument du caractère obsolète d'un découpage territorial, qui ne correspondrait plus à la réalité des espaces de vie des Français.

Ainsi, le nombre et les limites des communes sont restés quasiment inchangés depuis leur naissance. Elles ont été mises en place en prenant appui sur le maillage religieux des paroisses. Les communes rassemblaient des populations qui se côtoyaient, partageaient et affrontaient des problèmes communs dans leur vie quotidienne. Par exemple, dans les contextes ruraux à habitat groupé, le maillage paroissial puis communal, correspondait le plus souvent à des communautés paysannes qui exploitaient un territoire agricole plus ou moins partagé, le finage. Or, les effets conjugués de diverses évolutions (urbanisation, périurbanisation, accroissement et diversification des mobilités, etc.) ont modifié les cadres de la vie quotidienne. Ceux-ci sont beaucoup plus larges, aussi bien dans les espaces urbains que dans les espaces ruraux. Les citoyens qui habitent dans la même commune ne partagent parfois que la localisation de leur habitat, alors que leurs activités courantes, qu'il s'agisse de travail, de loisir, de consommation, sont pour la plupart situées à l'extérieur de leur commune de résidence. F. Madoré a montré que dans l'aire urbaine de la Roche-sur-Yon en Vendée, qui compte 94 000 habitants, 54 % des actifs ayant un emploi travaillent à La Roche-sur-Yon, contre seulement 21 % dans leur commune de résidence. Selon l'INSEE, dans les couronnes périurbaines, près de 80 % des actifs changent de commune pour aller travailler. Le maillage communal, institutionnel, n'est donc plus forcément adapté à la réalité des pratiques.

Le cas des départements, quoiqu'un peu plus complexe, est assez similaire. La trame départementale est héritée de la Révolution française. Notons tout d'abord que si les départements sont des collectivités territoriales dotées d'un pouvoir exécutif, le Conseil général, ils demeurent d'abord et avant tout des mailles de gestion étatique, où les préfets et sous-préfets veillent à l'application des politiques gouvernementales et où l'État a déconcentré un grand nombre de ses services (la direction départementale des Affaires sanitaires et sociales-DDASS, la caisse d'allocations familiales, etc.). Leur rôle consiste donc d'abord à articuler les territoires locaux et l'échelon national. Les dimensions des départements et la localisation de leurs préfectures ont, pour cette raison, été choisies en fonction des conditions de mobilité de l'époque où cet échelon a été créé. Il fallait permettre l'efficacité de cette maille « relais ». Il se répète ainsi dans les classes et les amphithéâtres que chaque point du département devait se trouver à moins d'une journée de cheval de la préfecture. C'est pourquoi, les départements sont tous à peu près de mêmes dimensions.

La plupart des observateurs considèrent aujourd'hui que la maille départementale est trop fine pour être pertinente en termes d'aménagement du territoire. Beaucoup de Français ont par exemple des mobilités quotidiennes interdépartementales (pensons simplement aux habitants de l'agglomération parisienne). En outre, les Conseils régionaux restent, en termes de compétences et de budget par habitant, le maillon le plus faible de notre appareil politique territorial. Ce périmètre administratif semble donc lui aussi obsolète.

C. La résistance des mailles locales traditionnelles

Face à ces critiques, on peut s'étonner de la permanence et de la très forte inertie des aires de gestion locale. On doit souligner d'abord certains effets contradictoires des réformes successives. Par exemple, la création des régions, qui sont à la fois cadre d'une autorité étatique (Préfet de région) et d'une collectivité territoriale (Conseil régional), devait suppléer les carences départementales. Mais dans le même temps, les départements, loin de disparaître, ont plutôt été renforcés par la décentralisation.

On peut aussi souligner le fort attachement des Français aux mailles locales, qui sont perçues comme des échelons de proximité. Ce sentiment de proximité leur confère une réalité pratique, une dimension concrète qui permet de les identifier et de se les approprier facilement. Même si leurs limites ne coïncident plus avec les espaces de vie des populations, ils correspondent aux espaces vécus des individus. De fait, plus l'échelon est ancien ou plus la maille est fine et moins le caractère arbitraire des découpages est contesté.

La conjonction du morcellement politique du territoire et de la tradition centralisatrice a en outre des conséquences considérables sur la vie politique française. Le nombre de sièges des représentants élus, leur répartition fine et régulière sur le territoire engendrent une relative familiarité entre les pouvoirs politiques locaux et les citoyens. C'est aussi l'un des éléments d'explication de l'attachement des Français à leurs collectivités locales.

Il y a en France environ 500 000 élus, dont près de 375 000 bénévoles, qui assurent pour l'essentiel des fonctions de maires, de maires adjoints et de conseillers municipaux. Certes, l'immense majorité des élus locaux, départementaux et régionaux est affiliée aux grands partis politiques nationaux et les partis politiques « régionaux » restent très marginaux, du moins en métropole. Mais leur ancrage territorial est indéniable. Ils jouent ainsi un rôle essentiel d'intermédiaire politique entre le local (le « terrain ») et le national : ils portent et animent les débats nationaux dans leurs circonscriptions, témoignent auprès des instances parisiennes des perceptions et des mouvements de leurs électeurs, interviennent auprès des diverses autorités pour obtenir la meilleure prise en compte possible de leurs préoccupations et difficultés particulières. Cette « classe politique » française, large et omniprésente sur le territoire, a indéniablement un effet intégrateur et permet aux habitants de se sentir représentés quel que soit leur lieu de vie. Des collectivités territoriales moins nombreuses seraient mécaniquement plus grandes mais sans doute moins proches des citoyens les moins engagés dans la vie publique.

IV. VERS UNE NOUVELLE DONNE TERRITORIALE ?

La très grande stabilité du maillage administratif s'accompagne de l'apparition de nouveaux périmètres politiques, qui ne remettent pas fondamentalement en cause les découpages existants, mais impliquent de nouveaux rapports de la puissance publique étatique aux échelons locaux. Elle s'accompagne de la montée en force de nouveaux acteurs institutionnels. On assiste alors à un affaiblissement relatif de l'échelon étatique : s'il n'y a pas de bouleversement des hiérarchies territoriales traditionnelles, l'exercice de l'action publique trouve de nouveaux cadres et doit s'y adapter par de nouvelles pratiques.

A. L'intégration européenne et ses conséquences

La première composante de l'affaiblissement relatif de l'hégémonie étatique est liée à l'intégration européenne. Avec la création de « l'espace Schengen », entré en vigueur en 1995, qui permet l'ouverture totale des frontières intérieures des pays membres pour les ressortissants nationaux et les citoyens étrangers qui disposent d'un visa de moins de trois mois, ou encore, avec l'instauration de la monnaie unique en 2002, les gouvernements ont renoncé à l'exercice de certains pouvoirs dits régaliens. Si on y ajoute la conduite des principales politiques commerciales, économiques (agricole notamment), voire d'aménagement du territoire (politiques de développement régional, soutien aux projets d'infrastructures, etc.) pour lesquelles l'UE n'a pas de compétences en tant que telle, l'État français n'est plus en France le seul initiateur des évolutions que connaît le pays. L'UE devient un acteur incontournable, qui intervient sur les territoires à toutes les échelles, soit directement, par des aides financières ou lorsqu'elle édicte des directives, soit indirectement en favorisant par exemple les formes de coopérations transfrontalières.

Toutefois, de même qu'il n'y a pas de disparition des frontières, il n'y a pas disparition de l'État mais repositionnement de ce dernier. Ainsi, c'est le gouvernement qui conduit les négociations auprès de ses partenaires européens ou, au-delà de l'UE, dans les institutions internationales comme l'Organisation mondiale du commerce (OMC), l'Organisation des Nations unies (ONU), etc. De fait, c'est encore et toujours sur l'action des gouvernements que se focalise la quasi totalité des débats politiques.

En revanche, l'intégration européenne a permis de donner une certaine reconnaissance à des échelons infranationaux. Ainsi, le droit communautaire, par le traité de Maastricht (art. 5 du Traité instituant la Communauté européenne-TCE), introduit le principe de subsidiarité selon lequel l'échelon supérieur n'agit que si son action est plus efficace que celle des échelons inférieurs. Le principe de subsidiarité ne s'applique qu'aux questions relevant d'une compétence partagée entre l'UE et les États membres. Par exemple, la Politique agricole commune (PAC) ne relève que de l'UE, le droit de la nationalité ne relève que des États. Ils ne peuvent donc faire l'objet d'une délégation de compétence. En outre, l'application du principe de subsidiarité n'a pas pour vocation de supprimer l'État : c'est lui qui décide des délégations de compétence, suite à une négociation.

Les coopérations transfrontalières : le cas du Rhin supérieur

La région du Rhin Supérieur est un espace transfrontalier trinational franco-germano-suisse. Elle est composée de quatre ensembles territoriaux : l'Alsace pour la partie française, la Suisse du Nord-Ouest, le sud du Palatinat et le Pays de Bade côté allemand. Ce territoire, qui n'a pas de définition administrative au sens strict, regroupe six millions d'habitants, dont trois millions d'actifs, sur une superficie de 22 000 km^2 et dispose d'une situation particulièrement favorable à proximité de la dorsale européenne, centre économique de l'Europe.

La coopération transfrontalière y est ancienne. Elle a d'abord été instaurée à l'échelon étatique avec la création en 1975, suite à l'Accord de Bonn, de la Conférence du Rhin Supérieur, qui est un cadre institutionnel de coopération transfrontalière entre les trois États. Elle est placée sous l'égide des gouvernements nationaux. Regroupant près de 600 experts, elle réunit régulièrement des groupes de travail pour développer des projets dans des domaines extrêmement variés : aménagement, transport, agriculture, culture et éducation, santé, sport, environnement, entraide en cas de catastrophes, etc. En 1997, a été créé le Conseil Rhénan, qui est une sorte de « parlement » du Rhin supérieur. Le Conseil Rhénan regroupe des représentants de l'ensemble des niveaux régionaux et locaux. Les résolutions adoptées au cours des deux

La coopération transfrontalière en Alsace

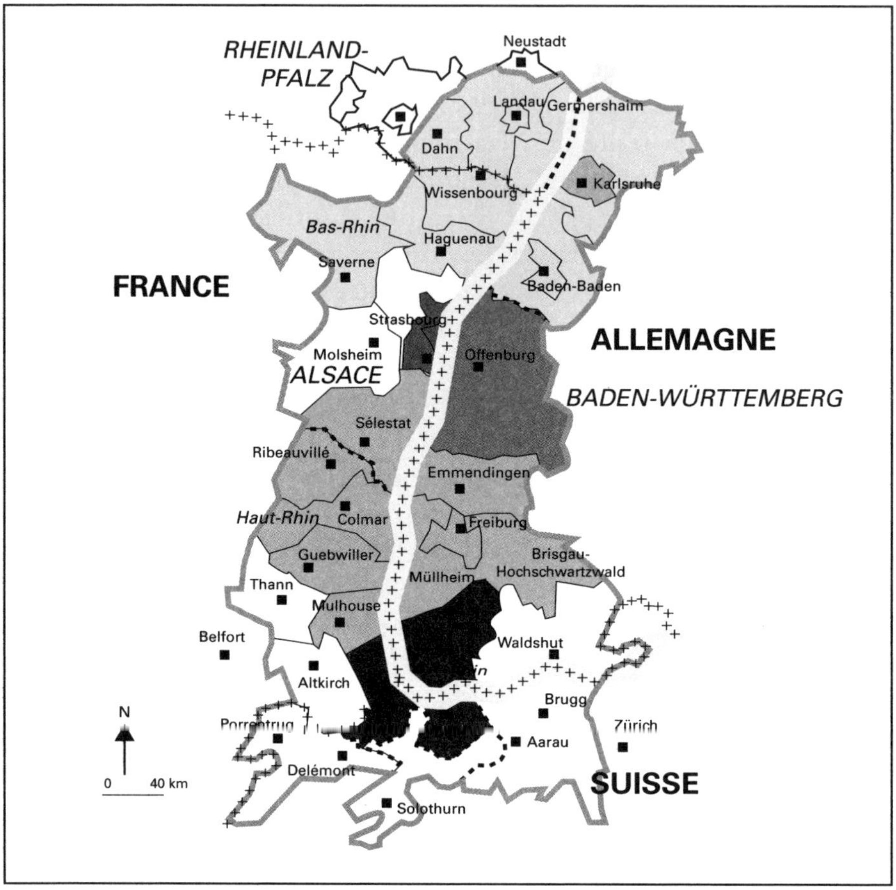

1. Un territoire frontalier, marqué par la fragmentation des périmètres administatifs

+++++ Frontière étatique

------ Limite départementale (Fr.)/ Regierungbezirk (All.)/ Kanton (Sui.)

——— Arrondissement (Fr.)/ Landkreis (All.) - Kreisfreie Stadt (All.)

ALSACE Région/ Land ((All.)

2. La diversité des périmètres de coopération

Eurodistricts

Pamina

Strasbourg-Ortenau

Regio Freibourg/ Centre et Sud Alsace

Eurodistrict trinational Bâle

Conférence du Rhin supérieur

Source: M. Reghezza-Zitt, d'après Région Alsace, regio Basiliensis

réunions plénières annuelles sont transmises à la Conférence du Rhin Supérieur.

Les coopérations étatiques ont été complétées par des structures à l'échelon infranational : par exemple, l'association Regio TriRhena est une plateforme de coopération politique communale trinationale. Elle a été instituée par la création du Conseil de la Regio TriRhena en 1995. Ce Conseil compte de nombreuses communes et collectivités territoriales, des groupements économiques, des universités ainsi que d'autres organes transfrontaliers du sud du Rhin Supérieur. Trirhéna est une eurorégion, c'est-à-dire un territoire transfrontalier qui aspire à devenir un espace intégré grâce à la mise en œuvre de politiques spécifiques concernant essentiellement l'aménagement du territoire. La création des eurorégions a été favorisée par le Conseil de l'Europe et la déclaration de Madrid de 1980, qui leur a donné une validité juridique. L'UE y finance les initiatives grâce aux programmes Interreg. Ces programmes sont des initiatives communautaires prévues dans le cadre du Fond européen de développement régional (FEDER) qui visent au renforcement de la coopération transfrontalière.

Depuis 2003 existent également des eurodistricts, issus d'une initiative conjointe du président de la République française, J. Chirac et du chancelier allemand, G. Schröder. Les eurodistricts sont des entités administratives qui permettent d'approfondir la coopération transfrontalière à l'échelon communal.

Il existe quatre eurodistricts sur l'espace concerné :

- *Regio Pamina* (Palatinat du sud, Mittlerer Oberrhein, Nord-Alsace), qui est aussi définie par l'UE comme une eurorégion ;
- l'Eurodistrict Strasbourg-Ortenau (Communauté urbaine de Strasbourg et 5 villes allemandes : Achern, Kehl, Lahr, Oberkirch, Offenbourg) ;
- l'Eurodistrict Fribourg-en-Brisgau/centre et sud Alsace (5 villes, 4 « pays », 2 *Landkreise*) ;
- l'Eurodistrict trinational de Bâle, association de droit français, qui cherche à développer la coopération transfrontalière dans l'agglomération trinationale de Bâle.

En plus de ces institutions, qui peuvent prendre des formes juridiques très variées, l'Eurodistrict de Bâle est une association de droit privé français, à but non lucratif alors que l'Eurodistrict de Strabourg-Ortenau est une association de collectivités territoriales), on trouve de multiples structures de coopération. Par exemple, l'Euro-institut est un organisme franco-allemand de formation et de conseil pour la coopération transfrontalière. Le réseau des INFOBEST offre un service public transfrontalier de proximité, en soutenant les projets et les échanges entre les trois États.

L'exemple de la région du Rhin supérieur permet de souligner deux éléments :

- le transfert progressif des initiatives de coopération transfrontalières du niveau étatique aux échelons infranationaux ;
- la multiplication (voire la confusion) des instances et des périmètres de gestion, qui peuvent nuire à terme à l'efficacité de l'ensemble régional.

B. L'intercommunalité, renforcement des pouvoirs locaux ?

Si les communes et les départements font preuve de remarquables capacités de longévité et d'inertie, il ne faut pas pour autant en déduire que la gestion des territoires locaux relèvent de leur exercice exclusif. Au contraire, les structures territoriales nouvelles se sont multipliées ces dernières années, notamment au niveau intercommunal. Ainsi, de nombreuses missions et compétences des communes se trouvent désormais assumées par des syndicats (les syndicats intercommunaux à vocation unique, les SIVU, qui sont des associations de communes même non limitrophes, qui se regroupent afin de gérer une seule activité d'intérêt intercommunal ; les syndicats à vocation multiple, les SIVOM, créés par l'ordonnance du 5 janvier 1959, qui permettent aux communes de s'associer pour gérer, à la différence des SIVU, plusieurs activités ; etc.) et des établissements publics de coopération intercommunale (EPCI) aux statuts assez divers.

L'intercommunalité constitue le volet principal de la transformation du maillage de la gestion locale des territoires. Il faut rappeler ici que l'intercommunalité est ancienne : la coopération intercommunale est apparue avec la loi du 22 mars 1890 créant les SIVU. Les lois du 6 février 1992 et du 12 juillet 1999 (loi dite « Chevènement ») l'ont renforcée. Jusqu'à maintenant, l'intercommunalité s'est construite selon deux modalités. D'une part, elle s'est appuyée sur la genèse de syndicats intercommunaux, qui permettent la mutualisation de moyens et qui visent des économies d'échelle dans la réalisation d'une ou de plusieurs des missions communales (déchets, équipements sportifs ou culturels…). D'autre part, elle se réalise dans des EPCI à fiscalité propre (communautés urbaines, communautés d'agglomération, communautés

Structures intercommunales à fiscalité propre, d'après Direction de l'information légale et administrative, 2009

Les communautés urbaines	Créées par la loi du 31 décembre 1966, compétences renforcées par la loi du 12 juillet 1999. Groupement de plusieurs communes formant un ensemble d'un « seul tenant et sans enclave » de plus de 500 000 habitants.
Les communautés de communes	Créées par la loi du 6 février 1992. Groupement de plusieurs communes qui, depuis la loi de 1999, doivent être « d'un seul tenant et sans enclave » sans seuil minimal de population. Le groupement « a pour objet d'associer des communes au sein d'un espace de solidarité, en vue de l'élaboration d'un projet commun de développement et d'aménagement de l'espace ». Au départ destiné au milieu rural, on les trouve aujourd'hui dans les espaces urbains.
Les communautés d'agglomération	Créées par la loi du 12 juillet 1999 en remplacement des communautés de ville (disparues le 1er janvier 2002). Association de plusieurs communes urbaines sur un espace « sans enclave et d'un seul tenant », regroupant plus de 50 000 habitants autour d'une ou plusieurs communes de plus de 15 000 habitants.
Syndicats d'agglomération nouvelle	Créés par la loi du 13 juillet 1983, pour regrouper les communes des villes nouvelles. La loi du 12 juillet 1999 doit permettre à terme leur transformation en communauté d'agglomération.
Métropole	Nouvelle catégorie prévue par le projet de loi sur la réforme des collectivités territoriales de 2009. Concerne les communes formant un ensemble de plus de 450 000 habitants d'un seul tenant et sans enclave. Devraient disposer de compétences élargies avec un transfert depuis les départements et les régions.

de communes) qui assument la gestion des territoires (aménagement et urbanisme, transports collectifs, habitat, développement économique).

L'intercommunalité est en voie de généralisation à l'ensemble des communes. Au début de l'année 2010, déjà 89 % de la population habite le périmètre d'un des 2 611 EPCI à fiscalité propre, alors que seules 1 909 communes demeurent « isolées ». Le projet de loi de réforme territoriale en cours de discussion prévoit même que les préfets arrêteront, fin 2011, des « schémas départementaux de coopération intercommunale » qui garantiront l'adhésion de chaque commune de France à une structure intercommunale d'ici à 2014.

Ces structures intercommunales, qui impliquent obligatoirement une continuité territoriale entre les communes associées, constituent donc un véritable élargissement du maillage de gestion territoriale locale. Mais les nouvelles mailles ainsi constituées coïncident-elles avec les mailles de la vie locale effective des Français ?

La plupart des observateurs notent que les intercommunalités peinent à s'imposer comme cadre de référence pour les populations, en particulier parce qu'elles souffriraient d'un « déficit de légitimité » lié à leur mode de fonctionnement. À cet égard, l'absence d'élection au suffrage universel direct pose problème. De plus, dans la mesure où la définition des périmètres des EPCI résulte pour l'essentiel de la liberté et de l'entente – ou non – entre des exécutifs communaux, la définition des périmètres, qu'il s'agisse du nombre de communes ou de la forme d'association choisie, reste assez variable selon les cas. Les syndicats intercommunaux et EPCI ne forment d'ailleurs pas un pavage continu du territoire national : une commune peut faire partie d'une communauté de communes, d'un « pays » et d'un syndicat d'élaboration du Schéma de cohérence territoriale (SCoT), sans que ces trois structures intercommunales ne recouvrent le même périmètre. Certes, en principe, les SCoT s'élaborent autour d'une entité urbaine et les « Pays » autour d'une identité plutôt rurale. Mais dans les faits de très nombreuses communes sont concernées par l'un *et* par l'autre de ces nouveaux outils censés aider à l'élaboration de projets de territoire intercommunaux. Finalement, on aboutit à nouveau à une fragmentation des périmètres qui rend peu lisible l'ensemble, et ce, alors même que l'esprit des différentes lois sur l'intercommunalité visait à regrouper les communes pour limiter l'émiettement territorial.

La discordance entre les maillages politiques traditionnels et les nouveaux territoires : le cas de la métropole lilloise

Dans un article date de 2002, le géographe D. Paris analyse la multiplicité des territoires qui correspondent désormais à la « métropole lilloise ». On peut ainsi parler de la ville de Lille, qui correspond à la commune, à laquelle ont été associées deux autres communes, Hellemmes et Lomme.

La communauté urbaine de Lille, institution politique imposée par l'État, a été créée en 1968. Depuis 1997, elle a introduit dans son intitulé, « Lille-métropole », la dimension métropolitaine. Elle comprend 85 communes, dont certaines ont un poids démographique important (Roubaix, 97 000 habitants ; Tourcoing, 92 000 habitants ; Villeneuve d'Ascq, 61 600). L'arrondissement de Lille est un périmètre de réflexion pour le schéma directeur métropolitain. Il correspond à la communauté

De la communauté urbaine lilloise à la métropole transfrontalière : fragmentation territoriale ?

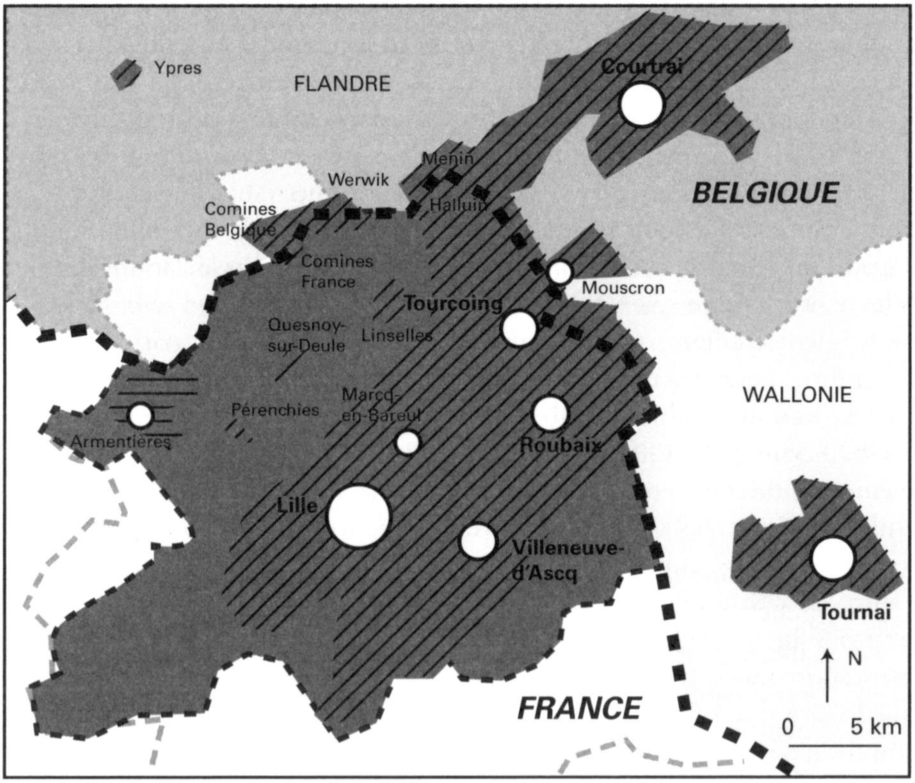

1. Le maillage traditionnel

Frontière étatique

Limite régionale entre la Flandre et la Wallonie

Francophones

Flamands

Communes

2. De nouveaux périmètres administratifs

Communauté urbaine Lille-Métropole

Périmètre du schéma directeur de la métropole lilloise

3. De nouvelles logiques territoriales

Métropole transfrontalière

Coeur dense de la métropole

Source : M. Reghezza-Zitt, d'après D. Paris, « Lille, de la métropole à la région urbaine », Mappemonde, 2002.

urbaine, à laquelle s'ajoutent quelques communautés de communes à caractère périurbain au sud. Au sens strict, ce n'est donc pas une maille politique. C'est pourtant un découpage territorial dont la pertinence administrative est indéniable.

Depuis les années 1990, on a vu se dessiner une métropole transfrontalière, l'eurométropole de Lille-Kortrijk (Courtrai)-Tournai, qui comprend les arrondissements et de Lille et les arrondissements frontaliers belges. La métropole transfrontalière atteint aujourd'hui presque 2 millions d'habitants pour une superficie comparable à celle de l'aire urbaine de Lyon ou de Bordeaux. L'aire métropolitaine se déploie quant à elle au centre de la région Nord-Pas-de- Calais et sur le versant belge. La région urbaine de Lille-Nord-Pas-de-Calais comprend enfin la partie belge de la métropole transfrontalière, le littoral de la côte d'Opale et l'Est du département du Nord, formant, à plus ou moins une heure de la métropole. Elle forme un système régional de très forte densité urbaine (plus de 300 hab./km^2). Ces trois entités, liées à l'intégration européennes, ne correspondent pas à une maille politique classique mais ont une réalité fonctionnelle évidente.

- Commune de Lille (y compris les deux communes associées de Hellemmes et Lomme) : 225 000 habitants
- Lille métropole communauté urbaine : 85 communes, 1,1 million d'habitants
- Arrondissement de Lille : 1,2 million d'habitants
- Eurométropole Lille-Kortrijk-Tournai : 2 millions habitants dont partie belge de la métropole : 800 000 habitants
- Aire métropolitaine : 3,5 millions d'habitants
- Région urbaine : 4,8 millions d'habitants

D'après Didier Paris, « Lille, de la métropole à la région urbaine », *Mappemonde*, n° 66, 2002, p. 1-7.

CONCLUSION

La recomposition politique du territoire reste insuffisante et problématique, en termes de pertinence territoriale, de cohérence de l'action publique, ou encore de fonctionnement démocratique. Les réformes engagées depuis plusieurs décennies, en fabriquant de nouvelles structures sans remettre en cause les plus anciennes, ont renforcé la complexité du « mille-feuille » territorial français, non seulement en termes de lisibilité, mais aussi et surtout en termes d'efficacité.

Les pays, un nouveau facteur de fragmentation administrative ?

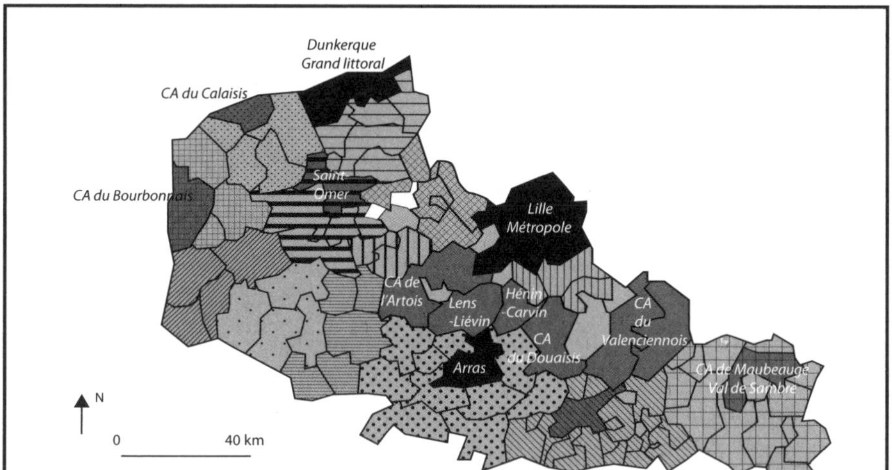

Source : M. Reghezza-Zitt, d'après INSEE et Préfecture du Nord-Pas-de-Calais

L'intercommunalité dans le département du Nord-Pas-de-Calais
fragmentation gestionnaire

1. Structures intercommunales à fiscalité propre

- Communauté urbaine
- Communauté d'agglomération
- Communauté de communes

2. Pays (Loi Voynet, 1999)*

- Pays d'Artois (255)
- Pays du Boulonnais (74)
- Pays du Calaisis (63)
- Pays du Cambrésis (114)
- Pays Coeur de Flandre (45)
- Pays de la Lys Romane (35)
- Pays du Montreuillois (70)
- Pays des Moulins de Flandre (45)
- Pays du Pévèlois (42)
- Pays de Saint-Omer (82)
- Pays de Sambre-Avesnois (150)
- Pays des Sept Vallées (94)
- Pays du Ternois (103)

* nombre de communes

Sur un plan démocratique, on peut constater la discordance croissante entre les mailles territoriales sur lesquelles se concentrent les processus électoraux et les débats politiques, et celles au sein desquelles s'exerce une part croissante de la gestion effective des territoires. Par exemple, l'État accapare les rituels démocratiques alors que les institutions européennes exercent des pouvoirs considérables en restant très en marge de l'actualité et des débats politiques publics. En dépit de l'ancienneté de la construction européenne, la citoyenneté européenne reste un horizon assez lointain. Il en va un peu de même à l'échelle locale, puisque les maires et les conseils municipaux, directement issus de l'élection, délèguent une part toujours croissante de leurs compétences à des structures non élues supra- ou intercommunales, que d'aucuns pourraient qualifier de technocratiques, à l'instar de leurs consœurs européennes.

L'évolution des maillages territoriaux se heurte enfin aux pratiques des différentes administrations, qui doivent s'adapter aux changements répétés, et aux habitudes des Français, qui s'identifient à des mailles politiques qui pourraient sembler *a priori* arbitraires. Dès lors, les territorialités politiques se confrontent aux formes d'appropriation symboliques, affectives et identitaires.

Bibliographie

Giblin B. (dir.) (2009), *France, enjeux territoriaux*, n° 135 de la revue *Hérodote*.

Paris D. (2002), « Lille, de la métropole à la région urbaine », *Mappemonde*, n° 66, p. 1-7.

Rosière S. (2007), *Géographie politique et géopolitique, une grammaire de l'espace politique*, Ellipses, coll. Universités-Géographie, 2e éd.

Rosière S. (2008), *Dictionnaire de l'espace politique*, Armand Colin.

http ://www.vie-publique.fr

Chapitre 2

Des territoires entre nature et société

Tout territoire peut se penser comme un espace doté de caractéristiques naturelles qui sont autant de potentialités ou de contraintes pour le développement humain. En effet, les sociétés occupent et habitent une portion de surface terrestre qui présente certaines propriétés physiques et qui constitue leur environnement, leur cadre de vie. Cet environnement est pour partie assimilable à ce que les géographes français ont longtemps appelé « milieu naturel ». Le milieu naturel associe les éléments de la lithosphère, la biosphère, l'hydrosphère et l'atmosphère. Les composantes abiotiques (relief, climat, sols, hydrologie) et biotiques (faune, flore) du milieu interagissent de façon systémique : par exemple, les sols résultent à la fois du climat, de l'action de l'eau, de celle de la faune et de la flore ; l'hydrologie ne peut se comprendre sans référence au relief et au climat ; le relief est modifié par l'action de l'eau, etc.

Cependant le qualificatif « naturel » pose très vite un problème. On peut en effet adopter une approche très objective de la nature à l'instar des sciences naturelles qui vont caractériser, expliquer, quantifier, les différentes espèces, les formes, les mécanismes, les processus, etc. Mais pour certaines branches des sciences sociales, l'objectivité même du « naturel » fait débat. Des géographes comme J. Lévy appréhendent par exemple la nature comme une construction subjective, produit de différents discours, de représentations, de valeurs qui varient selon les sociétés et les époques

Plus largement, faut-il inclure l'homme dans la nature et si oui, quel statut lui conférer ? L'homme, en tant qu'être vivant, relève de la nature, mais c'est un être vivant particulier, doté d'une capacité de choix et d'apprentissage. Pour cette raison, la philosophie moderne a postulé une extériorité radicale de l'homme et de la nature, le culturel s'opposant au naturel, l'acquis à l'inné. Mais l'extension de l'œkoumène, c'est-à-dire de l'espace habité, a remis en question de cette séparation. L'anthropisation a en effet provoqué une artificialisation croissante des milieux. La marque de l'homme peut s'observe quasiment partout, à des degrés certes différents. Ce constat conduit d'ailleurs les géographes à utiliser l'adjectif naturel avec des guillemets pour signifier le rôle des sociétés. Pour cette raison aussi, ils privilégient aujourd'hui le terme d'environnement, soulignant par là la fin l'extériorité du naturel et du social. L'environnement désigne en effet ce qui nous entoure. Le terme place donc la société au centre du « naturel », dans une position d'interaction avec celui-ci.

Or les adaptations spécifiques des sociétés à leur environnement sont autant de modes singuliers d'appropriation de l'espace, c'est-à-dire de production territoriale. Comment le rapport à la nature, par les représentations et les pratiques qu'il suscite, modifie-t-il le rapport des sociétés à leurs territoires, qu'il s'agisse ici des espaces de vie ou des constructions politiques qui permettent l'action publique ? L'affirmation de nouvelles valeurs éthiques et esthétiques accordées à la nature, avec la montée en puissance des préoccupations environnementales et de l'écologie politique, produisent-elles de nouveaux modes d'appropriation de l'espace ?

I. LES TERRITOIRES ET LES MILIEUX « NATURELS »

Il est important de connaître les grands traits physiques de la France car les données biophysiques permettent de comprendre la matérialité des territoires : leur physionomie, avec les paysages qui découlent en partie des reliefs, des couverts végétaux, de l'hydrologie ; les aménagements, qui autorisent la mise en valeur des ressources ; la répartition de ces ressources, qui recoupe certaines implantations humaines sans pour autant les déterminer. Pour appréhender les différents milieux, l'échelle de la France n'est certainement pas pertinente, dans la mesure où les périmètres politico-administratifs ne correspondent pas aux grands domaines biophysiques. Qui plus est, la notion de territoire suppose des limites franches alors que la nature n'offre que des gradients, des transitions progressives entre deux milieux. Par conséquent, « découper » de grands ensembles bioclimatiques peut sembler un exercice artificiel, qui ne saurait rendre compte des richesses et des particularités locales. Une fois cette réserve posée, il faut insister sur la diversité des milieux physiques. Leur mosaïque confère aux territoires une très grande spécificité, qui se traduit notamment dans les paysages, entendus comme la portion d'espace soumise au regard. Cette diversité est d'autant plus grande que la mise en valeur des sociétés est ancienne : des siècles d'aménagement ont profondément transformé la « nature », produisant des formes d'hybridation originales qui confèrent aux territoires une identité forte.

A. La diversité des milieux physiques en France métropolitaine

Si la France métropolitaine appartient au domaine tempéré, une partie des territoires d'outre-mer se situe dans la zone intertropicale tandis que d'autres relèvent du domaine polaire.

La géographie physique de la France métropolitaine s'inscrit dans de grandes aires géologiques et climatiques de dimension continentales. Le territoire national se divise très schématiquement en deux ensembles, selon une ligne nord-est, sud-ouest. La partie septentrionale de cette ligne est caractérisée par un relief peu marqué, composé de plaines et de plateaux (Limousin), de bassins sédimentaires (bassins parisien et aquitain), avec quelques résidus de massifs anciens arasés par l'érosion, tel que le Massif armoricain. Au sud en revanche, le relief est beaucoup plus accidenté : hautes montagnes des Alpes, des Pyrénées, du Jura ou de la montagne corse, moyennes montagnes du Massif central, des Vosges ou de la Corse du Sud, résultant du soulèvement du socle hercynien, c'est-à-dire des racines de l'ancien massif qui barrait l'Europe à la fin de l'ère primaire et qui a été aplani par l'érosion.

Cette France métropolitaine est globalement soumise à un climat tempéré, avec des contrastes saisonniers limités et des taux de précipitations moyens (environ 800 mm par an). Des nuances climatiques notables sont toutefois liées à l'influence du relief, à la proximité de la mer ou encore à la latitude :

- au sud, le climat méditerranéen se démarque par des étés chauds et secs, des hivers doux et des précipitations concentrées dans le temps et l'espace, sous forme d'orages au printemps et à l'automne. Des différences importantes existent à des échelles plus fines, entre la bordure côtière et l'intérieur, les situations d'abri et les secteurs soumis au mistral ou la tramontane, les pentes montagneuses et les plaines.
- à l'ouest, le climat est marqué par les influences océaniques. En bordure littorale, les hivers sont doux, les étés relativement frais, les précipitations bien réparties sur l'année. Là encore, la topographie ou l'exposition au vent modifient localement le climat. La pluviométrie varie par exemple entre les côtes et les collines bretonnes. Ces conditions évoluent assez rapidement, à mesure que l'on s'avance à l'intérieur des terres. L'altération du climat océanique est très nette dans le bassin parisien, avec des températures hivernales plus basses, des étés plus chauds, une pluviométrie moindre. Dans le sud-ouest aquitain, le climat océanique est modifié par la latitude et l'influence locale des Pyrénées.

Les grandes formes du relief

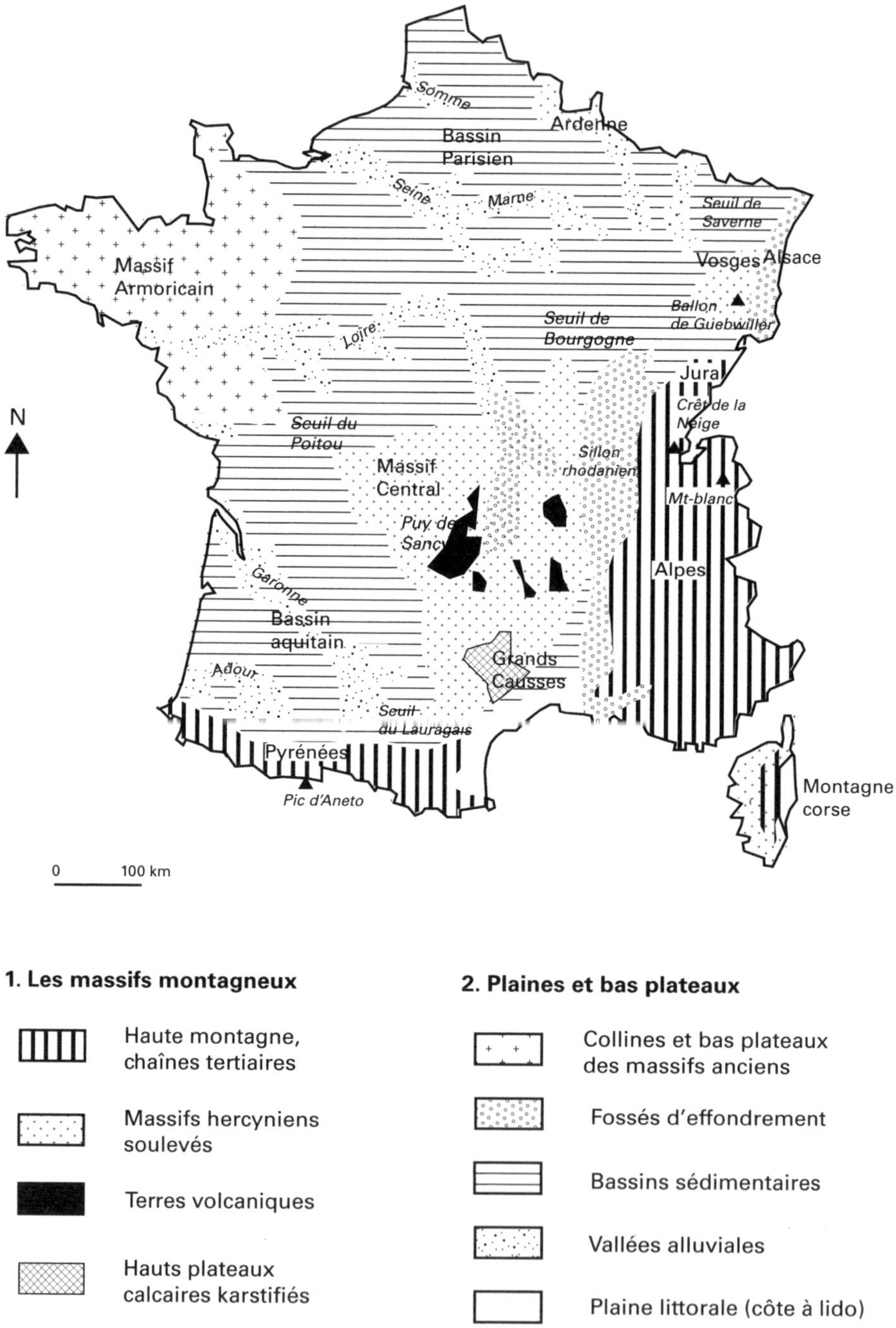

Climats et hydrométrie

Les ambiances climatiques

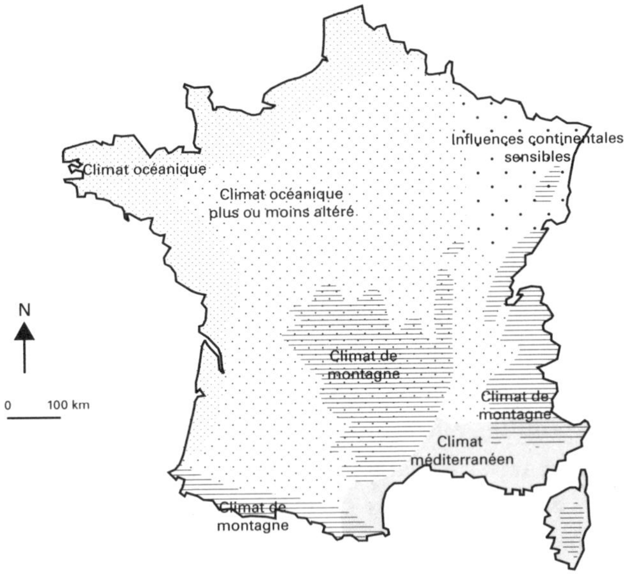

France ruisselante, France absorbante

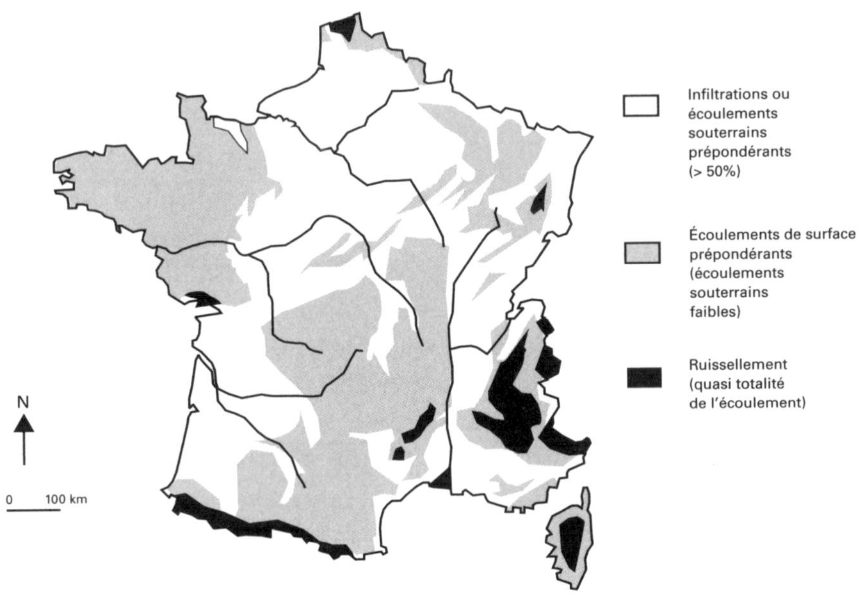

D'après Y. Veyret, *La France. Milieux physiques et environnement*, Armand Colin, 2005.

– à l'est de la France, les influences continentales sont de plus en plus sensibles. Les hivers sont plus froids, la neige et le gel sont présents, les étés sont chauds et lourds. Enfin, les montagnes et les dépressions associées sont caractérisées par un climat spécifique qui résulte de l'altitude. À mesure que l'on s'élève, la température diminue (c'est le gradient thermique, qui correspond à la perte d'environ 0,5° tous les 100 mètres), la pression baisse, l'oxygène se raréfie, les précipitations augmentent. Les radiations solaires sont plus dangereuses et le nombre de jours de gel s'accroît. Là encore, les nuances sont nombreuses en fonction de la latitude, des situations d'abri, de la forme des reliefs.

Conditions climatiques et reliefs ont une incidence sur l'hydrologie. Si la moitié de la France reçoit moins de 600 mm d'eau par an, les massifs montagneux, soit un tiers du territoire national, reçoivent plus de la moitié du volume total des précipitations. Par conséquent, si la ressource en eau est globalement disponible, elle est inégalement répartie dans l'espace. Elle est aussi inégalement répartie dans le temps : le domaine méditerranéen se caractérise par exemple par les périodes de sécheresses estivales, qui peuvent être source de pénurie. Les variations d'une année sur l'autre peuvent en outre être très accusées.

Ces précipitations alimentent le réseau hydrographique : quatre bassins fluviaux (Rhône, Seine, Loire et Garonne) concentrent près des deux tiers des écoulements, avec des débits variables. Elles alimentent aussi les lacs et les nappes phréatiques.

Les réserves en eau varient en réalité beaucoup en fonction de la nature des roches. Les régions de socle, substratum composé de roches cristallines comme les granits ou métamorphiques (Schiste, Gneiss), telles que Bretagne ou Limousin, sont marquées par des écoulements importants, avec peu d'aquifères souterrains. Les régions calcaires, comme les Causses ou le Vercors, sont caractérisées par la sécheresse superficielle. L'eau s'infiltre en effet par les nombreuses fissures de la roche et engendre un processus de dissolution du calcaire appelé karstification. Dans les régions kartisques, les écoulements sont souterrains, l'eau jaillissant sous la forme de résurgences (Fontaine-de-Vaucluse par exemple). Certaines régions, en particulier les bassins sédimentaires (Bassin parisien par exemple) peuvent compter sur de grands aquifères, qui sont autant de réserves d'eau. Ces nappes sont d'ailleurs exploitées par des forages. Enfin, les grandes vallées disposent des aquifères alluviaux, liés à la présence des fleuves et rivières.

Les caractéristiques climatiques, hydrographiques et topographiques ont enfin un impact sur la nature des sols, c'est-à-dire sur les formations superficielles, de structure meuble et d'épaisseur variable, qui résultent de la transformation de la roche-mère sous-jacente et de l'influence des processus climatiques et biologiques de surface. Elles influencent aussi la nature des couverts végétaux. On peut évoquer ici le cas des domaines montagnards où la végétation s'adapte aux modifications climatiques, elles-mêmes liées au relief et à l'altitude. Les montagnes tempérées présentent ainsi plusieurs étages bioclimatiques. Aux feuillus de l'étage collinéen succèdent les conifères de l'étage forestier, qui tolèrent des sols plus acides et plus pauvres. Puis la taille des arbres diminue, leur port se transforme afin de supporter le vent. L'arbre devenu nain cède la place aux pelouses de l'étage alpin. Les plantes y adoptent des formes résistantes au froid : feuilles recouvertes de poils ou qui prennent la forme de petits coussins. Enfin, un seuil létal est franchi : les mousses et les lichens disparaissent au profit du minéral et des glaciers de l'étage nival. Les limites entre les différents étages varient toutefois selon l'exposition (adret ou ubac), la latitude (Alpes du Nord/Alpes du Sud), etc.

B. Les spécificités ultra-marines

Les milieux physiques de la France d'outre-mer contrastent totalement avec ceux de la France métropolitaine. Les territoires ultra-marins, en dehors de Saint-Pierre-et-Miquelon et des Terres australes et antarctiques françaises (TAAF) sont ainsi caractérisés par la tropicalité. Le climat y est en particulier marqué par une température minimale moyenne d'environ 18 °C et une amplitude thermique quotidienne supérieure à l'amplitude thermique annuelle. Les précipitations sont suffisantes pour permettre les cultures non-irriguées. Exception faire de la Guyane, les territoires ultra-marins de la zone intertropicale sont des îles. Elles sont soumises aux alizés, vents chargés en humidité, qui provoquent de fortes pluies : on observe ainsi une division très nette des îles entre la côte au vent et la côte sous le vent, plus abritée et moins arrosée. Le relief est souvent volcanique : le centre de l'île est alors occupé par des montagnes aux pentes raides, aux versants formés par des coulées de laves et des écoulements pyroclastiques, profondément ravinés par les fortes précipitations. À la Réunion, les cirques qui occupent le centre de l'île sont des caldeiras, vastes dépressions qui résultent de l'effondrement de l'édifice volcanique sur lui-même, après vidange de la chambre magmatique. Ces cirques aux parois raides cloisonnent le territoire des « Hauts » : Salazie, Mafate et Cilaos sont ainsi des bouts du monde, des îles dans l'île. Plus largement, les volcans ont des dynamismes éruptifs variés : volcanisme effusif rouge de point chaud à la Réunion, volcanisme explosif gris émetteur de nuées ardentes des Antilles.

Les milieux intertropicaux présentent en outre une grande variété faunistique et floristique. Les territoires ultra-marins offrent en particulier de vastes massifs forestiers. La Guyane est ici un cas particulier puisque plus de 90 % du territoire est couvert par une forêt tropicale humide, qui appartient à la forêt amazonienne. La biodiversité de la forêt guyanaise est l'une des plus importantes au monde. Une quarantaine de nouvelles espèces de plantes y sont décrites chaque année. Dans les îles, l'isolement ajoute à cette diversité : ces territoires abritent de nombreuses espèces endémiques. La tropicalité se retrouve aussi dans l'existence des mangroves. Ces formations végétales se développent sur les estrans, zone de balancement de la marée. On les reconnaît surtout à la présence de palétuviers, arbres aux racines partiellement aériennes, qui supportent l'alternance des marées et la salinité de l'eau. Les mangroves abritent une faune importante de vers, coquillages, crustacés, poissons et oiseaux et jouent un rôle de « nursery » pour les crevettes. On peut encore évoquer les récifs coralliens, qu'ils soient frangeants, barrières ou annulaires. Il s'agit de constructions biologiques formées d'un empilement de squelettes calcaires, secrétés par des organismes vivant en colonies et où dominent les coraux. Ces récifs, lorsqu'ils sont annulaires, forment des atolls, comme en Polynésie. Leur lagon est alimenté en eau océanique : les eaux chaudes, de faible profondeur, accueillent une faune et une flore marines riches. En revanche, sur les parties émergées, le manque voire l'absence totale d'eau douce ne permet qu'une flore terrestre très pauvre. Les atolls souvent désolés sont alors peuplés de crustacés et servent de refuges aux oiseaux. Une fois encore, de forts contrastes s'expriment à des échelles micro-locales.

C. Des milieux naturels aux géosystèmes et aux paysages

La diversité des milieux tient aussi à l'action humaine. L'aménagement, en tant qu'action qui vise à modeler la surface de la planète pour servir les besoins de la société, n'a eu de cesse de transformer la nature, et ce depuis la révolution agricole du néolithique et la sédentarisation des populations. Les marques de l'anthropisation sont donc nombreuses, anciennes et récurrentes.

Les formes de l'anthropisation doivent se penser à plusieurs échelles spatiales et temporelles. Les plus anciennes sont le prélèvement ponctuel de ressources faunistiques et floristiques, par la chasse, la pêche et la cueillette. L'homme intervient également sur la faune et la flore par la domestication de certaines espèces et par des processus de sélection, de croisement, d'hybridation. Il peut enfin détruire certains milieux pour adapter les surfaces à un nouvel usage. En France métropolitaine, de multiples phases de défrichement se sont succédé au fil des siècles, qu'il s'agisse des déboisements du Néolithique ou de la période gallo-romaine, des grands défrichements du Moyen Âge autour des abbayes ou encore plus récemment, des coupes dans les étages forestiers des montagnes pour étendre les pelouses alpines, de sorte que la limite de la forêt en montagne est le plus souvent d'origine anthropique. L'action sur le milieu permet aussi à l'homme d'accroître la superficie de son territoire, c'est-à-dire ici de l'espace effectivement occupé, habité et mis en valeur. Par exemple, sur les littoraux de l'Atlantique, les communautés locales ont cherché à gagner des terres sur la mer par un patient travail de d'endiguement et de drainage. La géométrie des polders ainsi créés, le dessin et la densité des canaux sont de précieux indices pour dater les phases d'assèchement. Celles-ci se succèdent au Moyen Âge, au XVIIe siècle, sous le Second Empire et au lendemain de la seconde guerre mondiale. En Méditerranée, le drainage des plaines littorales permet d'assécher les marécages et de limiter les risques de paludisme (étymologiquement, *palus* signifie marais).

L'intervention anthropique provoque donc une artificialisation plus ou moins importante des milieux, qui va concerner l'ensemble de leurs composantes physiques, biotiques et abiotiques. Ainsi, les reliefs ont été modifiés à grande échelle. Les hommes ont transformé la topographie, en régularisant les versants, en arasant des sommets, en construisant des systèmes de terrasses pour limiter les pentes. Ils ont également transformé la morphologie littorale : soit directement, à très grande échelle, en remodelant le tracé d'une plage, en ouvrant des passes dans les cordons littoraux des côtes dites à lido, afin de maintenir la communication entre la mer et les étangs, en creusant les estrans pour y implanter des bassins portuaires ; soit indirectement, à des échelles plus petites, par des aménagements qui modifient l'action des courants marins ou les processus de sédimentation, entraînant ici le démaigrissement des plages, là leur engraissement. Certains littoraux français, en Normandie ou dans le Pas-de-Calais, sont par exemple marqués par un recul important du trait de côte, tandis que des sites emblématiques comme la Baie du Mont-Saint-Michel ou la Baie de Somme subissent une progression rapide des herbus, entraînant le comblement du marais maritime.

L'artificialisation concerne aussi l'hydrologie. Les cours d'eau ont été endigués afin de limiter leur débordement. Les chenaux ont été rectifiés, les lits creusés. Des déversoirs ont été construits afin de libérer les trop-pleins d'eau en période de crue et de faire ainsi baisser, en aval, le niveau. Dans le même temps, les défrichements et l'imperméabilisation des surfaces ont modifié les conditions d'infiltration de l'eau dans les sols. Dans le même ordre d'idées, l'artificialisation des sols s'est opérée à des échelles spatiales plus fines, mais sur des temps bien plus longs. Les sols ont été précocement modifiés par l'homme, signe d'un effort ancien d'appropriation de l'espace à des fins agricoles. L'action anthropique a eu des effets très importants. Certaines cultures épuisent les sols. Les récoltes empêchent en effet le retour au sol de matière végétale : elles limitent donc la formation de la matière organique nécessaire au renouvellement des sols. Les pratiques agricoles ou le pâturage intensif aggravent l'érosion, et ce dès l'Âge du fer. Pour compenser ces effets négatifs de l'anthropisation ou pour améliorer leur qualité initiale, l'homme a amendé les sols : apport de fumier, marnage des sols acides, brûlis, labours sont des pratiques anciennes, auxquelles a succédé l'utilisation de fertilisants.

Sur un temps tout aussi long, les couverts végétaux du territoire français sont très largement le produit d'une anthropisation, menant à des degrés divers d'artificialisation. Les défrichements alternent avec les épisodes de reboisement. Par exemple, la loi de restauration des terrains de montagne (RTM), datée de 1882, est à l'origine de nombreuses plantations dans les Alpes ou les Cévennes. Certains massifs forestiers sont d'ailleurs quasi anthropiques, comme la forêt des Landes ou celle de l'Aigoual. Dans les anciennes forêts royales de l'Île-de-France, la forêt a subi de multiples interventions de l'homme : plantations, sélections, coupes, afin de l'exploiter, mais aussi de la préserver et d'enrichir sa biodiversité. Enfin, si la forêt progresse aujourd'hui en France, c'est aussi à cause de la déprise agricole et rurale, qui provoque l'enfrichement des anciennes partielles et la fermeture progressive du couvert végétal.

À une autre échelle enfin, les débats sur le changement climatique rappellent les possibles impacts de l'homme sur des composantes de l'environnement qui jusque-là semblaient hors de son champ d'action. Les conséquences locales de ces changements planétaires ne sont pas négligeables : modification des précipitations, reculs des glaciers, élévation du niveau de la mer, etc. Si le rôle exact de l'homme reste encore discuté, un consensus se dégage sur le fait que l'action humaine a pour conséquence une accélération des rythmes naturels. Certains changements sont désormais perceptibles à l'échelle d'une vie humaine, alors les mécanismes physiques considérés s'étalent normalement sur des siècles, des millénaires, voire parfois plus encore.

Par conséquent, plutôt que de parler de milieux naturels, l'anthropisation du territoire national nous conduit à mobiliser la notion de « géosystème ». Ce terme désigne l'ensemble des caractéristiques physiques (relief, climat, sols, végétation, etc.) qui composent un milieu physique en insistant sur leurs interrelations, mais introduit en plus la société en ce qu'elle interagit avec ces différentes composantes.

Ce géosystème se donne à voir dans le paysage. Un paysage « naturel » est donc en réalité le produit d'éléments abiotiques, biotiques *et* anthropiques. Il n'existe par conséquent pas de paysage « naturel », puisque le paysage n'est que le reflet visible d'un milieu profondément modifié par l'homme. On ajoutera que le paysage est par définition un construit humain : il n'existe pas de paysage indépendamment du regard qu'un homme porte sur une portion de l'espace terrestre. De fait, le paysage possède une dimension subjective, qui renvoie à l'expérience sensible de l'observateur. Cette dimension subjective est liée au regard, mais aussi aux autres sens (odeurs, bruits, toucher, etc.). Le paysage permet finalement de mieux saisir la dimension construite du « naturel », puisque l'observateur va projeter sur la « nature » des valeurs, notamment esthétiques, souvent liées à sa culture, pour en isoler des éléments remarquables.

II. COMPOSER AVEC LA « NATURE »

Les différents milieux constituent un cadre physique dans lequel se déploie l'activité humaine. Ils offrent un certain nombre de potentialités, qui peuvent devenir ressources lorsque les sociétés les mettent en valeur. Dans le même temps, certains processus physiques, neutres dans l'absolu, deviennent des risques à partir du moment où des sociétés se retrouvent plus ou moins volontairement exposées.

A. Des territoires riches en ressources, mais des ressources relatives

Les territoires présentent des ressources environnementales diverses, qui sont certes le reflet de la diversité des milieux, aussi très largement le résultat d'une activité humaine qui a su les repérer, les exploiter, les utiliser. Il n'existe pas de ressource naturelle en soi : toute ressource est relative au besoin d'une société donnée à un moment donné et à la capacité scientifique, technique, financière de cette dernière à la mettre en valeur. Ainsi, la neige a longtemps été une contrainte du milieu montagnard, jusqu'à ce que le développement des sports d'hiver ne la transforme en « or blanc », quitte à utiliser désormais de la neige artificielle pour augmenter ou pérenniser le manteau neigeux. Le tourisme balnéaire est né, quant à lui, au XIXᵉ siècle, de l'idée que l'air marin constituait une ressource pour la santé. Il se pratiquait ainsi l'hiver. Un renversement important a lieu au cours du XXᵉ siècle : ce n'est plus l'air mais le soleil et la mer, favorables à la baignade et au bronzage, qui sont désormais considérés comme une ressource, débouchant sur une pratique estivale du tourisme.

La liste des ressources « naturelles » est infinie. Elle ne se résume d'ailleurs pas aux éléments matériels offerts par le milieu, qu'il s'agisse de l'eau, des sols, du bois, de la faune, des minerais, etc. Certaines caractéristiques topographiques peuvent constituer des ressources et favoriser certaines organisations spatiales. Ainsi, les indentations du trait de côtes offrent des positions d'abri qui seront propices à l'implantation des ports, jusqu'à ce que la révolution nautique transforme ces conditions privilégiées en handicap. L'exemple de Brest qui, avec l'une des plus belles rades d'Europe, n'a jamais réussi à devenir un port d'envergure internationale, rappelle ici qu'il n'existe pas de déterminisme du milieu. Les fleuves offrent également des ressources pour l'appropriation de l'espace : ils sont des éléments de pénétration importants qui favorisent l'exploration et la conquête d'un territoire. Mais là encore, malgré un potentiel important, la France n'a jamais privilégié le transport fluvial.

En outre, une ressource n'est jamais totalement naturelle, dans la mesure où pour être utilisée, elle doit d'abord être exploitée et parfois transformée par l'homme. La mise en valeur dépend notamment du développement technologique de la société, ou encore de la rentabilité de l'exploitation. Les gisements miniers, tels que ceux de houille dans la périphérie du Massif central, au Nord ou en Lorraine, de fer en Bourgogne, Lorraine ou Champagne, ont permis le développement d'une activité industrielle. Mais leur exploitation a obéi avant tout au niveau développement technique de la société. Les gisements ont été abandonnés lorsque la révolution des transports a permis de s'approvisionner ailleurs, à un coût égal voire moindre, pour une qualité identique sinon meilleure.

Dans ces conditions, un territoire peut être à un moment considéré comme « pauvre » en ressources et devenir très vite un eldorado. Les exemples de la Champagne crayeuse ou des Landes montrent une succession de mises en valeur de différentes ressources au gré des évolutions techniques. La Champagne crayeuse, appelée « pouilleuse » par les Physiocrates du XVIIIe siècle en raison de son caractère inculte, a ainsi été boisée au cours du XIXe siècle, le paysage de forêt remplaçant celui des landes. Dans les années 1950, les techniques d'enrichissement du sol ont permis l'installation de la céréaliculture, la forêt disparaissant au profit du champ ouvert, faisant de la région l'un des greniers de la France, avec des rendements à l'hectare parmi les plus élevés du pays.

La mise en valeur de la ressource peut également découler d'une volonté politique : en cela, elle apparaît comme une marque forte de l'appropriation territoriale. Ainsi, les Landes étaient avant le XIXe siècle de vastes terres incultes, dévolues au pacage des ovins. Une couche imperméable, *l'alios*, empêchait l'infiltration de l'eau, créant de vastes marécages. Ces activités conféraient à ces territoires une identité forte, avec l'image d'Épinal du berger juché sur des échasses, pour avancer rapidement sur des terres humides couvertes d'ajoncs. Sous le second Empire, les Landes sont boisées de façon systématique, sur décision nationale, avec des pins (en vue d'une exploitation de la résine notamment). Ce boisement a donné naissance à la plus grande forêt française. Aujourd'hui, la fertilisation des sols permet la céréaliculture. La forêt est trouée par des périmètres de culture intensive.

On voit avec l'exemple landais comment l'exploitation de la ressource, qui est une forme d'interaction des sociétés avec leur environnement, est un élément structurant des territoires. Avec la plantation de la forêt, les bergers disparaissent, et avec eux le système agropastoral traditionnel. Que le rapport à la ressource change, et c'est un nouveau système territorial qui naît, avec les inévitables conflits d'appropriation qui en résultent. L'exploitation d'une ressource confère aussi au territoire une singularité forte, une image qui fonde une identité originale, qui peut s'inscrire dans le temps, bien au-delà du moment où la ressource est effectivement exploitée. Ainsi, historiquement, les sociétés ont d'abord utilisé les ressources locales pour subvenir à leurs besoins quotidiens. Ces ressources ont été employées notamment pour l'habitat, laissant ainsi une empreinte originale dans les paysages : brique rouge dans les régions où l'argile est présente, ardoise dans le nord, toits de roseaux dans les marais, lauzes (pierre sèche) dans le Massif central, la Corse, les Alpes ou le Cotentin, meulière du Bassin parisien, etc.

B. Des territoires à risques aux territoires du risque

Les risques sont en quelque sorte le pendant négatif des ressources. En géographie, le risque est défini comme la menace qui résulte de l'exposition d'une population ou de biens vulnérables à un processus pouvant représenter un danger. Lorsque ce processus est d'origine physique, on parle de risque naturel. S'il présente une menace pour les milieux ou les paysages, on utilisera plutôt l'expression de risque environnemental, sachant qu'un risque environnemental peut aussi désigner, pour l'homme, une menace venue de l'environnement (par exemple une pollution).

La notion de risque naturel exprime parfaitement la complexité du rapport nature/société au sein d'un territoire. Au sens strict, il n'y a d'ailleurs pas de risque naturel en tant que tel puisque le risque implique par définition la présence de la société : pour paraphraser Rousseau, un séisme dans le désert n'est pas un risque. De plus, le processus physique, que l'on appelle aussi aléa, est neutre : un aléa n'est pas forcément une source de danger : les limons déposés par une inondation ou les cendres par un volcan, peuvent fertiliser les sols. Enfin, le risque n'existe que si les populations en ont conscience : en ce sens, le risque est un construit social, qui fait l'objet d'une perception qui peut être minorée ou exagérée au regard de la menace objective.

Plus largement, les aléas présentent des degrés de « naturalité » qui sont très variables : entre l'éruption volcanique ou le cyclone, sur l'occurrence desquels l'homme n'a pas de prise, et des incendies volontaires, la part des actions humaines est évidemment très différente. L'anthropisation modifie sensiblement les caractéristiques des aléas, qu'il s'agisse de leur intensité, de leurs dynamiques ou de leur fréquence. Ainsi, les actions sur les lits des cours d'eau, telles que l'endiguement, le dragage, la rectification des berges, etc., accroissent les vitesses d'écoulement en cas de crue. Le déboisement des versants en amont des bassins-versants augmente le ruissellement. En Méditerranée, certains mouvements de terrains peuvent être accélérés par la destruction des terrasses, qui déstabilisent les pentes. Les incendies, quand ils ne sont pas le fait de l'homme, peuvent être aggravés par le mauvais entretien des forêts ou par des boisements mono-spécifiques. De même, la tempête de 1999 a eu des effets bien plus graves lorsque les boisements n'étaient pas (ou étaient mal) entretenus. L'homme aggrave donc les aléas, et par voie de conséquence, le risque.

Le risque augmente également du fait de l'accroissement de l'exposition des biens et des personnes. Les sites d'occupation originaux prennent généralement en compte l'existence du risque. Sur les côtes basses de l'Atlantique ou en Méditerranée, par exemple, les zones inondables étaient délaissées : on privilégiait les sites d'oppidum, qui surplombent les plaines. Les ponts jetés sur les torrents s'élevaient à plusieurs mètres au-dessus du fond de la vallée, afin de ne pas céder aux inondations. Dans le Val-de-Loire, les espaces inondables étaient occupés par les cultures et l'élevage et les finages communaux organisés en fonction de la récurrence des inondations. Mais peu à peu, la croissance urbaine, conjuguée à l'oubli d'un danger qu'on pense jugulé par la technique, pousse les personnes à rechercher les aménités paysagères des berges. Les industries s'implantent en bord de fleuve, pour bénéficier des avantages de la voie d'eau. Les aménageurs profitent du caractère plan des fonds de vallée pour développer des infrastructures de transports et de communication. La pression foncière et la pénurie de terrains poussent les populations à s'installer sur des zones jusque-là délaissées. Dans ces conditions, l'exposition au risque s'accroît, tandis que l'absence de conscience du danger, très largement liée à la méconnaissance des milieux physiques, augmente la vulnérabilité des habitants, c'est-à-dire leur propension à subir un dommage.

Au même titre que la ressource, le risque est donc un puissant marqueur territorial. Il confère à un espace une certaine image, souvent répulsive. Il suffit ici d'évoquer la représentation négative attachée aux montagnes jusqu'à la fin du XVIIIe siècle. Pour cette raison, le risque est souvent tu : mieux vaut cacher le danger que risque de détériorer l'image et donc l'attractivité du territoire.

Le risque intervient également dans l'organisation sociale et spatiale des territoires. Les sociétés locales ont adapté les territoires aux risques : outre la gestion passive qui consiste à s'implanter à l'écart du danger, elles ont érigé des protections matérielles, qui ponctuent les paysages. Digues, murets de protections, filets, pare-avalanches, sont autant de traces concrètes qui rappellent l'existence d'une menace. L'adaptation peut se faire à des échelles très fines. À Sommières (cf. encadré), les maisons sont construites en pierre, sur plusieurs niveaux, le rez-de-chaussée étant réservé à des boutiques ou des entrepôts, tandis que les habitations sont au premier étage, à plusieurs mètres au-dessus du sol. Un deuxième étage permet de se mettre à l'abri d'une inondation exceptionnelle. D'autres traces, plus douloureuses, construisent l'identité des territoires du risque : ruines, repères de crues, monuments du souvenir, sont autant d'héritages des catastrophes passées, qui fédèrent sur un espace une communauté et nourrissent du même coup un sentiment collectif d'appartenance à une terre. Certaines traces sont également immatérielles : récits, légendes, chansons, sont des formes de tradition orale qui permettent de transmettre la mémoire du risque de génération en génération, tout en participant à la construction de la culture locale.

Le risque est enfin un objet politique, dont la gestion est fortement territorialisée. La gestion des risques naturels majeurs reste une prérogative régalienne. Elle est aujourd'hui régie par la loi Barnier de 1995, qui instaure un document réglementaire, le plan de prévention des risques (PPR), qui a une double fonction. D'abord, le PPR est un outil d'information, qui propose une cartographie des aléas et des enjeux vulnérables. Réalisé à l'échelle départementale sur prescription du Préfet, opposable au tiers, il permet aux populations de s'informer des dangers, et vient ainsi compléter d'autres documents d'information tels que le document d'information communal sur les risques majeurs (DICRIM), réalisés par les maires à l'échelle de leur commune. Par ailleurs, la loi Bachelot de 2006 impose une information systématique des bailleurs ou acquéreurs d'un logement. Le PPR est aussi un instrument de zonage réglementaire, qui a pour but de contrôler, sinon limiter, l'occupation des espaces à risques. Le zonage permet d'imposer un certain nombre de prescriptions d'urbanisme, voire d'interdiction de construire. Ensuite, le PPR instaure donc une territorialisation administrative du risque : les limites dessinent des périmètres associés à un niveau de danger. Les écueils sont ici multiples. En premier lieu, les limites juridiques ne correspondent jamais aux territoires effectifs des risques : les dynamiques physiques se déploient à d'autres échelles, comme par exemple les bassins-versants pour les inondations. Les découpages administratifs deviennent ainsi un obstacle à la gestion du risque dans la mesure où ils fragmentent les territoires de l'aléa : les mesures de gestion dépendent souvent davantage du périmètre administratif que du degré de risque et deux communes soumises à un aléa identique peuvent recevoir un traitement différent. Ensuite, la territorialisation administrative est le plus souvent le produit d'une négociation entre les acteurs locaux et entre les divers échelons politiques. Si elle reflète assez bien l'état du rapport de forces au moment de l'élaboration du zonage, elle diffère souvent de la réalité du risque, qui devient un objet de conflits, de tensions, de jeux de pouvoirs au sein du territoire concerné.

L'augmentation de la vulnérabilité aux risques naturels : l'exemple de Sommières

Le Vidourle est un torrent méditerranéen de 85 km de long qui marque la limite entre le Gard et l'Hérault et qui prend sa source dans les Cévennes. Les orages de type Cévenol et les caractéristiques particulières du bassin-versant (pentes importantes, terrains imperméables et forme très compacte), provoquent fréquemment des crues éclairs importantes, appelées localement les « vidourlades ». La ville de Sommières, commune de 3 500 habitants, est implantée au bord du Vidourle. Les crues à Sommières se caractérisent par leur soudaineté et des débits considérables : 2 000 à 2 500 m^3/s (en comparaison, une crue de la Seine représente un débit de 1 500 m^3/s). Au fil des siècles, de nombreuses inondations se sont produites mais la crue la plus catastrophique a été celle des 8 et 9 septembre 2002. Les dégâts ont été très importants. Ils peuvent s'expliquer par la violence de la crue et la hauteur d'eau (supérieure à 7 mètres, alors que les plus hautes eaux connues ne dépassaient pas jusque-là 6,80 m). Pourtant, le géographe F. Vinet a montré que la catastrophe est aussi et surtout à imputer à des facteurs humains. Par le passé, les habitants de Sommières avaient adapté leur territoire au risque : maillages en damier des rues des parties basses pour l'écoulement des eaux, construction de bâtiments sur voûtes, construction de déversoirs et de digues. Mais l'urbanisation, avec notamment la construction de maisons de plain-pied dans les zones inondables ou le mauvais entretien du cours d'eau ont conduit à une augmentation de la vulnérabilité, et ce d'autant plus que les populations avaient oublié l'existence du danger.

Sommières face au risque d'inondation : une augmentation de la vulnérabilité

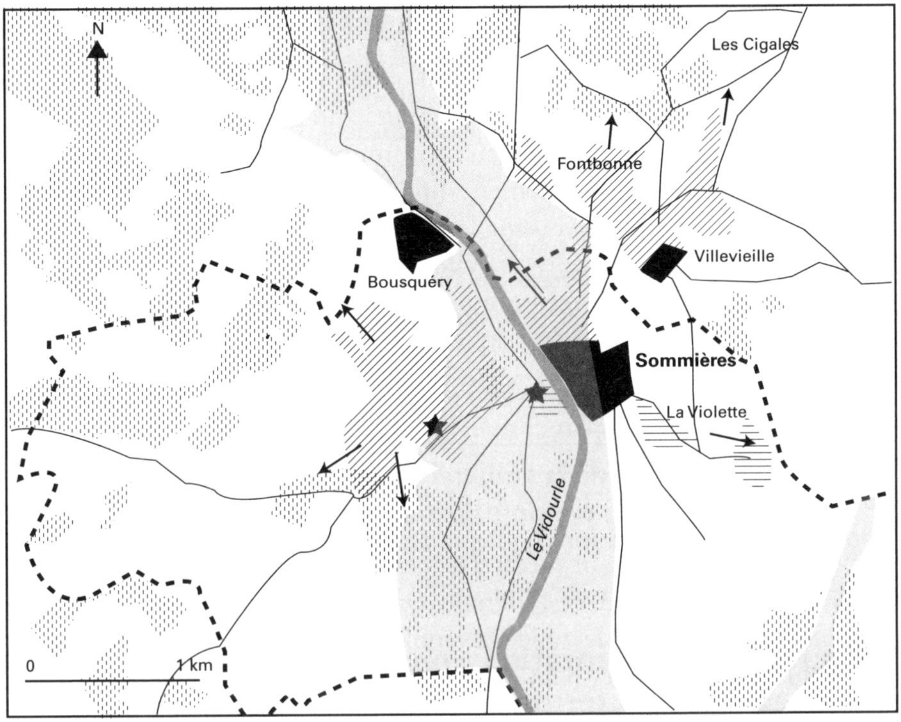

1. L'aléa inondation

- Lit mineur
- Zone inondée en 2002

2. L'extension urbaine

- Limite communale
- Centre ancien
- Extension urbaine et périurbaine récente
- Vignes
- Poursuite de l'urbanisation

3. Des enjeux vulnérables

- Routes
- Zone d'activité (commerces, coopératives agricoles)

Source : M. Reghezza-Zitt, d'après carte IGN 1/25 000ᵉ et travaux laboratoire GESTER

III. UN NOUVEAU RAPPORT À LA NATURE

Le rapport à la nature a profondément évolué au cours des décennies qui ont suivi la fin de la Deuxième Guerre mondiale. Le constat de dommages, parfois irréversibles, infligés aux milieux et par ricochet aux sociétés, a débouché sur une critique de l'anthropisation, et avec elle des modes dominants de développement de la société française. Dans le même temps, la séparation radicale de l'homme et de la nature postulée par la philosophie moderne a été remise en question par les sciences sociales : quand certains affirment la mort de la nature, entendant par là que la trace de l'homme est désormais partout, d'autres évoquent l'idée d'une « technosphère », monde hybride de nature et de culture. La philosophie s'intéresse désormais au « bon usage de la nature » (C. Larrère), d'aucuns allant jusqu'à proposer un nouveau « contrat naturel » (M. Serre). Ces réflexions trouvent un écho dans le développement de l'écologie politique. Enfin, le regard sur la nature change : investie de nouvelles valeurs, esthétiques mais aussi morales, la nature attire. Le « désir de nature » est la conséquence d'une évolution des représentations, qui induit de nouveaux usages et de nouvelles pratiques.

A. Nouvelles représentations, nouvelles pratiques : la « fabrique des territoires »

La nature est devenue un puissant argument de marketing territorial, qui confère à certains espaces une forte attractivité. La conception de la nature est ici sélective, très largement produite par une société d'urbains. La nature est souvent réduite à un cadre de vie agréable, où prime le végétal. Du naturel, on ne retient que la dimension positive, occultant les risques, les débordements, les manifestations dérangeantes comme les odeurs ou encore les animaux nuisibles, dangereux ou simplement trop différents de l'idéal domestique tels que les insectes ou les rats. Nature ordonnée, où l'homme a posé une marque discrète : on s'extasie souvent sur les bocages ou les champs, produits de plusieurs siècles de culture(s), alors qu'on juge négativement les friches, issues pourtant du retrait des hommes. La nature plébiscitée est également esthétisée. Les valeurs positives qu'on lui accorde sont ici indissociables d'une culture fondée sur les représentations artistiques, qu'il s'agisse de la littérature bucolique, des tableaux ou du cinéma. L'engouement pour la forêt de Fontainebleau a ainsi été nourri par les tableaux de l'École de Barbizon, celui pour la montagne par la *Nouvelle Héloïse* de Rousseau. La redécouverte des cours d'eau mobilise les références aux impressionnistes. Le retour à la nature signifie enfin pour beaucoup le retour à un passé mythifié : l'attrait des campagnes est ainsi envisagé pour beaucoup d'urbains comme un retour à des valeurs terriennes ancestrales d'harmonie avec la nature alors que la ville marquerait la rupture et l'antagonisme avec cette dernière.

La nature, ou plus exactement, les représentations et les valeurs qu'on lui confère, constituent alors une ressource territoriale, autour de laquelle peuvent se construire un nouvel usage de l'espace et à terme une nouvelle identité. Le désir de nature nourrit par exemple la dynamique de périurbanisation. Il produit de nouvelles pratiques : activités de tourisme et de loisir dans des espaces à l'écart de l'urbanisation, mise en valeur d'un « patrimoine naturel », développement d'une agriculture biologique (et de ses formes dérivées ou alternative), etc.

On assiste ainsi à une « fabrique » de nouveaux territoires, c'est-à-dire d'espaces soumis à de nouveaux modes d'appropriation, dont les limites dépassent les périmètres existants et dont l'identité se structure autour d'un nouveau rapport homme/nature, que celui-ci soit réel ou fantasmé. Cette fabrique des territoires concerne des espaces situés jusque-là relativement à l'écart des sociétés : haute montagne, rural isolé, forêts, etc. Mais elle se retrouve aussi dans les villes, avec par exemple la création de « trames vertes » ou « bleues », qui visent à réintroduire la nature, en suscitant des pratiques plus respectueuses des écosystèmes et des paysages. On peut également évoquer le nouvel attrait pour les berges de fleuves qui engendre de multiples opérations d'aménagement, qualifiées de « reconquête des fronts d'eau » (traduction de l'anglais *waterfront*), ce qui traduit bien une logique de production territoriale (cf. encadré).

L'aménagement des berges de fleuves

Depuis une trentaine d'années, on remarque un fort engouement pour les fleuves urbains. L'espace urbain fluvial se transforme en espace convoité, support du développement local.

Le cas de l'aménagement des berges de la Seine par le Conseil général des Hauts-de-Seine n'est qu'un exemple parmi bien d'autres. L'objectif est à chaque fois de réinscrire le fleuve dans la ville, de dynamiser les berges, de valoriser et de préserver la ressource en eau, les écosystèmes et les paysages associés. Le fleuve apparaît comme un « vecteur d'attractivité », instrument du développement économique, placé au service de la réduction des disparités socio-spatiales et de la préservation des espaces de nature en ville.

La considération relativement récente de l'espace fluvial comme une opportunité foncière est liée à l'évolution des représentations sur la nature en ville. Les berges sont désormais perçues comme un espace de vie offrant une qualité environnementale et paysagère plus importante que dans le reste de la ville, car plus « naturelles ». Ce retour au fleuve marque un véritable renouveau des territorialités citadines, avec de nouvelles pratiques de loisir ou d'habiter.

Historiquement, les fleuves ont été intégrés au territoire urbain. Le cours d'eau est un élément spatialement et identitairement structurant : l'emploi fréquent de l'expression « cœur de la cité » pour le qualifier est aussi bien objectif, puisqu'il décrit une position géographique, que métaphorique et symbolique. Le fleuve est à la fois une ressource nourricière, pour l'approvisionnement en eau ou le développement de cultures maraîchères, et stratégique puisqu'il permet l'acheminement des marchandises ou encore l'implantation de voies de communication et d'activités industrielles. Ce lien quasi organique au fleuve se rompt généralement au cours du XIXe siècle. Le cours d'eau est alors rendu peu accessible par le développement massif d'infrastructures portuaires et industrielles et l'implantation sur les rives de voies de communication qui « confisquent » les berges aux anciens usagers. Puis, suite à des bouleversements économiques, nombre de ces espaces industriels sont abandonnés, devenant des friches ou des espaces de stockage. De fait, malgré leur position centrale, le fleuve et ses berges sont marginalisés.

Les différentes opérations d'aménagement des espaces fluviaux urbains se pensent alors en opposition à cette rupture entre la ville et le fleuve. Elles sont souvent accompagnées d'un discours qui met en exergue le thème de la réappropriation. Le propos mêle étroitement l'évocation du passé et l'ouverture sur la modernité : il ne s'agit pas de reproduire les usages anciens du fleuve, mais de construire, en référence au passé, un nouveau rapport nature/société autour d'un élément qui participe de l'identité et du développement de la ville. Le projet d'aménagement cherche alors à transformer l'espace du fleuve en patrimoine historique et culturel, mais aussi en patrimoine naturel.

Or, l'appropriation est aussi politique. Les espaces fluviaux relèvent en effet de statuts juridiques très complexes qui produisent une fragmentation à l'origine de nombreux conflits d'acteurs. Appartenant au domaine public fluvial, l'espace du fleuve peut être considéré comme « une emprise de l'État » au sein des villes. Pourtant, l'espace fluvial n'est pas un périmètre institutionnel au sens strict : il ne correspond pas à une maille administrative et aucun acteur ne lui est systématiquement associé. De ce fait, il offre une opportunité pour donner à un acteur local une assise forte, qui lui permettra de modifier le rapport de forces existant avec d'autres acteurs sur un territoire plus vaste, en particulier

Aménagement et ressources environnementales : production territoriale autour du fleuve dans les Hauts-de-Seine

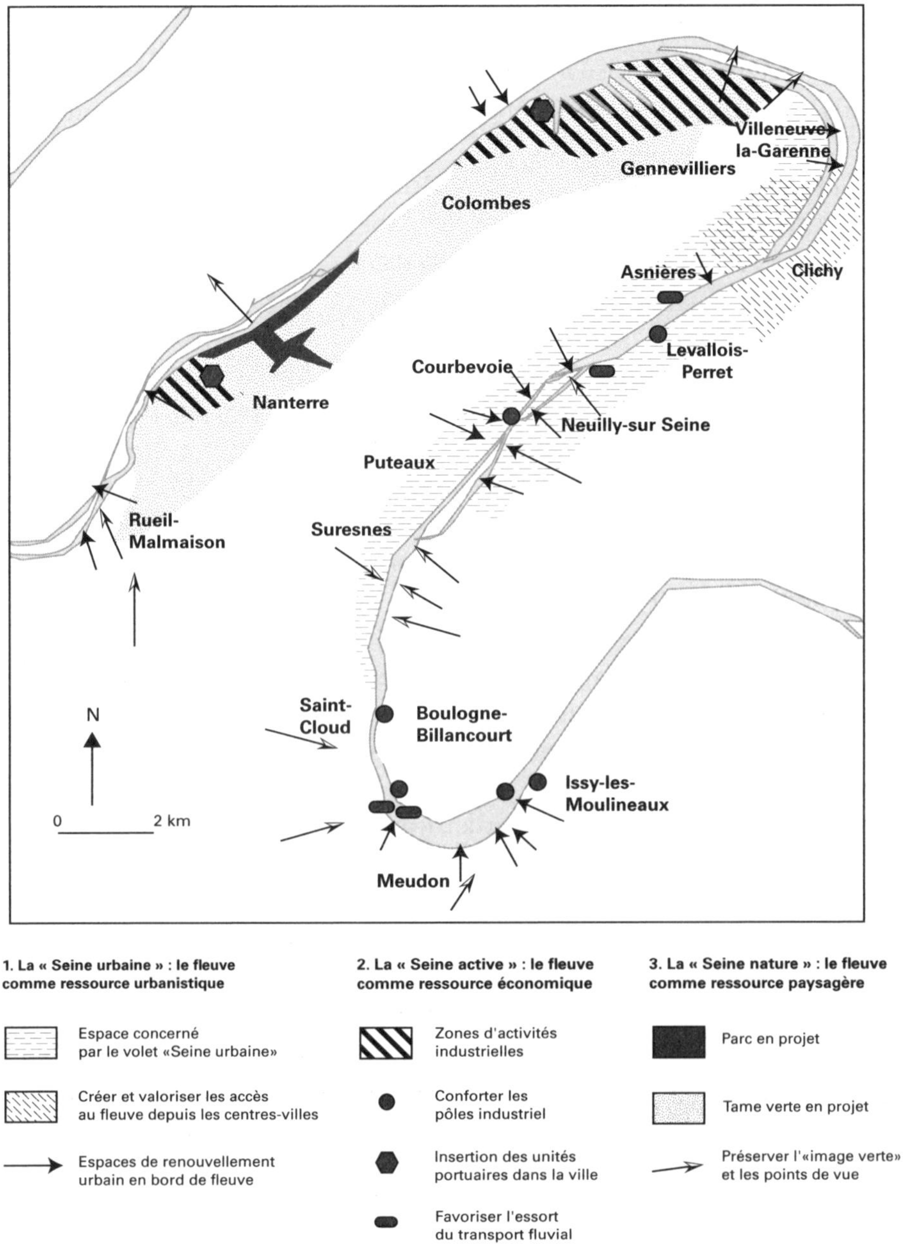

Source : M. Reghezza, d'après « Les enjeux de la Seine et de ses berges », Schéma d'aménagement durable de la Seine et de ses berges, Conseil Général des Hauts-de-Seine

l'acteur étatique. L'espace du fleuve devient alors un espace-enjeu, dont l'appropriation sert la stratégie plus ou moins explicite d'émancipation de certains acteurs locaux. S'approprier l'espace du fleuve par un projet d'aménagement ou de protection revient finalement à construire *ex nihilo* un territoire politique.

B. Les ambivalences de la protection

Depuis plusieurs décennies, la société française a pris conscience des nombreuses atteintes portées à l'intégrité des milieux et des paysages. L'empreinte humaine a alors été envisagée en termes de destruction, de dégradation, de détérioration, de défiguration, de dénaturation, etc. La richesse du lexique pose immédiatement la question de l'évaluation objective de cet impact anthropique. La destruction se pense en effet par rapport à un temps initial de référence, qui est difficile à fixer dans la mesure où les milieux évoluent, même indépendamment de l'action des sociétés. Le débat peut ici se poser en termes de rythmes, l'homme pouvant accélérer brutalement des tendances naturelles, et de réversibilité. L'appréciation de la nocivité de l'homme dépend aussi de facteurs très subjectifs. Tout changement n'est pas synonyme de dégradation. Parler de détérioration suppose que l'on juge que l'état au temps $t+1$ est moins bon, beau, intéressant, que celui au temps t. Ce jugement est influencé par notre représentation de ce que doit être la nature, par nos valeurs esthétiques, par nos besoins. Par exemple, on critique aujourd'hui volontiers la bétonisation des côtes du Languedoc-Roussillon, alors que personne ne songerait à détruire la Promenade des Anglais à Nice ou le front de mer à Deauville. On trouve laides les autoroutes, mais les voies romaines sont protégées et le viaduc de Millau célébré. Des arbres aussi emblématiques que le palmier sur la côte d'Azur ou l'olivier en Méditerranée ont été plantés par l'homme. La Camargue ou la Baie de Somme, telles que nous les connaissons aujourd'hui, n'existeraient pas sans le patient travail d'endiguement et de maîtrise de l'eau que les sociétés locales ont mis en place depuis le Moyen Âge. Plus largement, comment comparer les mérites d'une lande et d'une pelouse, d'une forêt et d'une prairie ? Ils dépendent tout autant d'une construction sociale qui associe des usages et des représentations que de l'estimation objective de la biodiversité, c'est-à-dire de la diversité biologique du territoire considéré. Or il est encore aujourd'hui difficile de mesurer cette biodiversité : on a par exemple longtemps minoré l'importance et la qualité de certains écosystèmes présents dans les territoires urbains.

Une fois ces réserves posées, il reste que les impacts de l'anthropisation peuvent être extrêmement négatifs. Les atteintes portées à l'environnement sont d'autant mieux perçues qu'elles ont désormais des conséquences sur les activités humaines et sur la qualité, certes subjective, des espaces vécus. Les pollutions ont ainsi des effets directs et indirects sur la santé des populations, l'érosion des sols entraîne des coûts supplémentaires pour l'agriculture, la diminution des réserves halieutiques menace le secteur de la pêche.

Ce constat conduit les sociétés à envisager des modes de protection de la nature qui vont varier en fonction des représentations que les différents acteurs se font du rapport nature/société. Très schématiquement, on peut opposer deux paradigmes. D'un côté, une approche, qualifiée de « radicale », considère l'homme comme un élément perturbateur dont l'impact est forcément négatif. Ce corpus idéologique, qui repose sur des fondements aussi bien moraux et religieux qu'esthétiques, propose une vision dichotomique du rapport nature/société qui a tendance à survaloriser la nature. Dans ce schéma, qui se fonde très largement sur le mythe d'une nature vierge, il est nécessaire de soustraire la nature à la présence et à l'action des sociétés. L'autre posture pense au contraire l'homme comme partie intégrante du milieu : la nature doit être protégée par l'homme et pour l'homme, car ce dernier est finalement victime de l'épuisement des ressources, de l'érosion de la biodiversité ou de la dégradation des paysages. Cette vision, dite « intégratrice », est souvent utilitariste, puisqu'elle pense la nature en fonction des besoins de l'homme. Elle sanctionne l'idée que la nature est un construit social, que ce soit en termes d'artificialisation ou de représentations. Elle s'appuie notamment sur les résultats de l'écologie scientifique, qui montrent que l'intervention raisonnable et raisonnée de l'homme sur les milieux produit une biodiversité supérieure à ce que ferait la nature. Elle débouche également sur la prise en compte des enjeux sociaux de la protection.

En pratique, il existe une multitude de postures intermédiaires. Historiquement, c'est le paradigme radical qui a dominé, en particulier dans les parcs naturels américains qui ont servi de modèle à la France. Peu à peu toutefois, l'évolution du paradigme de protection a été sanctionnée au niveau international. Il faut souligner ici la diversité des acteurs qui interviennent. Le poids des instances internationales comme l'UICN (Union internationale pour la conservation de la nature) n'est pas négligeable. Inversement, les acteurs locaux, en particulier les associations, qui peuvent ou non dépendre d'ONG internationales (WWF, Greenpeace, etc.), jouent aussi un rôle considérable. L'acteur étatique a certes eu (et continue d'avoir) une place prépondérante, qu'il s'agisse de l'édiction de lois ou de la définition d'aires protégées. Les périmètres les plus emblématiques sont ici les parcs naturels nationaux. Mais cette action étatique est désormais soumise à l'échelon supérieur que constitue l'Union européenne (UE), dont les directives cadrent la loi nationale : directive « Oiseaux » de 1979, « Habitats » de 1992 pour l'avifaune, ou encore la directive-cadre sur l'eau en 2000. Plus largement, l'UE est par exemple à l'origine de la constitution d'un réseau écologique de zones spéciales protégées dénommé « Natura 2000 », destiné à la sauvegarde l'habitat naturel d'espèces animales et végétales menacées.

La tension entre le paradigme radical et le paradigme intégrateur se traduit enfin dans les modes de territorialisation de la protection. Elle donne naissance à une multitude de périmètres. Par exemple, à la réserve intégrale, qui exclut toute intervention anthropique, s'oppose la réserve dirigée où l'évolution des milieux est accompagnée par l'homme. Le cas des parcs nationaux est emblématique (Heritier, Laslaz, 2008). Un parc national est un Établissement public à caractère administratif (EPCA) doté d'une personnalité morale et d'une autonomie financière. Il se subdivise en trois types de zones : une zone centrale, où une réglementation stricte protège les milieux (faune, flore, paysage) ; une zone périphérique, où les activités sont permises et, entre elles deux, des Réserves naturelles. Moins strictes en termes de protection, les réserves sont plus restrictives que la zone périphérique. Chaque conception de la protection trouve ainsi une traduction spatiale, marquée par des limites précises.

La loi paysage

La loi « paysage » de 1993 propose de régir « des territoires remarquables par leur intérêt paysager ». Cette loi donne un statut officiel au paysage, sans en donner pour autant une définition juridique. Le terme « paysage » figure également dans le premier article du Code de l'urbanisme, où il est associé à des préoccupations d'aménagement, de gestion et de protection. La loi paysage permet d'édicter « des directives de protection et mise en valeur des paysages de territoires remarquables », qui s'imposent aux documents d'urbanisme. Elle a notamment pour effet de compléter le code d'urbanisme en exigeant en particulier une « étude de l'insertion dans l'environnement et de l'impact visuel des nouveaux bâtiments et de leurs abords » pour l'obtention des permis de construire. En l'absence de définition, les « territoires remarquables » sont définis par l'État en concertation avec les collectivités territoriales concernées. La loi paysage permet aussi d'étendre certains dispositifs de protection, notamment les Zones de protection du patrimoine architectural, urbain et paysager (ZPPAUP), qui instaurent des servitudes pour la protection des paysages. La procédure de ZPPAUP concerne tous les types d'espaces (construits ou naturels, grands ou petits, urbains ou ruraux, communaux ou intercommunaux).

La loi paysage implique un inventaire régional du patrimoine paysager, sans toutefois proposer des critères d'évaluation des zones à protéger. Que doit-on effet protéger dans un paysage ? La valeur esthétique de ce dernier, forcément subjective, pose problème.

C. Territorialiser la protection de la nature

Comme le souligne le géographe S. Depraz, la protection de la nature ne signifie pas le retrait des hommes. Il s'agit au contraire d'une nouvelle marque d'appropriation, qui repose sur une transformation des usages de la nature et donc, une « autre forme d'artificialité de l'espace dans laquelle ce dernier est investi par des représentations sociales nouvelles ». Paradoxalement, la protection doit être envisagée comme une énième étape de l'intervention de l'homme sur les milieux.

La protection de la nature est inscrite de façon concrète dans l'espace : elle est territorialisée, au sens politique, puisqu'elle s'appuie la plupart du temps sur des périmètres administratifs qui correspondent à l'édiction de normes juridiques restreignant les usages du sol. Cette territorialisation pose un certain nombre de problèmes.

En premier lieu, un espace protégé ne peut pas être isolé d'un ensemble spatial plus vaste, ne serait-ce que parce que le fonctionnement écologique d'un milieu se pense à des niveaux multiscalaires : le territoire d'un animal ignore par exemple les limites anthropiques qui permettent sa protection. De fait, le découpage de périmètres administratifs est forcément imparfait, et ce d'autant plus que les formes de protection choisies répondent à un mode de représentations dominant. Il est donc non seulement susceptible d'évoluer mais peut apparaître aux yeux de certains comme non pertinent ou non légitime.

Ensuite, la création d'un périmètre de protection s'opère sur un espace déjà anthropisé, à des degrés certes divers. Ce périmètre concerne notamment des « lieux porteurs de sens et de richesse » (S. Depraz). La protection s'inscrit ainsi dans un contexte social et économique particulier. Elle vient perturber des pratiques locales, souvent anciennes. Le territoire comme découpage administratif entre alors en conflit avec le territoire comme espace de vie. Les travaux de F. Benhammou sur la gestion et la conservation des grands prédateurs, ours et loup, mettent par exemple en évidence la dimension sociale des enjeux de protection. Loin de « la caricaturale opposition entre des ruraux *a priori* hostiles à la conservation de la nature et des citadins écologistes rêvant d'une nature sans hommes et soutenus par un État central », la question des grands prédateurs montre que le refus de l'ours ou du loup renvoie aux difficultés de territoires frappés par l'exode rural, les évolutions socio-économiques et la concurrence internationale.

La création d'une aire protégée est plus ou moins bien reçue par les habitants, surtout lorsqu'elle semble venir de l'extérieur. Les contraintes imposées par les dispositifs de protection aux activités traditionnelles ou aux orientations du développement local peuvent être lourdes. Le pastoralisme ou les activités cynégétiques sont, par exemple, limités ou interdits. L'accès à certains espaces est réglementé.

En outre, les populations locales ne partagent pas toujours la même représentation de la nature que celle qui est exprimée par le mode de protection choisi. Comme le rappelle S. Depraz, « un espace protégé présente aussi une dimension sociale, puisqu'il engendre un grand nombre de représentations contradictoires et qu'il catalyse systématiquement des conflits d'intérêt autour de la maîtrise de l'espace ». Toutefois, l'espace protégé peut aussi être réapproprié par les populations locales, qui l'intègrent alors au fonctionnement et à l'identité du territoire préexistant. La protection est donc productrice de territoires. La réappropriation est d'autant plus forte que la protection relève d'une vision intégratrice : lorsque les populations peuvent pratiquer l'aire protégée, en y déployant de nouvelles activités, comme par exemple les activités de loisir, lorsqu'elles participent à la prise de décision, elles peuvent tisser un nouveau rapport à l'espace. La création d'une aire protégée, quand elle est ouverte au public, peut aussi générer des emplois locaux et des retombées économiques plus ou moins importantes avec le développement des activités de tourisme et de loisir.

Enfin, le processus qui conduit à la création d'aires de protection est par essence politique : il appuie des stratégies d'acteurs qui marquent, à travers les normes de protection, leur contrôle sur une portion d'espace. C'est une construction territoriale qui implique des rapports de forces entre différents acteurs et différents niveaux scalaires, qui reflètent tout autant l'idéologie dominante à un moment donné que l'équilibre des pouvoirs sur le territoire concerné. Les conflits se cristallisent en particulier autour du zonage. L. Laslaz rappelle par exemple que dans les Alpes, le zonage correspond à la division entre espaces dévolus à la protection et espaces destinés à accueillir le tourisme hivernal. Cette « segmentation » est « inhérente à la constitution des Parcs nationaux ». Elle est le résultat d'un compromis entre les différents acteurs sans lequel les parcs n'auraient pu être créés. Dans le même temps, les diverses conceptions de la protection et l'augmentation du nombre d'acteurs compétents débouchent sur la multiplication des périmètres, rendant parfois peu lisibles les différents découpages et leur logique.

Les territoires de protection de la nature en 2007

Types d'espace	Nombre	Surface totale en km²	dont surface en mer
Arrêtés préfectoraux de protection de biotope	672	1 627	16
Zones humides (Convention de Ramsar)	24	9 652	1 415
Réserves de biosphère (1)	9	5 379	360
Sites Natura 2000 (2) dont : ZPS (directive « Oiseaux ») (2)	1 705 371	75 042 45 989	6 964 3 291
SIC (directive « Habitats ») (2)	1 334	52 067	6 032
Parcs nationaux dont cœurs de parc	9 9	48 558 24 942	14 13
Réserves naturelles nationales	153	4 746	450
Réserves naturelles de Corse	6	838	805
Réserves naturelles régionales (3)	153	180	0
Réserves nationales de chasse et de faune sauvage.	8	287	///
Réserves biologiques domaniales ou forestières	197	1 559	///
Parcs naturels régionaux (PNR)	45	71 652	20
Parc naturel marin	1	3 428	3 428

/// : absence de résultat due à la nature des choses. (1) zone centrale et zone tampon. (2) situation en France métropolitaine en juin 2007. ZPS : zones de protection spéciale ; SIC : propositions de sites d'intérêt communautaire. (3) situation en décembre 2007.
Champ : France y compris Saint-Martin et Saint-Barthélemy.
Source : Service de l'Observation et des Statistiques (SOeS).

CONCLUSION

Le territoire, en tant qu'espace géographique, doit être envisagé comme le produit des interactions qui s'opèrent entre différents sous-ensembles, en particulier la nature et la société. Ces interactions ne peuvent toutefois se comprendre indépendamment des représentations individuelles et collectives ou des jeux d'acteurs.

On passe ainsi de la dimension « naturelle », biophysique, des territoires, aux enjeux territoriaux du rapport nature/société. L'espace géographique n'est pas simplement un support de l'interaction entre l'homme et son environnement. Cette interaction est profondément territorialisée au sens où non seulement elle façonne l'espace et les sociétés, mais elle produit des valeurs, des identités, des pratiques des formes d'appropriation de l'espace qui créent des territoires au sens politique et symbolique.

Bibliographie

Depraz S. (2008), *Géographie des espaces naturels protégés. Genèse, principes et enjeux territoriaux*, Armand Colin, 320 p.

Heritier S., Laslaz L. (coord.), (2008), *Les parcs nationaux dans le monde*, Ellipses.

Veyret Y. (2002), *La France : milieux physiques et environnement*, Armand Colin, 368 p.

Veyret Y. *et alii* (2007), *Dictionnaire de l'environnement*, Armand Colin, 403 p.

Chapitre 3

Les territoires à l'heure de l'hypermobilité

Le processus d'appropriation qui transforme un espace en territoire ne renvoie pas seulement à l'imposition de la souveraineté d'un pouvoir politique et aux maillages administratifs qui en découlent. Il peut également relever de formes plus subjectives qui définissent le rapport d'un individu ou d'un groupe humain à une terre. Le territoire est alors tout à la fois le support et le produit de l'expérience singulière de l'habiter.

Cette relation sensible à l'espace peut revêtir une dimension symbolique et culturelle. Elle s'exprime dans un ensemble de discours et de représentations. Elle constitue un mode d'appropriation particulier, qui se joue souvent des périmètres administratifs classiques. Par leur vécu et leurs pratiques, les individus vont en effet inscrire dans leur espace de vie un ensemble de valeurs, d'images, de symboles. L'espace ainsi investi va se charger d'une identité territoriale spécifique, reconnue et partagée par l'individu ou le groupe. En retour, les territorialités ainsi produites nourrissent un sentiment d'appartenance, qui peut participer à la définition d'identités individuelles ou collectives.

Or, l'intensification et la diversification des mobilités modifient profondément ces rapports au territoire. La mobilité en géographie désigne le mouvement qui permet à un individu (ou un groupe) de changer de lieu. La mobilité ne se résume pas aux flux, qui concernent aussi bien les personnes que les marchandises ou les capitaux, mais désigne tout à la fois un déplacement avéré et un potentiel de mouvement. Cette notion insiste sur les motivations, les usages, les représentations. En ce sens, la mobilité est intimement liée au territoire puisqu'elle implique des rapports particuliers à l'espace et produit en retour des configurations territoriales nouvelles, à des échelles variées.

Depuis plusieurs décennies, la révolution des transports et des technologies de la communication a permis un accroissement des mobilités. La réduction des distances-temps et des distances-coûts a en effet facilité les déplacements. Ces mobilités se sont diversifiées en termes de nature et d'échelles. Aux migrations traditionnelles sont venues s'ajouter de nouvelles mobilités résidentielles, de nouvelles mobilités du quotidien ou encore des mobilités de loisir et de tourisme. Cette augmentation des mobilités, accrue par la multiplication des échanges et des communications accompagnant la mondialisation et l'ouverture européenne, a permis la diffusion de nouveaux modèles culturels, de nouveaux modes de vie, de nouvelles représentations.

Dans ces conditions, les repères territoriaux traditionnels se transforment. Comment évoluent alors les espaces de vie des Français ? Quelles sont aujourd'hui leurs territorialités de référence ? Voit-on émerger de nouveaux modes d'habiter, de nouveaux rapports aux espaces ? Qu'en est-il dans ce contexte des nouvelles identités territoriales ? Et quels sont les enjeux, politiques, économiques ou sociaux, associés à ces identités ?

I. LES TERRITOIRES À L'HEURE DES MOBILITÉS

Les sociétés du XXIe siècle se caractérisent par une « hyper-mobilité », c'est-à-dire par une intensification et une diversification des déplacements. Les mobilités peuvent être de trois ordres : mobilités quotidiennes pendulaires, mobilités résidentielles et migrations internationales. Les Français n'échappent pas à cet accroissement des mobilités, même si comparativement à d'autres pays, la mobilité définitive des individus reste faible.

A. Des mobilités intérieures variées qui recomposent les espaces de vie

Les mobilités quotidiennes et résidentielles contribuent à la modification des espaces de vie des Français car, comme le souligne G. Di Méo, « notre mobilité accrue élargit le champ de nos expériences sociales et spatiales » (Di Méo, 2004).

En France, les mobilités résidentielles d'échelle interrégionale, très largement liées au travail, et par extension aux études ou à la retraite, sont quantitativement faibles. Elles contribuent toutefois à modifier la répartition du peuplement à l'échelle nationale. Si toutes les régions sont concernées par ces mouvements migratoires, les régions de l'Ouest, du Sud-Ouest et de la Méditerranée, et notamment les littoraux, sont particulièrement attractives. Les populations se dirigent préférentiellement vers les grandes villes de province, la périphérie des grandes agglomérations et les espaces ruraux les moins isolés. La faiblesse relative des mobilités intra-régionales contraste toutefois avec les trajectoires géographiques individuelles, qui semblent de plus en plus complexes. Par exemple, la multiplication des « étapes familiales » (départ du foyer parental, mise en couple, séparation, etc.) peut accroître la mobilité géographique de l'individu à des échelles spatiales et temporelles variées.

Ces flux de population modifient les espaces d'accueils. Une ville comme Nantes a ainsi (re)fondé son image sur son dynamisme démographique et sur sa capacité d'attraction pour des populations jeunes et qualifiées. Au rebours, ces flux peuvent avoir un impact très négatif sur les territoires de départ qui sont alors associés à une image répulsive. Les territoires de la reconversion industrielle ou ceux du rural isolé souffrent ainsi du départ des jeunes actifs. La crise économique se conjugue à une crise démographique qui conduit au vieillissement des populations : les territoires sont donc marqués par l'image de la déprise ou de l'« exode », ce qui contribue à les dévaloriser.

Dans le même temps, les mobilités quotidiennes se sont notablement accrues dans les dernières décennies. Le recours à la voiture individuelle et l'augmentation des vitesses, en particulier avec le train à grande vitesse (TGV), et dans une moindre mesure, avec l'avion, ont réduit les temps de parcours. Associé à la réduction des coûts de déplacement, ce développement des transports a permis aux individus d'aller plus loin, que ce soit pour des motifs professionnels ou pour des activités de loisirs ou de consommation. Les impacts des mobilités quotidiennes sur les espaces de vie n'ont rien à voir avec ceux induits par les mobilités résidentielles car ils touchent à l'essence même de l'habiter. La réduction des temps et des coûts de déplacement a en effet permis une dissociation de plus en plus généralisée entre le lieu d'habitation et le lieu de travail, et a plus largement engendré une spécialisation des lieux. Les espaces de vie deviennent alors de plus en plus réticulaires : ils sont désormais faits de lieux distincts, parfois distants de plusieurs centaines de kilomètres, séparés par des espaces qui ne sont plus que traversés et non appropriés. De plus, chaque lieu est fréquenté en fonction d'un moment de la journée ou de la semaine, avec un usage précis, selon des rythmes spécifiques. On a alors affaire à une juxtaposition d'espaces vécus : l'espace du domicile et de la vie familiale, le soir et les week-ends; l'espace du travail, en journée et en semaine; l'espace du loisir ou des courses, etc. Dans ces conditions, les territorialités des Français deviennent de plus en plus complexes, d'autant que les expériences individuelles de la mobilité peuvent s'affranchir du cadre national dans le cadre des phénomènes migratoires plus vastes, fortement accrus par la mondialisation.

Les mobilités résidentielles en France

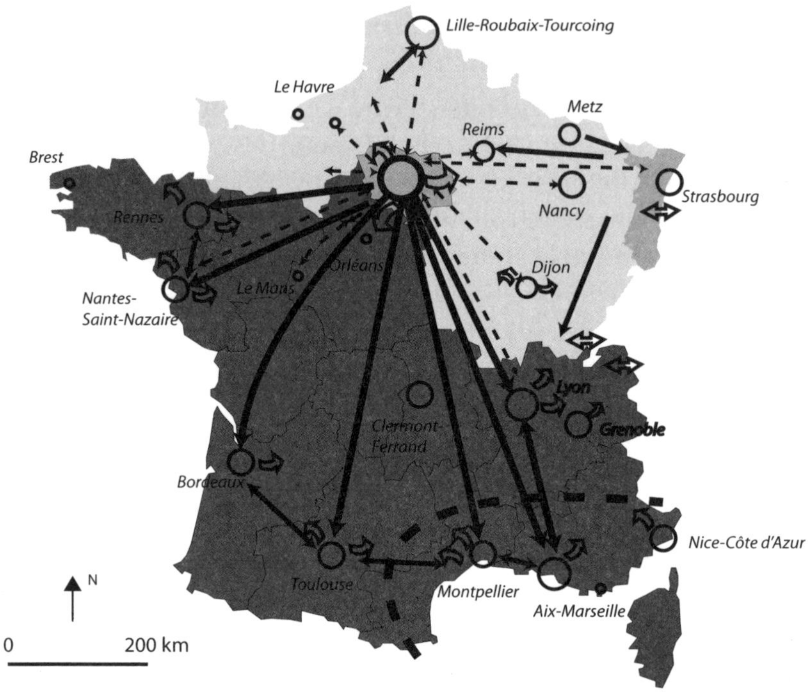

1. Des régions à l'attractivité contrastée

- Solde migratoire négatif
- Solde migratoire négatif pour les + de 30 ans
- Solde migratoire positif
- «effet sud»

2. La diversité des mobilités résidentelles

- Périurbanisation
- Flux Paris-Province
- Flux inter-régionaux
- Mobilités pendulaires liées au travail (double résidence)
- mobilités transfronatlières

Source : M. Reghezza-Zitt, d'après INSEE

B. Migrations et appartenances territoriales

La France est un pays marqué par une tradition d'accueil migratoire. Aux apports anciens, essentiellement européens et méditerranéens, sont venus s'ajouter depuis les années 1970-1980, des flux d'origines plus diverses : Chinois, Roumains, Tchétchènes, etc. La nature des migrations a par ailleurs évolué avec l'arrêt officiel de l'immigration de travail en 1974 et l'instauration des visas. On a alors assisté à une intensification des migrations familiales et à une augmentation des demandes d'asile. Dans le même temps, la construction de l'espace Schengen a fait de la France un pays de transit, un « pays de rebond », dans lequel se croisent des migrants qui se destinent à d'autres États de l'UE (Royaume-Uni, Irlande mais aussi Italie) ou vers l'Amérique du Nord.

En 2004, 4,5 millions de personnes *immigrées* (c'est-à-dire, selon la définition du Haut Conseil à l'immigration, quelqu'un qui est né étranger, à l'étranger et qui vit en France), âgées de 18 ans ou plus, résidaient en France métropolitaine. Cela représente 9,6 % de la population totale du même âge. 40 % des immigrés ont été naturalisés et sont donc français. Le nombre d'*étrangers* (c'est-à-dire de personnes qui n'ont pas la nationalité française mais qui ont pu naître en France. Un étranger n'est ainsi pas forcément immigré quoique la très grande majorité des étrangers soient nés hors de France) est donc assez faible. En 2005, les Français représentaient 94,4 % de la population en âge de travailler (15-64 ans), les ressortissants des autres États membres de l'UE 2 % (dont seulement 0,1 % de ressortissants des nouveaux États membres) et les ressortissants de pays tiers 3,6 %.

Dans le même temps, près de deux millions de Français résident aujourd'hui à l'étranger. D'abord implantée préférentiellement dans des régions autrefois colonisées, cette émigration s'oriente aujourd'hui majoritairement vers des pays de la Triade, notamment l'Amérique du Nord, et vers les pays émergents d'Asie. Ces Français, dont près d'un quart a le statut d'« expatriés » (détachés à l'étranger par une entreprise ou une administration) sont à l'origine de transferts financiers majeurs, qui dépassent assez largement les transferts des immigrés et/ou étrangers en France.

Étrangers et immigrés en France en 2004-2005

Étrangers	3 510 000
Étrangers nés en France	550 000
Étrangers nés à l'étranger	2 960 000
Immigrés	4 930 000
Français par acquisition nés à l'étranger	1 970 000
Étrangers nés à l'étranger	2 960 000

Source : INSEE, enquêtes annuelles de recensement de 2004 et 2005.

Populations étrangères et immigrées en France en 2007 (en %)

	Étrangers	**Immigrés**
Part des hommes	51	49
Part de la population ayant :		
moins de 15 ans	17	5
15 à 24 ans	10	9
25 à 54 ans	49	55
55 ans ou plus	25	31
Nombre (en milliers)	3 682	5 253
Poids dans la population totale	5,8	8,3

Source : INSEE, RP2007 exploitation principale.

Cette diversification de l'origine des migrants et des destinations est très largement liée à la mondialisation des flux migratoires dans le cadre d'une économie globalisée. Par exemple, les stratégies des grandes firmes transnationales nourrissent la mobilité des individus les plus qualifiés. Plus largement, la circulation internationale des savoir-faire et des compétences, qu'il s'agisse de l'économie, de la recherche ou du sport, intensifie certains flux et les diversifie. Or, cette diversification s'est accompagnée d'une complexification des parcours des migrants. Les stratégies de mobilités géographiques, de plus en plus complexes, font émerger des systèmes territoriaux associant les lieux de départ, d'arrivée, d'installation, mais aussi de passage et de transit. On parle ici de « champs migratoires », expression développée par G. Simon, pour désigner ces « espaces parcourus et structurés par des ensembles de flux relativement stables et réguliers de migrants ». Des liens tout à fait originaux se tissent alors entre les migrants, les espaces d'arrivée et les espaces de départ. Les migrants apportent avec eux une culture originale qui se traduit, par exemple, par

Flux d'immigration permanente par motif en 2003

Nationalité	Travailleurs permanents	Regroupement familial	Familles de Français*	Vie privée et familiale	Réfugiés	Visiteurs	Autres**	Ensemble
Europe (hors EEE) et ex-URSS	**1 144**	**1 032**	**624**	**4 499**	**3 097**	**906**	**485**	**11 787**
Afrique	**2 097**	**19 014**	**13 122**	**43 938**	**4 314**	**3 259**	**4 318**	**90 062**
Algérie	397	5 367	4 105	15 884	226	1 441	1 134	28 554
Maroc	707	7 775	2 366	10 789	0	448	254	22 339
Tunisie	194	3 068	3 610	2 265	16	163	109	9 425
Afrique hors Maghreb	799	2 804	3 041	15 000	4 072	1 207	2 507	26 923
Asie	**2 013**	**4 772**	**1 517**	**8 779**	**1 960**	**1 949**	**1 202**	**22 192**
Turquie	339	2 768	372	3 882	857	112	283	8 613
Vietnam	84	58	80	582	16	46	43	909
Chine	222	339	149	1 132	39	381	149	2 411
Japon	386	450	81	192	0	250	46	1 405
Liban	364	157	64	246	5	156	12	1 004
Amérique, Océanie	**1 244**	**1 948**	**961**	**4 927**	**366**	**1 496**	**316**	**11 258**
Autres (divers, apatrides)	**2**	**2**	**4**	**28**	**53**	**6**	**1**	**96**
Ensemble	6 500	26 768	16 228	62 171	9 790	7 616	6 322	135 395
Rappel 2002	7 469	27 267	21 020	43 681	8 495	9 985	5 560	123 477
Rappel 2001	8 811	23 081	18 765	34 682	7 323	8 968	5 026	106 656
Rappel 2000	5 990	21 404	15 992	31 140	5 185	8 424	3 596	97 083

* Conjoints, enfants et ascendants de Français, parents d'enfants français.

** Titulaires d'une rente accident du travail, bénéficiaires de l'asile territorial, étrangers malades, actifs non salariés, familles de réfugiés et apatrides.

Champ : hors entrants de l'Espace économique européen (EEE).

Sources : OMI, OFPRA, Ministère de l'Intérieur.

une langue, une religion, des pratiques, une gastronomie différentes. Ils contribuent ainsi à la diversification culturelle des territoires, en particulier lorsqu'il y a regroupement spatial des populations de même origine. Ainsi, à Paris, les 40 000 personnes d'origine chinoise habitent principalement dans les 3e, 13e et 18e arrondissements. Ces quartiers sont transformés par la présence de cette diaspora : les fêtes du nouvel an chinois, les restaurants, les supermarchés présentant des produits exotiques, avec une enseigne bilingue, l'omniprésence des idéogrammes chinois, sont autant de marques d'une autre culture.

Les migrants se dirigeant essentiellement vers les grandes villes, la diffusion de nouvelles cultures s'opère de façon inégale. Pourtant, comme le rappelle G. Simon, « parce que la présence d'étrangers catalyse toutes les peurs de sociétés vieillissantes, mal assurées de leur identité dans des contextes nationaux, européen et mondial en plein changement, ce sujet cristallise bien des interrogations et des angoisses d'aujourd'hui ». Ce constat est valable même pour les espaces dans lesquels vivent peu d'étrangers.

Brassages de populations et territoires ruraux : le Médoc

Les flux migratoires ne modifient pas seulement les territoires urbains. G. Simon a par exemple étudié le Médoc, territoire rural de l'ouest de la France. La culture de la vigne qui structure le système territorial en Médoc est une activité qui requiert une main-d'œuvre importante, mais saisonnière. Au XIXe siècle, les viticulteurs faisaient appel à des populations venant d'autres régions très peuplées : Charentes, Dordogne, Ardèche et montagne ariégeoise. Ces migrants saisonniers étaient perçus localement comme des étrangers. Si la crise du phylloxéra et du mildiou réduit l'appel à la main-d'œuvre extérieure, les pertes humaines de Première Guerre mondiale entraînent une carence de main-d'œuvre, qui ne peut plus être satisfaite par les réservoirs traditionnels. La viticulture fait donc appel à des travailleurs étrangers, en particulier des Espagnols qui s'installent avec leur famille. Cet afflux migratoire, qui s'étale entre 1920 et 1960, alimente non seulement les salariés agricoles des exploitations viticoles, mais aussi les industries portuaires qui se développent en rive gauche de la Gironde. Dans les années 1970, des travailleurs portugais et marocains prennent la relève au point qu'en 1999, plus de la moitié des travailleurs étrangers recensés à Pauillac étaient marocains et un quart portugais. À ces flux s'ajoutent des travailleurs saisonniers. De fait, pour G. Simon, « le Médoc illustre en milieu rural un modèle de substitution et de brassage de population marqué par la succession de flux migratoires où, à partir de la fin du XIXe siècle, se sont substitués aux migrations internes traditionnelles en déclin des courants venus d'au-delà des frontières, en provenance d'espaces de plus en plus éloignés ».

D'après G. Simon, « Brassage et substitution de populations dans le Médoc », in G. Simon, *Migrants et migrations du monde*, Documentation photographique, n° 8063, La Documentation française, 2008, p. 22-23.

II. LE RETOUR AUX TERRITOIRES

Les territorialités des Français sont donc profondément transformées par l'accroissement des mobilités : mobilités personnelles qui étendent les espaces de vie, mais aussi qui les fragmentent en lieux distincts et spécialisés, flux migratoires qui apportent de nouvelles cultures, qui se traduisent aussi bien dans les pratiques que dans les paysages (urbains notamment).

Or, le territoire se définissant par une forme d'enracinement dans un espace, d'attachement à un lieu, d'affirmation de l'appartenance à une terre, toute modification de l'espace de vie, parce qu'elle produit de nouvelles formes d'inscription spatiale des individus, peut créer de nouveaux référentiels territoriaux. L'hyper-mobilité, par les brassages qu'elle implique, aurait pu produire une uniformisation des identités territoriales et un effacement de l'attachement au local. On assiste au contraire à un retour en force du local.

A. Permanence des ancrages identitaires locaux

Il est d'abord frappant de constater la permanence des ancrages territoriaux locaux des Français. Ainsi, dans l'enquête « Histoire de vie », menée en 2003 par l'INSEE, la commune reste le référentiel territorial d'appartenance pour plus de 50 % des Français. Mais cet échelon est d'autant moins cité que la trajectoire résidentielle des individus est complexe. En particulier les mobilités pendulaires de travail peuvent conduire à un affaiblissement des identités territoriales des individus. L'extension du réseau TGV a, par exemple, permis les navettes longue distance, quotidiennes ou hebdomadaires, entre Paris et la province, ou entre métropoles régionales voire européennes (Londres, Genève, Bruxelles) : des milliers de personnes vont ainsi travailler, parfois quotidiennement, à plusieurs centaines de kilomètres de leur lieu d'habitation, parfois à l'étranger. Dans ces conditions, le référentiel territorial de ces individus et beaucoup moins marqué et ne s'identifie plus forcément à la commune de résidence.

L'ancrage territorial des migrants est également plus difficile à cerner. La territorialisation des migrants est certes bien moins forte que dans d'autres États, en particulier parce que le processus d'intégration en France s'opère selon une logique d'assimilation, qui conduit en pratique à une hybridation des cultures. Le Chinatown parisien n'a par exemple que peu de rapport avec les Chinatown d'Amérique du Nord, qu'il s'agisse de Los Angeles ou Vancouver, où le marquage culturel est particulièrement visible. De même, les langues dites d'immigration n'ont pas d'inscription spatiale spécifique sur le territoire français, contrairement aux patois et dialectes. Elles peuvent marquer en revanche la multi-appartenance des individus et la complexité des identités qui en découlent.

Par conséquent, le lieu de naissance ou encore la nationalité, le lieu d'habitat ou celui du travail, ne sont plus forcément les critères avancés par un individu pour définir son attachement territorial, cet attachement pouvant s'exprimer par un lien à plusieurs territoires de référence (commune, région(s), pays, continent(s), etc.). En revanche, comme le souligne F. Guérin-Pace, « chaque individu est attaché à un ensemble de lieux : son lieu de naissance, les lieux d'origine de sa famille, les lieux dans lesquels il a vécu successivement, les lieux qu'il fréquente ou qu'il a fréquentés, les lieux de vie de ses proches, mais aussi des lieux plus imaginaires ou projetés comme les lieux de vie souhaités ou de projets éventuels ». Cet attachement complexe au local reste fort : en témoigne la controverse qui anima l'année 2009 autour de la suppression du numéro de département sur les plaques d'immatriculation. On peut désormais faire figurer sur sa plaque le département de son choix, sans que ce département ne corresponde au département de résidence, ce qui renvoie à un marquage symbolique d'une appartenance territoriale.

B. La reconstruction des identités locales

Le renouveau des ancrages locaux ne signifie par pour autant un lien mécanique entre territoires et identités, qu'elles soient individuelles ou collectives. L'appartenance à un territoire participe de l'identité des individus, mais les identités individuelles, ne serait-ce que par les phénomènes de multi-appartenance, ne coïncident pas toujours avec les entités spatiales. Plus largement, le lien entre territoire et identité collective pose problème dans la mesure où il suppose un sentiment partagé d'appartenance qui n'est pas automatique. Ceci dit, on note aujourd'hui un réinvestissement du local qui passe par la mise en avant d'une identité territoriale, à laquelle les populations sont censées adhérer.

La réaffirmation de ces identités territoriales s'appuie sur plusieurs stratégies. Elle peut consister en une réaffirmation des formes symboliques d'identification, au premier rang desquelles la fête. Un territoire peut en effet structurer son identité autour de manifestations qui ancrent momentanément, le temps de l'événement, la singularité culturelle d'une société dans l'espace. Les Fest Noz bretons, les transhumances ou les fêtes des moissons dans le monde rural, les férias du sud-ouest, les carnavals comme à Nice ou Dunkerque, contribuent à l'identification de certains espaces et à leur singularisation.

L'affirmation de l'identité peut aussi mettre en avant une (ou plusieurs) dimension de l'identité culturelle des populations. Le retour au local se traduit alors par une recomposition des identités territoriales autour de multiples médiateurs culturels : la langue, les traditions, la gastronomie, les paysages, l'histoire, etc. Ainsi, en Corse ou en Bretagne, la revendication culturelle et linguistique est intégrée à une logique de reconnaissance et de lutte identitaire, qui va nourrir parfois le discours de la mouvance nationaliste, régionaliste puis indépendantiste. Le ministre de l'Éducation nationale rappelle d'ailleurs avec insistance l'importance des « langues régionales » ou « langues et cultures de France ».

C. De la patrimonialisation aux territoires-patrimoines

Ces marqueurs identitaires, traditionnels, parfois reconstruits de toutes pièces voire totalement inventés, appuient la production territoriale au sens où ils permettent de légitimer une entité spatiale, de formaliser des solidarités, de mobiliser et de structurer un groupe autour de l'adhésion à un projet collectif. Ils peuvent également être appréhendés à travers la question du patrimoine. Le patrimoine est ce qui est censé mériter d'être transmis du passé pour trouver une valeur dans le présent. Le patrimoine est donc un médiateur territorial fort car comme le souligne E. Bonerandi, « le patrimoine revêt une utilité de légitimation territoriale. Il balise le territoire, lui donne une réalité, construit du sens ». La patrimonialisation, c'est-à-dire la mise en patrimoine, est une forme particulière de protection : elle permet de soustraire un élément du territoire et de le mettre en valeur. La patrimonialisation, qui s'appuie sur des instruments juridiques touche d'abord des objets matériels de nature et d'âge très variés. Ainsi, dans les villes, le patrimoine ne se limite pas à des monuments historiques clairement identifiés mais s'étend aux édifices qui renvoient au passé et à l'histoire de la ville. Dès 1962, la loi Malraux permet d'ailleurs la création de vastes secteurs de sauvegarde, déterminés à partir d'un « caractère historique, esthétique ou de nature pouvant justifier la conservation ». On retrouve cette logique dans de nombreux dispositifs juridiques qui vont étendre la protection à d'autres enjeux, anthropiques ou environnementaux.

Par exemple, la « loi littoral » de 1986 contraint le droit de l'urbanisme à limiter voire interdire l'urbanisation afin de protéger les milieux physiques, les écosystèmes et les paysages sur un espace jugé particulièrement fragile. En 1993, la « loi paysage » vise à protéger le paysage en tant que tel. Désormais, on patrimonialise aussi bien l'architecture (le Havre classé au patrimoine mondial de l'Unesco) que les aménagements anthropiques (bories en pierres sèches, terrasses agricoles, moulins, terrils et chevalets de mine, etc.), la culture d'un produit (oignon doux des Cévennes, fromage, espèce animale), la pratique d'une langue, etc.

Cette patrimonialisation n'est pas sans arrière-pensées : les enjeux ne sont pas uniquement culturels, au sens où ils ne se limitent pas à la transmission d'un bien collectivement partagé et approprié. La patrimonialisation est aussi un outil de promotion territoriale, sur lequel les acteurs politiques et économiques assoient le développement local. Le patrimoine devient alors une ressource, protégée autant pour sa valeur esthétique, historique, culturelle que pour l'attractivité qu'elle confère à un espace. En un sens d'ailleurs, en tant que support de transmission des références culturelles, le territoire finit par devenir « un patrimoine transmissible ».

Identité, Aménagement et développement local : le Val-de-Loire

« Après l'échec d'une première tentative, le Val-de-Loire, entre Chalonnes et Sully-sur-Loire (260 km), a été classé au titre de paysage culturel sur la liste du patrimoine mondial de l'UNESCO en 2000. L'émergence de la dimension patrimoniale à base environnementale au sein du Val-de-Loire correspond à une nouvelle étape des représentations-relations établies entre les sociétés ligériennes et leur environnement fluvial. [...]

L'entrée du Val-de-Loire au patrimoine mondial débute en 1981 avec le classement du Château et du domaine de Chambord sur la liste de l'UNESCO au titre des biens culturels. Du Château au Val-de-Loire, ces inscriptions traduisent les évolutions qui affectent le concept de patrimoine : de l'objet concret à des formes plus immatérielles, abstraites, et de l'objet à l'étendue spatiale en intégrant également les dimensions paysagère et environnementale. Elles indiquent aussi que dès ses débuts, la dimension patrimoniale est fortement corrélée à une vocation touristique et à un développement économique local. Enfin, il apparaît que les approches paysagère et environnementale se sont imposées à partir du moment où l'aspect fonctionnel lié à la Loire et à ses usages s'est trouvé contrebalancé par une autre vision du développement du Val-de-Loire et de ses ressources.

> [...] La construction de l'objet Loire, c'est-à-dire le passage d'un héritage reçu à un patrimoine qu'une société désire intégrer en tant que tel dans son histoire, s'est donc établie par un double processus : un changement de statut et d'image, avec le passage d'un fleuve «ressource» au "dernier fleuve sauvage d'Europe" ».
>
> Stéphane Ghiotti, « La patrimonialisation des fleuves et des rivières. », *Mondes en développement*, 1/2009, n° 145, p. 73-91.

III. LES MAILLES POLITIQUES, DES ESPACES VÉCUS ?

Le renouveau du local comme référentiel territorial marque la permanence des relations de proximité que les individus ou les groupes tissent entre eux et avec un espace. Mais les ancrages territoriaux font-ils pour autant abstraction des mailles politico-administratives qui découpent l'espace français ? Comment les territorialités vécues s'articulent-elles aux territorialités politiques ?

A. Sanctionner la transformation des espaces de vie par de nouvelles mailles

Les espaces de vie se jouent très largement des mailles administratives, notamment dans les grandes aires métropolitaines. Le politique étant appelé à administrer les territoires en fonction des besoins des populations, il doit désormais gérer les problèmes à des échelles beaucoup plus vastes : construire une ligne de transport en commun, gérer l'eau ou les déchets, sont des questions qui ne peuvent plus se penser à l'échelle de la commune mais pour lesquelles l'échelon supérieur du département par exemple ne se révèle pas plus adapté. Des solidarités fonctionnelles s'organisent ainsi entre les territoires, indépendamment des modes de découpage politique. Sans compter que l'augmentation des mobilités pose une difficulté supplémentaire : pour qui aménager un territoire donné ? Pour celui qui y vit ? Celui qui y travaille ? Celui qui le pratique régulièrement, ponctuellement ? Celui qui le traverse ?

Pour répondre à cet enjeu, les pouvoirs publics ont cherché à promouvoir de nouvelles mailles. Les lois sur l'intercommunalité ou les pays peuvent s'interpréter aussi comme une tentative de redécouper l'espace en fonction des cohérences fonctionnelles. Pourtant, ces nouvelles constructions polico-administratives restent peu efficaces car, au-delà des problèmes précédemment évoqués (cf. chapitre 1), l'adéquation entre les territoires vécus et pratiqués et les périmètres intercommunaux demeure très imparfaite. Le Conseil d'État a en particulier refusé de considérer l'aire urbaine comme espace de référence pour l'intercommunalité au motif que ce n'était pas un périmètre stable. Or, le territoire urbain fonctionnellement cohérent ne coïncide plus, du fait des mobilités pendulaires, avec les limites communales. Alors que l'aire urbaine apparaît comme le territoire, le plus pertinent pour rendre compte des nouvelles solidarités spatiales qui caractérisent la « ville mobile », on se heurte à ce paradoxe : plus l'aire urbaine est grande, plus les intercommunalités sont nombreuses. On a donc d'emblée une distorsion entre d'un côté le territoire comme espace vécu et pratiqué et de l'autre le périmètre politique.

Marne la vallée :
le territoire de la ville nouvelle à l'heure des mobilités

Marne-la-Vallée est une ville nouvelle d'Île-de-France construite conformément aux prescriptions du Schéma directeur d'aménagement et d'urbanisme de la Région Parisienne en 1965. Le SDAU RP met l'accent sur la proximité spatiale (échelle de la région urbaine, échelle du quartier) ou temporelle (durée du déplacement, accessibilité). Ce souci de la proximité dans la planification urbaine a eu des impacts importants sur les espaces de vie des habitants de Marne-la-Vallée et sur leur rapport au territoire institutionnel de la ville nouvelle.

N. Brevet rappelle ainsi que « l'analyse du lieu de travail des actifs habitant à Marne-la-Vallée montre que l'échelle pertinente n'est pas celle de la commune mais celle d'un espace qui s'étend de plus en plus au-delà du secteur de résidence. Le territoire pratiqué par les actifs habitant Marne-la-Vallée s'inscrit davantage à l'échelle des vingt-six communes de la ville nouvelle ». Il y a donc bien construction par la mobilité d'une entité fonctionnellement cohérente et appropriée comme telle, sur la base d'un périmètre administratif.

Toutefois, les limites de ce territoire tendent à évoluer. Au départ très soumis à l'attraction des emplois de la capitale, il tend de plus en plus à « se redessiner à l'échelle de l'Est parisien. Travaillant moins à Paris qu'il y a dix ans, les actifs de Marne-la-Vallée travaillent plus souvent en Seine-et-Marne. […] Les pratiques de déplacement effacent les frontières administratives et institutionnelles, et se développent au sein d'un espace que l'on pourrait qualifier d'"intermédiaire" entre l'échelle de l'Est parisien et l'échelle du secteur d'aménagement ».

Mobilités et transports : le cas de la ville nouvelle de Marne-la-Vallée

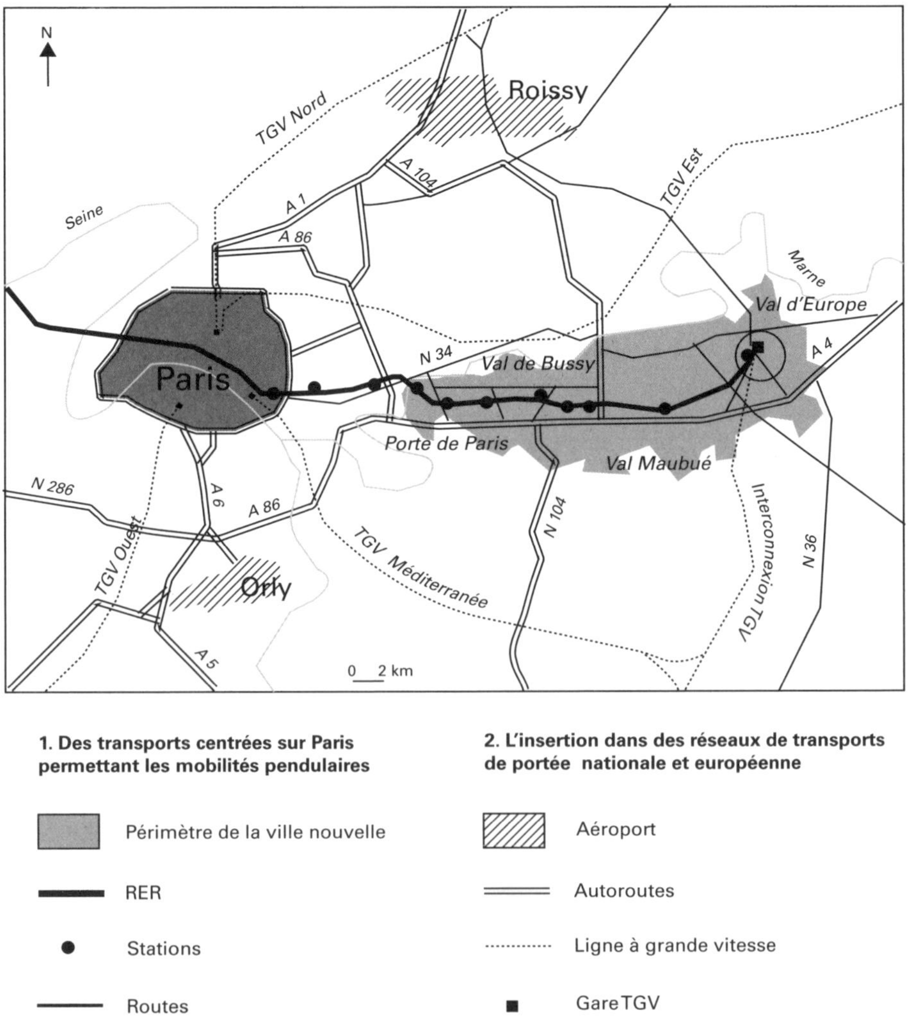

Source : M. Reghezza-Zitt, d'après N. Brevet et carte IGN au 1/25 000e

Par ailleurs, les modes de transport utilisés par les habitants révèlent l'originalité de leurs rapports à leur espace quotidien. Le recours à l'automobile dans les mobilités de travail est ainsi loin d'être dominant. L'organisation urbaine autour des deux centres urbains de la ville nouvelle permet en effet proposer des alternatives à l'automobile : modes lents (marche à pied, vélo) à Noisy-le-Grand, transports collectifs (RER) à Val d'Europe. L'usage de la voiture est en revanche plus fréquent si les actifs travaillent dans le périmètre de la ville nouvelle ou dans l'une de ses communes limitrophes.

D'après Nathalie Brevet, « Pratiques de mobilité et aménagement urbain : les déplacements domicile-travail des actifs habitant à Marne-la-Vallée », *Espaces et societies*, 1/2005 (n° 119), p. 135-157.

B. Les périmètres institutionnels réinvestis

Les appartenances territoriales passent également par la réappropriation des périmètres administrativement définis. Une maille politico-administrative *a priori* arbitraire peut ainsi devenir un territoire reconnu par la population qui l'habite. La territorialité politique recoupe alors la territorialité symbolique et identitaire de la société. Certes, lorsque le maillage administratif est modifié, les repères territoriaux des populations sont perturbés, mais à terme, comme l'écrit E. Boulineau, « l'administration "invente le territoire" ».

On peut évoquer ici le cas de l'échelon régional, né des lois de décentralisation de 1982 qui instituaient l'élection au suffrage universel direct des conseillers régionaux. Le découpage régional en France est un débat ancien. Héritière pour partie du découpage en province de l'époque féodale, rejetée au moment de la Révolution avec la création des départements, remise au goût du jour par des mouvements régionalistes, souvent contre-révolutionnaires, tels que les félibriges de Frédéric Mistral pour la culture occitane, la régionalisation a fait l'objet de multiples projets au lendemain de la Première Guerre mondiale. En 1955 par exemple, le décret Pflimlin prévoyait des « programmes d'action régionale » en vue de « promouvoir l'expansion économique et sociale des différentes régions ». 24 circonscriptions sont alors créées. En 1960, un nouveau décret redéfinit les circonscriptions qui sont dotées d'un préfet en 1964. En 1972, une loi transforme les circonscriptions régionales en établissements publics régionaux (EPR) et crée les conseils régionaux. Mais il faut attendre la loi Deferre de 1982, pour que la région émerge comme une collectivité territoriale aux compétences bien définies, la première élection au suffrage universel des conseillers régionaux datant de 1986 (cf. chapitre 1).

La région administrative est-elle devenue pour autant un espace vécu ? Dans l'enquête menée par l'INSEE en 2003 et analysée par F. Guérin-Pace, les régions auxquelles les habitants déclarent le plus fréquemment une appartenance sont l'Alsace (26 % des Alsaciens déclarent comme lieu d'appartenance une région), la Corse (23 %), la Bretagne (20 %), la Lorraine (15 %), l'Île-de-France (14 %) et la Bourgogne (14 %). Parmi ces réponses, les Corses et les Alsaciens citent le plus souvent leur région de naissance comme région d'appartenance. En revanche, seulement un peu plus de la moitié des personnes nées dans le Centre ou en Picardie s'identifient à leur région de naissance. On peut donc se sentir appartenir à une région sans y être né et inversement : les Picards se réclament fréquemment du Nord tandis que les personnes nées dans le Nord ou en Haute-Normandie se sentent picardes.

Ce décalage permet d'apprécier la portée identitaire des régions administratives. On voit ainsi s'affirmer des régions à forte charge identitaire : 20 % des personnes qui citent l'Alsace comme région de référence n'y sont pas nées et 13 % n'y résident pas. On retrouve le même phénomène en Bretagne. Cette affirmation peut s'accompagner d'une valorisation de l'identité régionale avec la patrimonialisation évoquée précédemment et la diffusion d'une culture locale très largement réinventée. L'appropriation des régions administratives par leurs habitants est par conséquent très variable d'autant que la référence à des régions non-administratives comme le Pays Basque ou le « Midi » perdurent.

Ces différences peuvent s'expliquer par l'histoire de la régionalisation. Le cas de la Bretagne montre par exemple un biais lié au redécoupage récent de régions anciennement inscrites dans l'histoire. C'est ce qui explique par exemple que beaucoup de personnes nées ou vivant en Pays-de-la-Loire se déclarent bretonnes. On retrouve ainsi le même biais pour la Bourgogne, la Lorraine et l'Auvergne où plus de 66 % des personnes qui se déclarent auvergnates ne résident pas dans la région voire n'y sont pas nées (18 %). Au rebours, F. Guérin observe que « les régions auxquelles on ne s'identifie pas ou peu sont des régions au nom composé qui évoque davantage un regroupement administratif qu'une entité de référence. Ce sont les régions Languedoc-Roussillon, Rhône-Alpes, Pays-de-la-Loire, Midi-Pyrénées, Haute et Basse-Normandie, PACA, etc. ».

Ceci conduit d'ailleurs certaines régions à vouloir changer leur nom. Le Languedoc-Roussillon a ainsi failli être rebaptisé Septimanie tandis que la région PACA se cherche aujourd'hui un nouveau nom. Le nom de la région devient ainsi une marque, qui permet non seulement aux habitants, mais plus largement à des acteurs extérieurs, étrangers notamment, de l'identifier. Il y a donc bien une stratégie de légitimation d'un périmètre administratif arbitrairement défini pour asseoir sa position dans une compétition territoriale à toutes les échelles, le nom venant sanctionner une identité construite autour des marqueurs culturels évoqués plus haut.

C. Des territoires en dehors des mailles : le quartier

Il existe enfin des territoires et des territorialités qui échappent très largement aux mailles administratives classiques. Il s'agit par exemple des espaces de vie du quotidien, qui n'existent que par l'attachement des individus ou des groupes qui les habitent, les animent et qui leur confèrent par leurs discours et leurs pratiques une identité. En retour, ces espaces ou ces lieux participent de la définition identitaire des personnes et à leur ancrage dans le local.

Le quartier relève de ce type d'espace. C'est une unité sociale et spatiale au sein d'une ville ou d'un espace urbain. Ce n'est pas une division administrative de la ville à l'instar de l'arrondissement ou du canton, car le quartier n'est pas associé à un acteur politique élu. Ce qui fait le quartier, c'est avant tout le sentiment d'appartenance territoriale de ses habitants, qui y pratiquent l'essentiel de leurs activités quotidiennes. Le quartier est associé à un nom et est souvent défini par un paysage, une histoire, une localisation dans la ville particulière. Il peut aussi présenter des singularités culturelles ou des spécificités de peuplement. Ses limites sont floues et ne coïncident que très rarement avec celle des quartiers administratifs. Le quartier est donc un espace vécu par excellence, marqué par des liens forts de sociabilité et de solidarité fondés sur la proximité.

Le quartier est un territoire dont l'image a beaucoup évolué dans le dernier demi-siècle. Il a connu en effet un double mouvement de « désaffection ». D'un côté, l'augmentation des mobilités a conduit peu à peu à l'affaiblissement de ce référentiel territorial. De l'autre, l'expression « les quartiers » a été peu à peu utilisée pour désigner les grands ensembles dégradés et défavorisés de certaines banlieues. La politique de la ville avait effectivement ciblé ses actions sur l'ancrage territorial des programmes de « développement social des quartiers ». Le terme « quartier » fut alors associé à l'image négative de territoires concentrant les problèmes sociaux, l'exclusion, l'enclavement, l'anonymat, le non-droit, etc.

Or, loin de constater la « fin des quartiers », on assiste aujourd'hui à un renouveau de ce territoire qui devient une sorte de village dans la ville, dans lequel les habitants se reconnaissent et retrouve les solidarités diluées dans une grande agglomération considérée comme impersonnelle. Dans les enquêtes, plus de 90 % des personnes sont capables de citer le nom de leur quartier. Ce retour au quartier s'exprime en particulier au cinéma, avec par exemple le quartier-village parisien *d'Amélie Poulain*, vision certes idéalisée et peu réaliste de Montmartre, ou à la télévision avec le quartier imaginaire du Mistral à Marseille, popularisé par un feuilleton quotidien familial. Cette mise en lumière permet le développement d'activités touristiques autour d'une certaine nostalgie envers un passé révolu. Plusieurs villes utilisent d'ailleurs l'échelon du quartier pour développer des projets de rénovation et de mise en valeur du patrimoine historique et culturel.

Il faut toutefois souligner que selon leur âge, leur sexe, leur niveau socio-économique, les individus ne font pas le même usage du quartier. Celui-ci est un espace de proximité, mais peut aussi être un espace d'ouverture sur l'extérieur et sur des liens diversifiés. Les jeunes et les célibataires font par exemple du quartier un espace ouvert sur le cosmopolitisme de la vie urbaine. De même, les individus des villes-centres sont proportionnellement plus nombreux, que les individus localisés dans les communes périphériques, à faire usage de leur quartier.

Le terroir : un nouveau territoire?

Le terme de terroir désigne au départ l'ensemble des caractéristiques naturelles qui font le potentiel agronomique d'un espace (sol, exposition, climat, etc.). Par extension, le terroir renvoie à l'aire d'origine d'un aliment fortement individualisé pour ses qualités gustatives. Il définit alors un espace dans lequel les potentialités agronomiques et les savoir-faire anthropiques se sont conjugués pour donner naissance à un produit comme le vin ou le fromage. De fait, le terme terroir exprime une forme d'organisation sociale spécifique et des paysages particuliers : il est donc porteur d'une identité territoriale spécifique.

Le terroir n'est pas un territoire au sens politico-administratif bien que désormais, des labels de qualité donnent un statut juridique à la notion de terroir. L'Appellation d'origine contrôlée (AOC) consacre par exemple « un lien intime entre le produit et son terroir, c'est-à-dire une zone géographique bien circonscrite par des facteurs naturels et des savoir-faire humains, qui permettent de tirer le meilleur parti de celle-ci ». Dans cette logique, la spécificité du terroir interdit la reproductibilité du produit en dehors du périmètre labellisé, puisque le produit résulte de la conjugaison unique des dimensions culturelles et naturelles du territoire concerné.

Le terroir n'est pas pour autant un référentiel d'appartenance des populations locales. Il est en revanche un moyen pour « re-territorialiser » l'agriculture et participe en cela du retour au local. Cette re-territorialisation ne se limite plus d'ailleurs au terroir : le logo « Produit en Bretagne » montre comment une filière économique mobilise l'identité régionale bretonne à des fins commerciales.

Le succès du terroir signifie finalement l'importance prise par les référentiels symboliques et culturels et confirme l'idée qu'il n'y a pas, malgré la mondialisation, d'indifférences aux ancrages spatiaux.

CONCLUSION

Le territoire peut donc être envisagé comme support identitaire et/ou comme producteur d'identités individuelles et collectives, sans qu'il n'y ait jamais coïncidence, loin s'en faut, entre l'identité des espaces géographiques considérés et l'identité des personnes qui y vivent. En revanche, l'identité territoriale peut appuyer des stratégies d'appropriation et des revendications politiques.

La transformation des espaces de vie des Français change leur rapport au territoire : nouvelles mailles, nouveaux cadres référentiels, nouveaux modes d'habiter sont autant d'éléments qui recomposent le sentiment d'appartenance des individus à leurs espaces de vie.

Bibliographie

Bonerandi E. (2005), « Le recours au patrimoine, modèle culturel pour le territoire ? », *Géocarrefour*, vol. 80/2, http ://geocarrefour.revues.org/index991.html.

Guérin-Pace F. (2006), « Sentiment d'appartenance et territoires identitaires », *L'Espace géographique*, n° 4, p. 298-308.

Simon G. (2008), *Migrants et migrations du monde*, Documentation photographique, n° 8063, La Documentation française, p. 22-23.

Ville I., Guérin-Pace F. (2005), « Interroger les identités : l'élaboration d'une enquête en France », *Population*, n° 3, vol. 60, p. 277-305.

Chapitre 4

Des territoires urbains en transition

Le territoire français est fortement marqué par l'urbanisation. En 2008, la part des urbains représentait environ 77 % de la population alors que les unités urbaines ne couvraient qu'un peu plus de 18 % de la superficie totale du territoire. Si le fait urbain est statistiquement bien établi, l'appréhension de ce qu'est aujourd'hui une ville en France pose problème. Depuis plus d'un demi-siècle, les villes françaises ont connu un certain nombre de dynamiques qui ont modifié leur nature, leur organisation spatiale et leur rôle dans la structuration des territoires. Les mutations ont été telles qu'elles ont conduit les sciences sociales à repenser les catégories de la ville et de l'urbain.

Nous proposons par conséquent de nous intéresser non plus simplement aux villes, mais aux *territoires* urbains. Le concept de territoire permet en effet d'insister d'une part sur l'échelle locale, en particulier l'échelle infra-urbaine, d'autre part de mettre en exergue un rapport d'appropriation de l'espace spécifique, caractérisant les sociétés urbaines contemporaines. Le pluriel souligne en outre l'hétérogénéité de ces territoires, qui partagent pourtant le qualificatif d'urbain, ainsi que la multiplicité des échelles auxquelles ils peuvent être étudiés. On doit donc les envisager au moins à deux niveaux scalaires différents : pour eux-mêmes, en analysant leur organisation interne ; en les replaçant dans des ensembles plus vastes, afin de réfléchir à l'inscription de ces territoires dans des systèmes de villes ou de penser les effets structurants des villes sur les territoires qu'elles polarisent.

Dans ces conditions, quelles sont les dynamiques qui transforment les villes françaises à l'heure actuelle ? Quels sont leurs impacts sur les territoires urbains à l'échelle locale, et sur l'armature urbaine nationale ?

I. LE SYSTÈME URBAIN FRANÇAIS FACE AUX NOUVELLES DYNAMIQUES TERRITORIALES

La répartition des villes sur le territoire national ou les relations que les villes entretiennent entre elles et avec les territoires environnants sont pour partie héritées. Toutefois, des dynamiques spatiales récentes, liées à la croissance urbaine, modifient de façon plus ou moins forte ces modes d'organisation, au point de brouiller les définitions de la ville et de l'urbain.

A. Les villes françaises dans la dynamique d'urbanisation

Le territoire national est marqué par un long processus d'urbanisation, qui commence dès l'Antiquité et connaît de brusques accélérations, entrecoupées de stagnations voire de crises. Ces différentes étapes se lisent très nettement dans la morphologie des villes françaises. Les centre-villes, même lorsqu'il a été ravagé par les bombardements de la Seconde Guerre mondiale comme au Havre, à Saint-Nazaire, à Brest ou à Dunkerque et qu'ils ont été reconstruits, présente ainsi une forme caractéristique. Plus largement, ils offrent un patrimoine historique et architectural important, très largement restauré et mis en valeur à partir de la fin des années 1960.

Le centre antique, organisé autour des axes du *cardo* et du *decumanus*, peut facilement s'observer dans les villes de fondation gallo-romaine, où l'on retrouve également d'autres vestiges (théâtres, thermes, forum, marchés, etc.). De même, les anciennes colonies ou comptoirs grecs (Marseille, Nice, Agde) présentent souvent une configuration spatiale identique, avec une acropole qui domine le port. Le centre antique est parfois associé au centre médiéval. Le Moyen Âge (x^e^-xiie siècles surtout) marque en effet une véritable renaissance urbaine qui débouche sur la croissance de villes et de bourgs, autour notamment des activités marchandes. On peut citer ici le rôle des foires de Bourgogne pour Dijon ou celles de Champagne pour Troyes. Les villes débordent alors de leurs murailles. Les faubourgs viennent s'accoler aux bourgs, autant pour absorber la croissance urbaine que pour accueillir des activités dont la ville ne veut pas (travail des peaux, forges, léproseries, etc.) et les artisans ou commerçants qui cherchent à échapper à l'octroi. Certaines villes ne possèdent pas de centre antique : elles sont des créations *ex nihilo*. On les repère souvent grâce à la toponymie : bastides, Villeneuve, sauveté, etc. Dans tous les cas, le centre médiéval est aisément identifiable : présence de la cathédrale, enchevêtrement de rues étroites, tracé des anciens remparts qui perdure dans la voirie. Certaines villes ont pu aussi conserver leurs maisons à encorbellement et colombages.

La ville de l'époque classique ou moderne (XVIIe-XVIIIe) se reconnaît de son côté au dessin géométrique d'un plan en damier et de larges places aérées, marquées par la monumentalité des bâtiments. La place Stanislas à Nancy, inscrite au patrimoine mondial de l'Unesco, la place des Vosges à Paris, la place de la Bourse à Bordeaux en sont des exemples typiques. D'autres villes sont équipées de forteresses bastionnées, « en étoile », caractéristiques de la période Vauban, tandis que des citadelles sont créées *ex nihilo* à cette époque. Dans les villes marquées par la fonction commerciale, notamment le commerce international, de nouveaux quartiers accueillent les hôtels particuliers, comme sur le quai de la Fosse à Nantes ou aux Chartrons à Bordeaux.

Tout au long du XIXe siècle, les villes continuent de s'étendre. La présence de la gare indique le début des extensions du XIXe siècle. L'urbanisme se caractérise alors par la géométrie de la voirie, les grandes percées inspirées des travaux du Baron Haussmann à Paris ou encore, les immeubles cossus en pierre, aux façades décorées de sculptures, avec une stricte hiérarchie sociale, depuis le premier étage réservé aux familles bourgeoises jusqu'aux chambres de bonnes installées sous les toits. Dans les quartiers plus populaires, la brique remplace souvent la pierre. Les révolutions industrielles marquent aussi le tissu urbain. D'abord installées au centre, les industries migrent en périphérie : impératifs de sécurité, besoin d'espace sont autant de raisons de la création de banlieues industrielles, tandis que les industries lourdes restent concentrées à proximité des gisements, entraînant la naissance de « villes champignons » comme Lens, Béthune, Douai, etc.

Ainsi, la croissance urbaine, c'est-à-dire l'accroissement démographique de la ville et son extension spatiale, se poursuit de façon assez régulière à partir du XIXe siècle. Elle prend d'abord la forme du faubourg, qui se retrouve peu à peu intégré aux nouvelles limites communales avec la destruction des murs d'enceinte, puis de la banlieue. « Banlieue » est au départ un terme juridique utilisé pour nommer les terres soumises à la juridiction de la ville, en particulier au droit de ban (étymologiquement, banlieue signifie espace soumis au ban, dans un rayon d'une lieue autour de la ville). À partir du XIXe siècle, la banlieue désigne les environs immédiats de la ville : c'est la ceinture urbanisée attenante à une ville-centre de sorte que l'ensemble forme une agglomération continue. Placées sous étroite dépendance de cette ville-centre, les banlieues françaises du début du XXe siècle n'en présentent pas moins une physionomie originale : identité forte (banlieue rouge des années 1920), constructions basses, plus resserrées à mesure que l'on touche à la ville-centre, beaucoup moins organisées dès que l'on s'en éloigne. Longtemps, l'imbrication entre la ville et la campagne y reste très forte, avec la présence de petites maisons ouvrières entourées d'un jardinet. En outre, dès la deuxième moitié du XIXe siècle, des lotissements, d'initiative privée et à destination de la bourgeoisie, se construisent en région parisienne. Ces lotissements bénéficient souvent de la présence d'une gare et finissent parfois par devenir des communes à part entière, comme dans le cas du Vésinet, de Levallois-Perret, d'Alfortville, etc.

Si le taux d'urbanisation, c'est-à-dire la proportion d'urbains par rapport à la population totale sur le territoire national, dépasse les 50 % en 1931, la croissance urbaine s'accélère à partir des années 1950, dépassant les 2,5 % par an. La ville progresse en direction de ses périphéries, d'abord par la constitution d'auréoles concentriques, puis peu à peu, par un développement en « doigts de gant », le long des axes de transport. Pour absorber le croît démographique, des logements sont construits sous forme d'habitat collectif. En 1958 naissent les ZUP (zones à urbaniser en priorité), cadre juridique pour bâtir de grands ensembles caractérisés par le regroupement de barres et/ou de tours sur un espace limité. La banlieue s'étoffe aussi de petit habitat collectif.

La ville ne cesse alors de « grignoter » la campagne environnante : les champs reculent sous la pression du front d'urbanisation tandis que des lotissements se développent dans l'espace rural, « en tâche d'huile », créant ainsi un espace périurbain, spatialement disjoint de la ville quoique sous dépendance de celle-ci.

B. La ville française à l'épreuve de sa définition

La ville est un objet géographique difficile à circonscrire. Pour la définir, on utilise souvent une limite démographique, fréquemment associée au critère morphologique de l'agglomération, en s'appuyant sur le fait qu'une ville est un lieu de concentration de population. L'INSEE a par exemple choisi de définir l'unité urbaine par la « continuité du tissu bâti (pas de coupure de plus de 200 mètres entre deux constructions) » et un seuil démographique d'au moins 2 000 habitants (cf. encadré ci-dessous). On associe souvent à ces deux critères d'autres dimensions. Par exemple, la ville apparaît comme un lieu de pouvoir, qui polarise non seulement les pouvoirs politiques (étymologiquement, politique vient du grec *polis*, qui renvoie au mode d'organisation très spécifique de la cité grecque), mais également religieux et économiques. La ville est aussi qualifiée à partir de ses fonctions : c'est un espace privilégié d'échanges, où la part des activités liées à l'exploitation directe du sol est extrêmement réduite et où la concentration des hommes et des capitaux, propice aux interactions sociales, est source de commerce, d'innovations, etc.

La ville entraîne également un mode d'organisation spatiale original, qui exprime sa capacité à polariser un territoire de superficie plus ou moins vaste. On parle ici de centralité, pour désigner cette capacité de la ville à contrôler son espace environnant grâce à la concentration de différentes fonctions de commandement (politiques, économiques, financiers, religieux, culturels, industriels, etc.). La centralité apparaît d'ailleurs comme une caractéristique essentielle de la ville. Elle découle de la concentration d'hommes, de richesses, de savoir-faire, de services. En ce sens, la ville peut se distinguer de l'urbain, puisque certains espaces urbains ne présentent aucune centralité clairement identifiable, mais sont des périphéries sous domination d'un centre. Par exemple, beaucoup de banlieues françaises ne possèdent pas de centralités internes susceptibles de les structurer et sont sous domination de la ville-centre.

La spécificité de la ville se marque enfin dans son organisation sociale. C'est un espace dans lequel se déploient des sociabilités originales, favorisant la diversité et la rencontre avec l'altérité. La ville est de fait associée à des modes de vie, des pratiques, des rythmes, spécifiques.

Que l'on choisisse le critère démographique, morphologique, fonctionnel ou sociétal, la ville est souvent pensée en opposition radicale à la campagne. Or, du fait de la croissance urbaine, la ville ne cesse de déborder ses limites administratives de sorte que le bâti, les activités, les modes de vie urbains se diffusent dans les campagnes. La frontière entre la ville et la campagne se brouille, et avec elle, ce qui faisait l'essence de la ville. Finalement, comme le souligne l'historienne F. Choay, on assiste à la « mort de la ville » et au « triomphe de l'urbain » : d'un côté, la ville disparaît tandis que de l'autre, l'urbain s'étend partout.

Dans ces conditions, on préfère aujourd'hui parler de l'urbain pour qualifier des espaces aux limites floues, qui possèdent à des degrés divers des caractéristiques communes qui les rattachent à la ville. Le géographe J. Lévy a notamment développé une définition de l'urbain associant le couple densité/diversité. Le summum de l'urbanité s'obtient lorsque la densité et la diversité sont maximales, quelle que soit la nature des objets sociétaux qu'on envisage. Ainsi, dans les centres-villes, on observe aussi bien la densité des hommes, richesses, bâtiments, activités, emplois, etc. que leur diversité. En revanche, à mesure que l'on arrive dans la banlieue et le périurbain, la densité (et parfois la diversité) décroît. Dans certains espaces urbains, c'est la diversité qui diminue : par exemple, les quartiers d'affaires, les technopôles, mais aussi les axes et les nœuds de transports représentent cette perte d'urbanité consécutive à la perte de la diversité.

L'urbain selon l'INSEE : résoudre une difficulté statistique

En 1954, l'INSEE définit pour la première fois l'unité urbaine. Elle est constituée par une ou plusieurs communes sur le territoire desquelles s'étend une agglomération (bâtiments séparés de moins de 200 mètres) d'au moins 2 000 habitants. Lorsque cette unité urbaine n'est constituée que d'une commune, l'INSEE parle de « ville isolée », sinon on parle d'« agglomération urbaine multicommunale ». À partir de 1962, un critère sociodémographique vient s'ajouter au critère morphologique et démographique dans la définition de la Zone de peuplement industriel et urbain (ZPIU). Pour définir la ZPIU, l'INSEE intègre les communes rurales comportant des établissements industriels avec un effectif cumulé de plus de 100 personnes et les communes rurales non-industrielles avec une faible part d'actifs agricoles, une forte croissance et une part importante d'actifs allant travailler vers l'unité urbaine.

L'INSEE continue à adapter ses zonages pour les recensements de 1990 et 1999 afin de mieux répondre aux évolutions de la ville et de l'urbain. Elle définit désormais plusieurs délimitations statistiques :

- *l'unité urbaine* reste l'unité de base.
- *l'aire urbaine* se compose d'un ensemble de commune d'un seul tenant et sans enclave, constitué par un pôle urbain et une couronne périurbaine.
- *le pôle urbain* est une unité urbaine qui offre au moins 5 000 emplois et qui n'appartient pas à la couronne périurbaine d'un autre pôle.
- *la couronne périurbaine* comprend l'ensemble des communes dont au moins 40 % de la population ont un emploi dans l'aire urbaine.
- dans le cas où une commune envoie au moins 40 % de ses habitants dans plusieurs aires urbaines et si cette commune forme avec ces aires urbaines un ensemble d'un seul tenant, on parle de *communes multipolarisées*.

L'ensemble des aires urbaines et des communes multipolarisées forme *l'espace à dominante urbaine*. Par soustraction, *l'espace à dominante rurale* comprend les *pôles ruraux* (unités urbaines ou communes rurales offrant de 2 000 à moins de 5 000 emplois et dont le nombre de résidents actifs est inférieur au nombre d'emplois offerts), les *communes sous faible influence urbaine* (communes qui ne sont pas des pôles ruraux et qui envoient travailler entre 20 % et 40 % de leurs actifs dans une aire urbaine), les *communes périrurales* (ni pôle rural, ni commune sous faible influence urbaine, dont 20 % ou plus des résidents actifs travaillent dans des pôles ruraux) et le *rural isolé* (qui regroupe toutes les autres communes n'entrant pas dans les définitions précédentes). L'espace à dominante rurale comprend donc les petites unités urbaines, les villes isolées et les communes rurales.

La ville de Lyon : entre héritages et nouvelles dynamiques urbaines

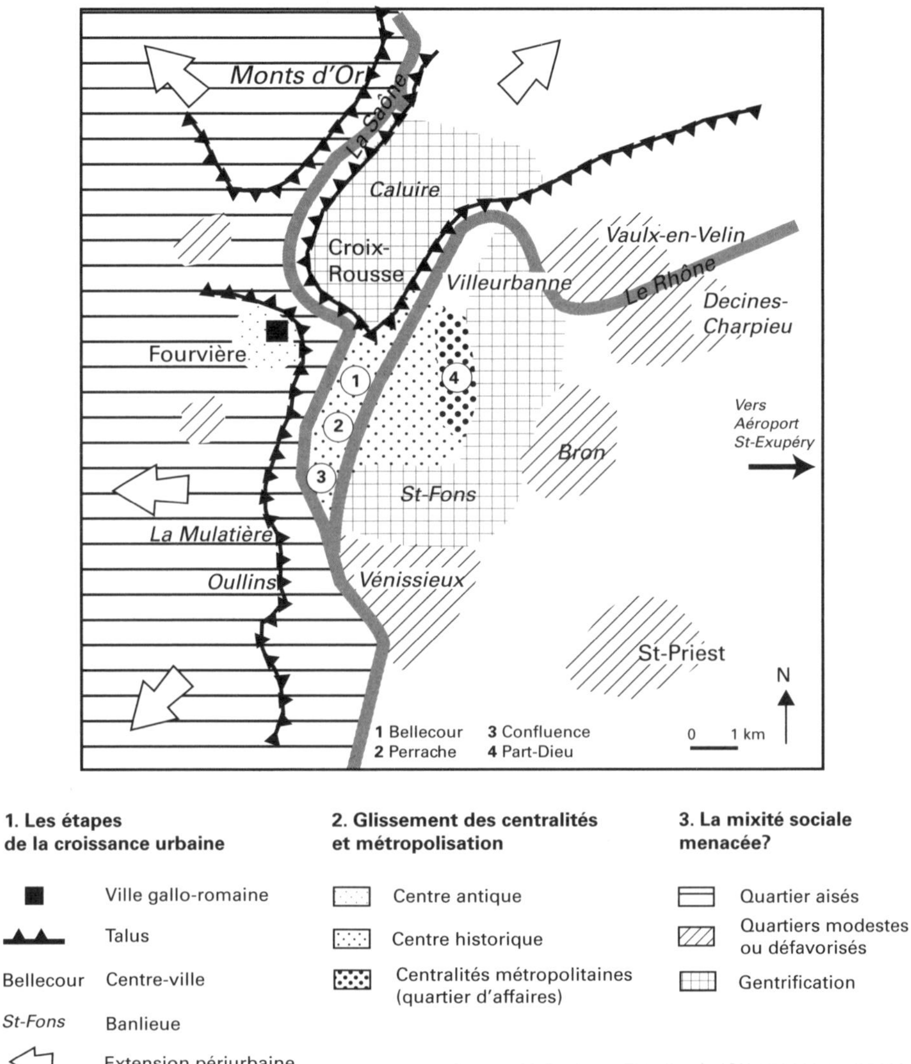

Source : M. Reghezza-Zitt, d'après IGN 1/50 000 et 1/25 000

Population urbaine et rurale en France métropolitaine

	Population urbaine (en millions)	Population rurale (en millions)	Taux d'urbanisation (en %)
1936	22,1	19,7	53
1954	24,5	18,2	57
1962	29,4	17,1	63
1968	34,8	14,9	70
1975	38,4	14,2	73
1982	39,9	14,5	73,3
1990	41,9	14,7	74
1999	44,2	14,3	75,5

Source : INSEE, recensements de la population.

C. Des réseaux urbains aux systèmes de villes

Le territoire français est structuré par le *semis des villes*, c'est-à-dire la distribution des villes dans l'espace français. Chaque ville organise son espace environnant et ce pouvoir d'organisation lui confère un degré de centralité. Ainsi, pour reprendre les mots du géographe Pierre George, la ville « fait sa région » : selon le niveau services et le nombre d'emplois offerts, elle est un *centre* qui *polarise* un espace plus ou moins étendu, qui peut aller de la campagne proche à d'autres unités urbaines plus éloignées qui assurent un niveau de services moindre. Car plus un service est rare, plus un individu est prêt à accepter un coût de déplacement (coût financier mais aussi coût en temps) important. Chaque ville a donc sa propre *aire d'influence*, qui reflète d'abord la nature, la qualité, la diversité des services offerts. Le poids démographique de la ville n'est pas ici un facteur déterminant, même si la plupart du temps, le nombre d'habitants est proportionnel à l'offre de services. Le degré de centralité des villes et la taille de leur aire d'influence permettent de définir la *hiérarchie* urbaine : plus une ville a un pouvoir organisateur important, plus son rang dans cette hiérarchie est élevé. On parle aussi *d'armature urbaine*, pour désigner cette disposition hiérarchique qui structure les territoires.

Au sein de l'armature urbaine, les villes tissent des relations entre elles. Ce faisant, elles dessinent un réseau urbain, à l'échelle régionale bien sûr, mais aussi nationale. Le réseau urbain français est ainsi largement hérité de la construction du territoire national autour de la capitale (étymologiquement, la tête du réseau), Paris. Le poids de l'agglomération parisienne ne s'est jamais démenti, tant sur le plan démographique (dix fois celui de Marseille ou de Lyon, au 2e et 3e rang selon les années), que sur celui de la concentration des fonctions de commandement. Siège du pouvoir national, la capitale accueille aussi la quasi-totalité des sièges sociaux des entreprises françaises et étrangères. Elle continue en outre, malgré les politiques de décentralisation des dernières décennies, à concentrer les fonctions culturelles et intellectuelles. L'aire d'influence de Paris s'étend au-delà de 200 km, empêchant l'émergence de pôles concurrents. Cette monocéphalie du réseau urbain rapproche la France d'autres pays européens tels que le Royaume-Uni, également héritier d'une construction territoriale centralisée.

À l'échelle régionale en revanche, les réseaux urbains sont plus diversifiés. On retrouve certes des réseaux très hiérarchisés, monocéphales, avec bien sûr le réseau du bassin parisien centré sur Paris. De même, dans la région Midi-Pyrénées, la domination de Toulouse est écrasante. Toutefois, on peut dessiner à l'échelle du sud-ouest un réseau bicéphale, autour de Toulouse et Bordeaux. Hormis ces deux villes, il existe peu de villes intermédiaires, ces dernières étant d'ailleurs souvent faiblement peuplées. On retrouve cette bicéphalie avec le couple Nantes/Rennes. Il s'agit ici d'un legs du morcellement administratif du territoire, les deux villes étant chacune capitale d'une région administrative qui ne correspond pas aux anciennes entités historiques : le palais des Ducs de Bretagne se trouve ainsi à Nantes, capitale de la région Pays de la Loire. En Rhône-Alpes, le réseau urbain est fortement polarisé par Lyon, même si des sous-ensembles régionaux se dessinent. En particulier, on trouve un réseau très dense et très bien articulé dans les Alpes, avec le trinôme Grenoble, Chambéry et Annecy.

La physionomie des réseaux urbains diffère notablement au Nord et à l'Est, du fait là encore des héritages historiques. Les réseaux urbains du Nord sont des réseaux denses, très bien articulés autour de la capitale régionale Lille. Ils tendent à adopter une dimension transfrontalière, à partir de la conurbation formée autour de Lille-Roubaix-Tourcoing. Dans l'Est, le réseau urbain est surtout caractérisé par l'émiettement des aires d'influence : Nancy/Metz, Strasbourg, Dijon, Besançon, mais aussi les centres vosgiens dont l'influence est souvent limitée à une vallée. Si l'on voit nettement se dessiner un axe mosellan et un axe alsacien, aucune ville ne se détache véritablement.

Enfin, dans le sud-est méditerranéen, on a affaire à un réseau linéaire, qui s'étale de Perpignan à Nice. À l'ouest, Montpellier étend sa domination, qui butte toutefois à l'est sur la zone d'attraction de Marseille et à l'ouest sur celle de Toulouse. L'aire d'influence de Marseille est de son côté limitée par celle de Lyon au Nord et ne dépasse pas les Alpes-Maritimes, fortement polarisées par Nice.

Au final, il est important de remarquer que ces différents réseaux urbains ne couvrent pas la totalité du territoire. Des vastes espaces ne sont que fai-

Les 20 premières aires urbaines

Rang en 2007	Rang en 1999		Population au 1er janvier 2007	Évolution annuelle moyenne (en %)	
				1999-2007	1990-1999
1	1	Paris	11 836 970	0,7	0,3
2	2	Lyon	1 757 180	0,8	0,7
3	3	Marseille-Aix-en-Provence	1 618 369	0,8	0,5
4	4	Lille	1 163 934	0,2	0,3
5	5	Toulouse	1 118 472	1,9	1,5
6	7	Bordeaux	1 009 313	1,1	0,7
7	6	Nice	999 678	0,9	0,5
8	8	Nantes	768 305	1,0	1,1
9	9	Strasbourg	641 853	0,6	0,8
10	10	Toulon	600 740	0,8	0,7
11	12	Rennes	577 680	1,3	1,3
12	11	Douai-Lens	546 294	-0,1	-0,2
13	14	Grenoble	532 749	0,4	0,7
14	13	Rouen	525 643	0,2	0,3
15	15	Montpellier	514 473	1,4	1,9
16	16	Metz	439 351	0,3	0,3
17	18	Clermont-Ferrand	429 460	0,6	0,4
18	17	Nancy	415 523	0,2	0,1
19	19	Valenciennes	399 144	0,0	0,0
20	20	Tours	397 010	0,7	0,7

Champ : France métropolitaine ; délimitation 1999 des périmètres des aires urbaines.
Source : INSEE-RP1999 et RP2007 exploitations principales - État civil.

blement polarisés : par exemple, le Massif central, partagé entre l'influence de villes situées sur ses marges (Clermont-Ferrand, Limoges, Montpellier), ne présente aucun réseau urbain véritablement articulé. Certaines villes se trouvent en situation de seuil entre deux réseaux (Besançon ou le Mans), d'autres sont carrément à l'écart (Digne ou Gap).

Or, alors qu'elle a longtemps été fondée sur la nature des fonctions offertes, la hiérarchie urbaine s'appuie désormais aussi sur l'accès de la ville aux différents réseaux de transports et de télécommunication. La zone d'attraction, jadis continue, obéit aujourd'hui davantage à une logique réticulaire – discontinue donc, dans la mesure où l'insertion de la ville dans des réseaux de transports performants et rapides lui permet d'étendre la portée de ses services et ce faisant, de son potentiel d'attraction. Les terri-

Le système urbain français

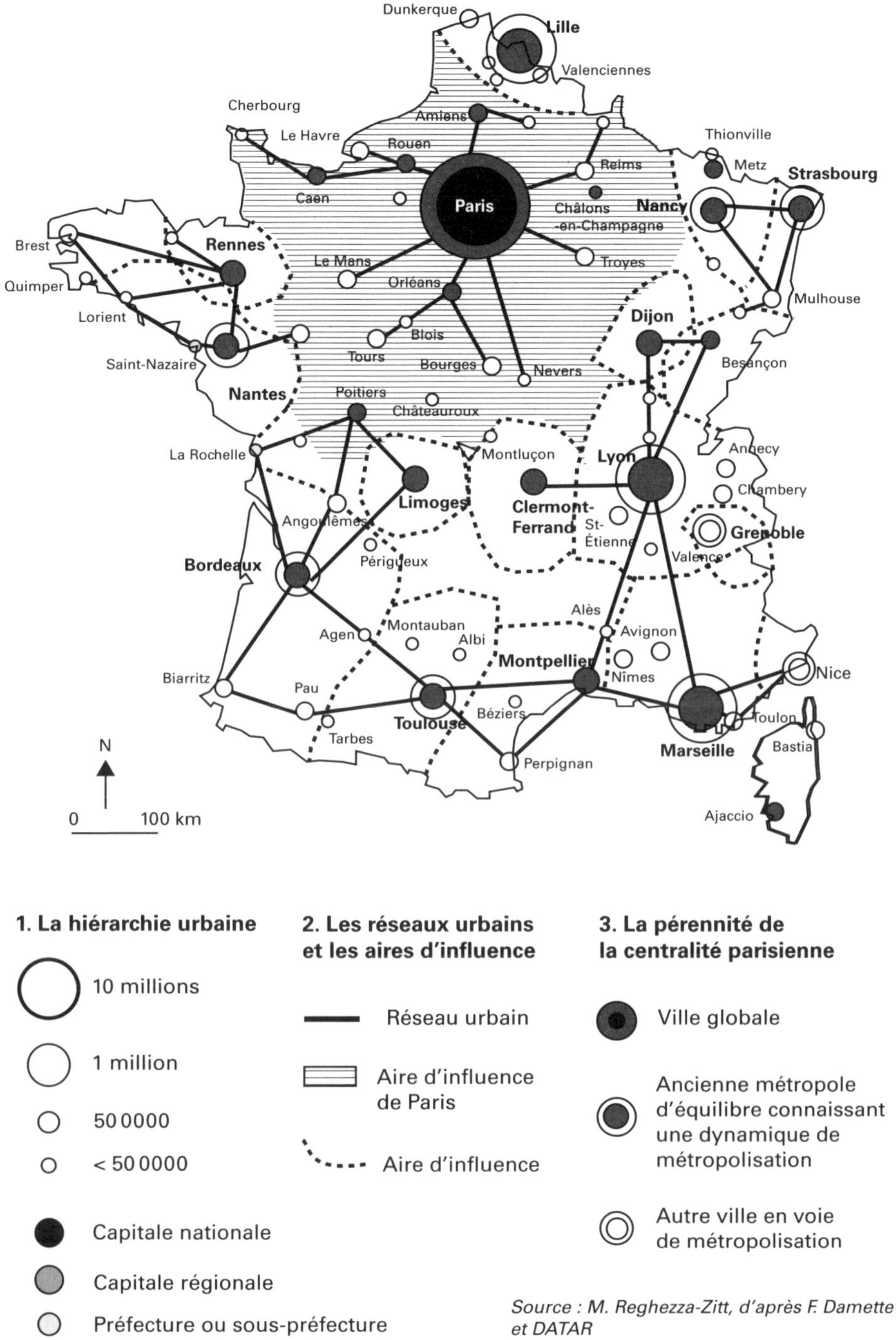

Source : M. Reghezza-Zitt, d'après F. Damette et DATAR

toires situés à l'écart de ces réseaux deviennent des périphéries dominées, mal intégrées, souvent marginalisées.

Dans ce contexte, on passe peu à peu de la notion de réseau urbain à celle de *système urbain*. Un système désigne une organisation complexe d'éléments solidaires les uns des autres, qui sont en interaction. Dans le réseau urbain classique, les relations entre les villes s'établissent sur la base de la hiérarchie qui fait qu'un centre principal domine des centres secondaires. Il s'agit donc d'une relation « verticale » entre « dominant » et « dominé ». Si ce type de relations entre les villes n'a pas disparu, il se double de nouvelles interactions entre villes de même rang (on parle de relations « horizontales »), autour de relations de concurrence/complémentarité, en fonction du type d'activités. Ces nouvelles interactions, qui peuvent se matérialiser par des flux de populations, de capitaux, d'informations, de matériaux, etc., ignorent les territoires immédiatement attenants et mettent en relation des espaces urbains qui peuvent être très éloignés les uns des autres en termes kilométriques. Ce sont ces nouveaux liens que l'on exprime à travers la notion de système.

II. LES TERRITOIRES URBAINS À L'HEURE DE LA MÉTROPOLISATION

La constitution de systèmes urbains est aussi la conséquence d'une dynamique territoriale récente, la métropolisation, qui modifie en profondeur les territoires urbains. Les villes françaises ne sont toutefois pas toutes concernées au même degré par ce processus.

A. La métropole, entre concentration et spécialisation fonctionnelle des territoires urbains

Le terme de métropole est très ambigu puisque dans le vocabulaire courant, on l'utilise aussi bien pour désigner le territoire continental par opposition à l'outre-mer, que des villes ayant fait l'objet d'une politique spécifique d'aménagement des années 1960 (les « métropoles d'équilibre ») ou encore des communautés d'agglomération (Nantes-métropole, Reims-métropole, Angers-métropole, etc.). Or, les géographes emploient ce terme dans un autre sens, très précis, qui n'a que peu à voir avec les acceptions courantes.

La métropole est une ville. L'étymologie en atteste puisque le grec *polis* renvoie à la ville tandis que *meter* signifie la mère. Pour F. Ascher, « étymologiquement, la métropole est la cité grecque ancienne, mère de ses colonies, qui exporte ses guerriers, ses commerçants et ses dieux. Cette image sied bien à la grande ville moderne, qui se définit plus par le rayonnement international de ses entreprises, de ses capitaux, de ses universités, que par des fonctions traditionnelles régionales et par un arrière-pays dont elle tirerait ressources et puissance. » Le terme exprime par conséquent l'idée de domination, de régulation.

La métropole est une ville, mais c'est une ville particulière, qui possède des caractéristiques démographiques, fonctionnelles et spatiales tout à fait spécifiques. En premier lieu, la métropolisation, terme qui désigne tout à la fois le processus qui conduit à l'émergence des métropoles et le résultat de ce processus, ne peut se réduire à un changement de taille de la ville et ne doit en aucun cas être confondue avec la croissance urbaine. Il s'agit avant toute chose d'une transformation *qualitative* de l'urbain, qui débouche sur un nouvel agencement territorial dont l'une des caractéristiques principales est une articulation des échelles spatiales, en particulier du local et du global, inédite.

La métropolisation s'analyse en effet comme la traduction urbaine de la mondialisation, entendue ici comme l'interconnexion croissante des économies et des sociétés qui résulte d'une « nouvelle phase historique » d'un capitalisme désormais émancipé des cadres nationaux. Ce processus d'échelle planétaire produit *localement* de nouvelles configurations spatiales organisées autour de flux, d'échanges et de réseaux de tous ordres. Un nombre restreint de lieux, les métropoles, va alors concentrer les activités liées au commandement de cette économie mondialisée.

Dans ces conditions, deux critères peuvent définir la métropole :

– le premier est la place dans le réseau urbain. Pour G. Di Méo par exemple, « la métropole au sens large du terme, est avant tout une place centrale, un nœud décisionnel dans un réseau de villes. C'est un lieu d'impulsion, de créativité, d'émission d'ordres et de connexion des flux les plus variés qui parcourent l'espace » (Di Méo, 1995, p. 697). La métropole est donc une ville qui domine le réseau urbain. Le processus de métropolisation passe d'ailleurs par l'élargissement de l'aire d'influence de la ville. Mais ce critère est insuffisant, car il s'applique indifféremment à une métropole et à une capitale ;

– le deuxième critère est la présence de certaines fonctions de commandement économique, politique, intellectuel ou culturel, dont le rayonnement dépasse largement l'aire d'influence traditionnelle de la ville considérée et qui lui permettent de participer à, voire de structurer, la mondialisation. Ces fonctions métropolitaines s'appuient non pas sur des services « banals » à la population, mais sur des services stratégiques aux entreprises. Ce tertiaire supérieur concerne l'administration et l'encadrement, la direction des sièges sociaux des très grandes entreprises, les services financiers et bancaires, l'assurance, les activités touchant à la production et la diffusion de l'information. Les fonctions logistiques sont aussi essentielles : la métropole se singularise par la qualité de ses infrastructures de transports, la présence d'aéroports internationaux ou encore de plates-formes multimodales. On ajoutera ici que la montée en puissance des services ne signifie pas pour autant la disparition de l'industrie : les métropoles sont aussi des lieux de production qui possèdent une activité industrielle qui n'est certes plus dominante mais qui est rendue spécifique par son caractère technologique, par la part de la recherche et développement, par la dimension internationale et multinationale des entreprises.

Par conséquent, le poids démographique n'est plus qu'un critère parmi d'autres dans la nouvelle hiérarchie métropolitaine : le facteur déterminant est la concentration des pouvoirs de commandement et la qualité, la diversité et la densité du tertiaire supérieur. Les véritables métropoles, « les métropoles complètes » sont celles dont le rayonnement s'exerce dans tous les domaines. Au sens strict, il n'existe en France qu'une métropole de rang international, Paris. D'autres villes comme Lille, Lyon, Nantes, Toulouse, Strasbourg, sont insérées dans le système des « métropoles européennes », avec un rayonnement plus faible. Il s'agit de « métropoles incomplètes », qui fondent leur puissance sur un ou plusieurs types de fonctions métropolitaines, sans les posséder toutes (commandement politique européen pour Strasbourg, commandement culturel pour Nantes, fonction technopolitaine pour Toulouse, etc.). Certaines villes comme Marseille, Nice, Bordeaux, Nancy, etc. amorcent leur métropolisation.

B. L'émergence de territoires réticulaires et polycentriques

La métropolisation provoque d'importantes recompositions spatiales et fonctionnelles à l'échelle nationale puisqu'elle redessine la hiérarchie urbaine sur la base de nouveaux critères et qu'elle participe à la construction des systèmes de villes évoqués plus haut. Elle a des conséquences tout aussi importantes à l'échelle infra-régionale et infra-urbaine.

L'intégration des territoires à la mondialisation s'appuie en effet moins sur des villes que sur de vastes aires urbaines, qu'on a pu qualifier de « *city-regions* », qui constituent à l'échelle infranationale autant de points d'ancrage de l'économie globale. Dans ces territoires, la restructuration spatiale du marché du travail débouche sur une organisation polycentrique succédant au schéma centre-périphérie traditionnel. La qualité d'une métropole s'apprécie en effet à la diversité des services offerts. Mais cette diversité s'accompagne d'une spécialisation à une échelle plus fine. Il y a concentration en certains lieux de fonctions métropolitaines d'un type précis : le quartier d'affaires, le pôle logistique, le technopôle, etc. Ainsi, les logiques métropolitaines surimposent voire substituent des organisations réticulaires aux systèmes mono-centriques qui structurent encore largement l'urbanité traditionnelle. La métropole est un territoire multipolaire aux limites floues, un archipel de lieux discontinus, qui forment des centralités secondaires et qui sont reliés par des réseaux de transports et de communications qui permettent une grande accessibilité et des échanges d'informations. Penser la métropole suppose ainsi de dépasser les simples rapports de proximité qui fondent l'urbanité classique ou les processus de desserrement des emplois et de la population qui caractérisent la dynamique d'urbanisation, pour envisager des interrelations complexes et multi-scalaires qui transcendent les logiques locales.

On observe très nettement ces dynamiques en Île-de-France. Entre 1975 et 1999, l'emploi s'est relocalisé de façon sélective dans toute la région urbaine, en direction de la proche banlieue et de pôles d'emplois périphériques (villes nouvelles, pôles industriels spécialisés, etc.). Le changement d'échelle ne signifie toutefois pas diffusion homogène à partir de la ville-centre, mais spécialisation de certains lieux dans un secteur d'activités métropolitain. La sectorisation se marque par exemple dans la dissociation de plus en plus nette entre le centre proprement dit (Paris *intra-muros*) et le centre d'affaires, avec la constitution de véritables *Financial districts* à l'image de la Défense. Ce processus se reproduit dans d'autres métropoles d'envergure régionale. À Nantes par exemple, on note un glissement de la centralité vers de nouveaux quartiers d'affaires tels qu'Euro-Nantes, spatialement dissociés du centre-ville ancien. De même, à Strasbourg, le « quartier de l'Europe » est situé à l'écart du centre traditionnel. On assiste par conséquent à l'émergence d'un polycentrisme, même si beaucoup moins développé qu'en Île-de-France.

Pour autant, la métropolisation ne modifie pas certains équilibres ou déséquilibres territoriaux préexistants à l'échelle régionale. Dans la région parisienne, la diffusion des emplois métropolitains vers la proche banlieue a accentué le déséquilibre est-ouest existant : le centre de l'agglomération poursuit sa spécialisation dans les fonctions supérieures de commandement politique, économique et culturel ; l'ouest dans les emplois de cadres de l'industrie et de services aux entreprises ; l'est dans les emplois de techniciens et dans la logistique. Elle conforte également le gradient fonctionnel centre-périphérie, la périphérie plus lointaine accueillant désormais les fonctions de fabrication ou les services banals du quotidien. Enfin, la consti-

La métropole francilienne : vers une région métropolitaine polycentrique

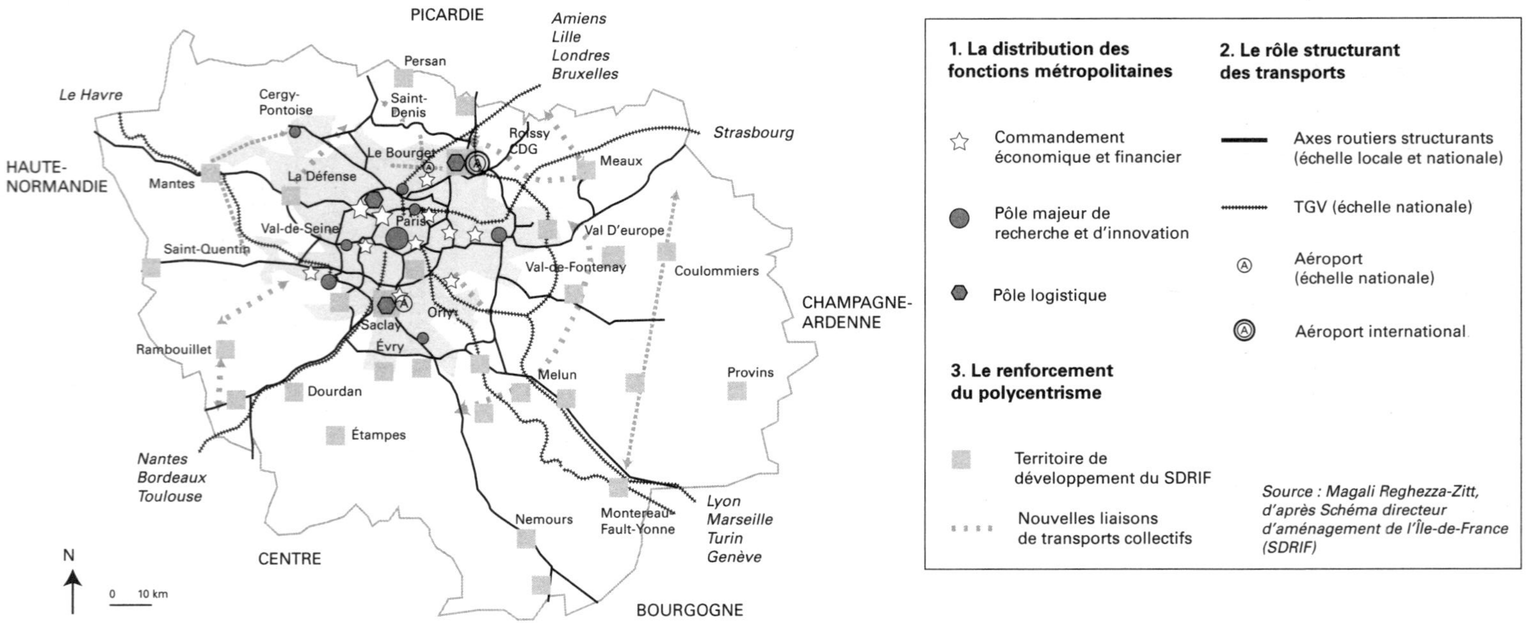

Source : Magali Reghezza-Zitt, d'après Schéma directeur d'aménagement de l'Île-de-France (SDRIF)

tution de ces vastes régions métropolitaines ne signifie pas que les espaces régionaux sont exclusivement dans l'orbite de la ville centre : les villes du Bassin parisien s'inscrivent également dans des systèmes urbains parallèles dans lesquels elles sont en relation avec des villes de leur niveau.

C. Un accroissement marqué de l'hétérogénéité urbaine

La métropolisation débouche sur des processus de concentration et de spécialisation fonctionnelle qui accroissent l'hétérogénéité entre les villes, mais aussi à l'échelle infra-urbaine. Dans l'espace urbain, tous les territoires ne sont pas intégrés au même degré au processus de métropolisation. Par exemple, le quartier d'affaires ou le technopôle deviennent des territoires métropolitains tandis que le quartier résidentiel ou l'espace de loisir relèvent toujours de l'urbanité traditionnelle. L'hétérogénéité peut se retrouver à des échelles encore plus fines puisqu'un même bâtiment peut abriter des fonctions relevant du tertiaire supérieur (siège social par exemple) et du tertiaire banal (commerce de proximité).

La métropolisation est en outre un processus sélectif, qui privilégie les territoires déjà les mieux dotés. Elle favorise la concentration des richesses et contribue de ce fait à accuser les inégalités entre les villes et au sein de ses dernières. Elle augmente en particulier les écarts de revenus entre les populations alors que, dans le même temps, elle renchérit le coût du foncier dans des territoires soumis à une pression foncière importante. Ainsi, à l'échelle nationale, le revenu disponible brut par Francilien restait de 25 % supérieur à la moyenne nationale. Mais comme les revenus des ménages vivant en dessous du seuil bas de revenu régional ont augmenté moins vite que ceux des autres ménages, l'accession au logement est devenue plus difficile pour les populations les plus démunies. En dix ans, le nombre de demandes de logements sociaux a augmenté de 20 %, tandis que l'Île-de-France représente près des deux tiers des demandes nationales concernant l'application de la loi du Droit au logement. Les études récentes de l'INSEE montrent aussi que les inégalités sociales se spatialisent. Elles soulignent par exemple des disparités importantes de revenus entre les quadrants sud et ouest d'un côté, et les quadrants nord et est de l'agglomération. À une échelle encore plus fine, certains territoires se marginalisent, parfois au sein d'une même commune ou d'une aire urbaine. Les émeutes de 2005 ont rappelé l'existence de ces territoires de l'exclusion, qui se sont développés à moins d'une demi-heure du centre de Paris.

Dès lors, la métropolisation accélère le creusement des inégalités sociales et spatiales, participant au développement des processus ségrégatifs. La paupérisation des territoires exclus de la dynamique métropolitaine se traduit par la présence d'emplois peu qualifiés, des taux de chômages importants, un revenu des ménages plus faibles. Dans ces territoires, les rentrées fiscales sont moindres de sorte que le niveau d'équipement est plus bas. L'accès aux transports est plus difficile. Les populations sont alors doublement exclues de l'emploi métropolitain qui exige à la fois un potentiel de mobilité important et un niveau de formation élevé.

III. LES VILLES FRANÇAISES : NOUVELLES HIÉRARCHIES, NOUVEAU RÔLE DANS LE TERRITOIRE ?

Malgré l'importance des mutations observées depuis un demi-siècle, on assiste moins à une recomposition qu'à une transition territoriale des villes et des espaces urbains. Aux logiques anciennes se superposent en effet de nouvelles logiques, dont les effets sont plus ou moins importants en fonction du degré d'achèvement des dynamiques de croissance urbaine, de périurbanisation et de métropolisation.

A. La métropole parisienne, une ville globale ?

Du fait de l'histoire nationale et de sa place dans le système urbain, l'agglomération parisienne ne peut que recevoir un traitement particulier. Elle demeure en effet marquée du sceau de l'exception, qu'il s'agisse de sa taille, de ses fonctions, de son organisation et désormais de sa place dans les réseaux mondiaux.

L'agglomération demeure en tête des classements nationaux, tant par la population que par le nombre d'emplois ou la contribution au produit intérieur brut (PIB). En 2006, seule Tokyo accueillait plus de grands groupes internationaux que l'Île-de-France (52 contre 37). Les groupes étrangers produisaient 29 % de la valeur ajoutée industrielle francilienne tandis que les groupes franciliens réalisaient 40 % de leur chiffre d'affaires à l'étranger. La région est donc pleinement insérée dans la mondialisation.

Cette insertion a profondément bouleversé la structure de l'emploi. Le secteur tertiaire représentait en 2008 plus de 80 % du PIB d'Île-de-France. Dans ce secteur, les activités liées à l'innovation et à l'économie de la connaissance sont en passe de devenir majoritaires. L'économie francilienne reste toutefois plus diversifiée que dans d'autres métropoles de rang international, avec une base industrielle non négligeable (environ 15 % du total). En outre, les emplois sont de plus en plus qualifiés. À l'échelle de l'Île-de-France, un tiers de la population active est composé de cadres supérieurs, de professions libérales et de patrons de commerce, d'industrie ou d'artisanat. Un quart correspond aux professions intermédiaires. Un cinquième du total est représenté par les employés de bureau, de commerce, de services (parmi lesquels on compte les domestiques) et un cinquième par les ouvriers, sachant que les ouvriers sont trois fois plus nombreux à travailler dans le tertiaire que dans l'industrie. La structure socioprofessionnelle diffère ainsi de la moyenne française, en accordant plus de place qu'ailleurs aux emplois qualifiés et très qualifiés, ce qui indique à nouveau l'importance du processus de métropolisation.

La métropolisation n'affecte pourtant pas de façon identique l'ensemble de l'agglomération. Les activités du tertiaire supérieur sont très concentrées. Les emplois liés aux administrations publiques qui relèvent de la fonction de capitale sont regroupés dans Paris *intra-muros*, dans le 7e et, dans une moindre mesure, le 8e arrondissement. La recherche et l'enseignement supérieur se localisent dans les 5e et 6e arrondissements. Les activités liées à la finance (banques et assurances) sont rassemblées dans l'ouest de l'aire métropolitaine. Ces activités ont d'ailleurs connu un lent glissement : d'abord implantées dans les 1er et 2e arrondissements de Paris (quartier de la Bourse), elles ont migré vers le 8e (Triangle d'or, quartier du Roule, Champs-Élysées), le 9e, le nord du 16e et le 17e arrondissement. Puis elles se sont à nouveau déplacées vers la Défense, voire désormais au-delà (Rueil-Malmaison). Des pôles secondaires ont certes émergé dans l'est parisien, autour de la tour Montparnasse (14e arrondissement), de la gare de Lyon et de Bercy (12e arrondissement), mais sans parvenir à concurrencer l'attraction de l'ouest parisien, qui fait du coup figure « d'hypercentre ». Finalement, seuls les services aux entreprises, qui représentent environ 925 000 emplois sont plus diffus. Ils privilégient en effet la proximité à leur clientèle. Aussi, les bureaux d'études, les cabinets de conseil, les entreprises d'informatique, de publicité, de marketing adoptent-ils des localisations péricentrales, souvent en proche banlieue, ce qui leur permet par la même occasion de bénéficier d'un foncier moins élevé.

La concentration des emplois du tertiaire supérieur se reproduit à une échelle infra-métropolitaine. Des pôles secondaires émergent dans les différentes couronnes de la périphérie. Par exemple, un pôle logistique se constitue autour de l'aéroport Roissy-Charles de Gaulle dans le département de la Seine-Saint-Denis. Dans le sud de l'agglomération, le plateau de Saclay est un technopôle de rayonnement international avec une partie de l'université Paris-XI (Orsay) et les laboratoires du CNRS, le centre du CEA, l'École Polytechnique, HEC, Supélec, etc. Des entreprises de rayonnement mondial comme Danone, Thalès ou Kraft Foods, y ont implanté leurs laboratoires.

Ce polycentrisme est encouragé par les pouvoirs publics. Par exemple, depuis 2010, un projet de « cluster scientifique » a vu le jour dans le cadre d'une Opération d'intérêt national (OIN). Il s'agit de faire du plateau de Saclay « une *Silicon Valley* à la française », avec notamment la délocalisation sur le plateau de l'ENS-Cachan, l'École des Mines ou une autre partie de Paris-XI. Le projet, financé par le grand emprunt et le Plan campus, est directement porté par le président de la République, ce qui rappelle le rôle tout à fait particulier de l'État sur Paris et sa région.

Dans ce contexte, penser la métropole parisienne suppose de combiner au moins deux échelles. On peut d'un côté s'interroger sur le statut de « ville globale » de la métropole parisienne, c'est-à-dire sur le fait qu'elle appartienne ou non aux clubs très fermés des villes qui commandent l'économie-monde, et plus largement sur son degré d'insertion dans le système des métropoles européennes et mondiales. Paris est ici en concurrence directe avec Londres, qui peut se prévaloir de fonctions financières plus développées et du premier aéroport d'Europe. Selon les années, Londres est placée devant Paris en termes de PIB. Il faut rappeler ici que les PIB des deux régions métropolitaines s'élèvent au niveau du PIB des Pays-Bas dans leur ensemble, État qui est pourtant 9e au classement de l'organisation de coopération et de développement économique (OCDE). Certaines études tendent par ailleurs à montrer un affaiblissement de la métropole parisienne en Europe. Dans ces conditions, le renforcement de Paris et de sa région métropolitaine devient une priorité.

Mais la métropole doit aussi se penser à l'échelle des territoires du quotidien. Or, la détérioration des conditions de vie des habitants constitue un défi de taille. La métropolisation a en effet eu des conséquences négatives : difficultés d'accès au logement, exiguïtés de ces derniers, coût de la vie plus important que dans les autres grandes villes françaises, temps de déplacements quotidiens élevés, difficultés de circulation et de stationnement, etc. Certains problèmes, qui ne sont pas le propre de Paris et de sa région, s'y posent avec plus d'acuité : vieillissement de la population, dégradation du parc de logements, risques de ségrégations sociales et économiques, détérioration de l'environnement, etc. Encourager la métropolisation tout en régulant ses effets indésirables, constitue désormais un objectif, qui semble au demeurant difficile à atteindre.

B. Les grandes villes françaises : de capitales en métropoles ?

Comparées à Paris, les autres grandes villes françaises ne sont que des métropoles régionales incomplètes, dont certaines aspirent à une insertion dans le système des métropoles européennes. On a d'ailleurs affaire à un paradoxe puisque certaines villes comme Lille ou Strasbourg, par exemple, commencent à acquérir un rayonnement européen, alors que leur position dans le réseau urbain français reste relativement secondaire.

Les grandes villes françaises adoptent différentes stratégies pour s'arrimer aux systèmes métropolitains. À côté de villes qui ont pu bénéficier très tôt soit de leur centralité héritée (Lyon), soit d'une activité technopolitaine structurante (Toulouse devenue la ville de l'aéronautique et de l'aérospatiale), certaines agglomérations ont choisi des voies originales en s'appuyant sur des secteurs métropolitains innovants.

Lille est ainsi passée en quelques années d'une stratégie de reconversion industrielle classique à la construction d'une « eurocité ». Dans les années 1990, certains élus sont en effet convaincus que le développement urbain passe par l'ouverture européenne. Ils obtiennent ainsi que le TGV européen passe par le centre de Lille. La Communauté urbaine de Lille (CDUL) lance alors six projets d'aménagement destinés à marquer la vocation européenne de l'agglomération, esquissant du même coup une centralité polynucléaire : l'Eurotéléport de Roubaix, le Centre international de transport de Tourcoing, deux zones d'aménagement concerté (ZAC) – l'une à Tourcoing, l'autre à Roubaix, la plateforme multimodale de Lomme et l'agrandissement de l'aéroport de Lille-Lesquin. La CDUL décide aussi d'initier une vaste opération de renouvellement urbain autour de la nouvelle gare appelée Lille-Europe. Celle-ci est centrée sur un quartier d'affaires, Euralille, construit sur d'anciens terrains militaires. Parallèlement, l'intégration européenne se poursuit, confortée par de nouvelles structures de coopération transfrontalière. La conférence intercommunale transfrontalière franco-belge permet par exemple de mener à bien de nouveaux projets d'aménagement comme un métro ou une autoroute de contournement. Progressivement, une conurbation transfrontalière émerge, embryon de région métropolitaine, à la fois entité spatiale fonctionnellement cohérente et construction politique. Elle peut prétendre au titre d'« eurométropole », en s'appuyant sur les fonctions logistiques et universitaires. En 2004, Lille devient capitale européenne de la culture : la ville industrielle en reconversion a changé son image pour se hisser au rang d'autres métropoles européennes.

À Nantes, surnommée autrefois « la belle endormie de l'ouest », c'est la culture qui joue le rôle de « catalyseur » de la métropolisation (M. Gravari-Barbas). Il y a eu volonté délibérée des différents acteurs locaux de faire vivre et de montrer différemment, par l'événementiel, des lieux jusque-là marqués par la crise et la reconversion industrielle. De nombreux événements festifs et culturels ont été organisés : Les Allumés, qui annoncent les Nuits blanches parisiennes, les Folles journées - week-end musical annuel,

L'île de Nantes : un projet métropolitain entre culture et développement durable

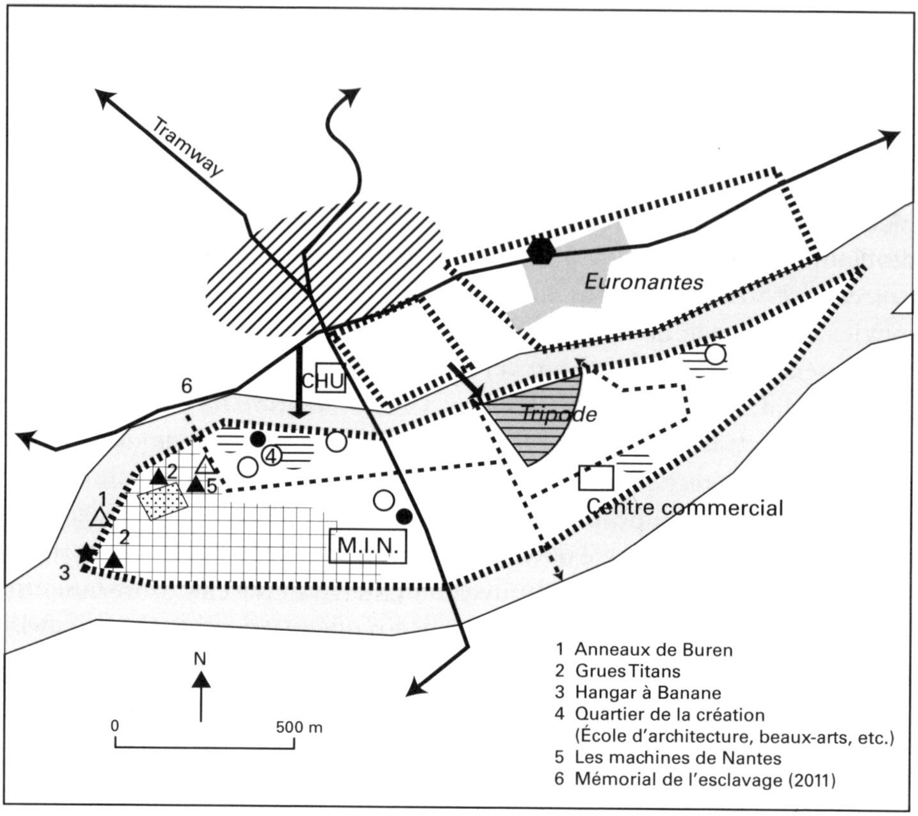

1. De grandes opérations d'aménagement

- ZAC
- Construction de logements
- Reconversion de friches industrielles
- Transports en commun (projet)
- Écoquartier en projet

3. Les catalyseurs de la métropolisation

- Art
- Patrimoine industriel
- Lieu festif

2. La diffusion des fonctions métropolitaines

- Centre ancien
- Quartier d'affaires
- Fonction technopolitaine
- Fonction intellectuelle
- Gare TGV
- Diffusion

Source : M. Reghezza-Zitt, d'après SAMOA et Nantes-Métropole

une biennale autour de l'estuaire, le réaménagement de l'Île-de-Nantes, etc. Ces différents événements ont contribué à modifier l'image de la ville et ont conforté son attractivité touristique mais aussi les mobilités résidentielles de cadres et de chercheurs. Désormais, la ville exporte son nom grâce à l'événementiel : la compagnie de théâtre de rue, Royal Deluxe a prêté ses géants pour les cérémonies de l'anniversaire de la chute du mur de Berlin. Au final, la ville s'intègre donc par la culture aux réseaux des métropoles européennes.

Dernier exemple en date, Nice a choisi une stratégie originale de métropolisation, en souhaitant passer du statut de « ville bleue », avec un développement assis sur le tourisme, à celui de « ville verte », vitrine de l'excellence écologique. Face à la pénurie de terrains, qui accroît le coût du foncier et limite le développement urbain, les élus locaux ont pensé une vaste opération d'aménagement, « l'éco-vallée » qui se veut à la fois modèle et laboratoire d'innovation écologique. Cette opération est ensuite inscrite dans le cadre plus large d'une OIN. Il s'agit tout à la fois de développer le secteur de la recherche et du développement autour des technologies vertes et des énergies propres, de redonner des perspectives de croissance au secteur du bâtiment, clé de voûte de l'économie locale, et de renfoncer l'attractivité touristique en renouvelant l'image de la cité azuréenne. Si la pertinence des choix d'aménagement et l'adéquation des objectifs à la pratique sont discutées, il n'en demeure pas moins que la « durabilité » devient au même titre que la frontière ou la culture une opportunité pour les stratégies de métropolisation. Elle est d'ailleurs présentée comme telle par l'ensemble des acteurs, locaux et nationaux (cf. chapitre 10).

Dans ces conditions, les grandes villes françaises connaissent à des degrés divers une dynamique de métropolisation qui les fait passer du statut de capitale régionale (tête du réseau régional dans lequel la ville fait sa région) à celui de métropole (membre d'un système urbain de rayonnement suprarégional). Le degré de métropolisation est très inégal, même si de plus en plus de villes se parent du titre de métropole à des fins de marketing territorial et de promotion de leur image ou pour mettre en avant les nouveaux périmètres nés des regroupements intercommunaux.

C. Quel rôle pour les villes moyennes ?

Alors même qu'il est très difficile de définir ce qu'est une ville moyenne, puisque les seuils démographiques choisis varient selon les pays et les études, leur place dans le territoire national est majeure. En France, les villes moyennes ont une aire urbaine qui compte, selon les définitions, entre 20 000 et 200 000 habitants. Leur poids dans l'armature urbaine est extrêmement important, leur nombre étant très élevé en comparaison de celui des villes de rang supérieur. 53 des 96 chefs-lieux de département actuels en France métropolitaine sont des villes moyennes. Le maillage du territoire par ces villes est donc très dense, d'autant qu'elles ont tissé avec leurs aires d'influence des relations profondes et anciennes.

Les villes moyennes ont absorbé la majeure partie de l'exode rural des années 1960, jugulant la croissance des grandes villes durant cette période. Peu à peu, leur rôle dans les mobilités résidentielles est devenu plus complexe. Elles accueillent en effet les nouvelles mobilités, court-circuitant en quelque sorte les grandes villes, de sorte qu'elles sont peu nombreuses à perdre des habitants. Elles représentent une forme d'ancrage dans le local, qui garantit leur attractivité. En revanche, on peut noter un vieillissement de leur population. À une échelle plus fine, on remarque aussi un affaiblissement démographique de la commune-centre, au profit des couronnes périurbaines.

Les dynamiques démographiques restent toutefois très contrastées selon les régions : dans le Bassin parisien par exemple, les villes moyennes à une heure de Paris en TGV connaissent une forte croissance ; dans le sud-ouest, en Bretagne ou en Normandie, c'est l'arrivée de ressortissants de la communauté européenne qui est un facteur de « repeuplement ». Le cas des Anglais en Dordogne est emblématique, mais on retrouve ce processus dans le Val-de-Loire par exemple. Dans l'Arc alpin, notamment dans les deux Savoie et le Dauphiné, la proximité de Lyon et Grenoble, la présence de la montagne et de la frontière sont autant de facteurs pour expliquer le dynamisme démographique.

Nombre de villes moyennes sont par ailleurs insérées dans des réseaux de transports qui permettent des échanges et des mobilités accrues. De véritables conurbations se forment le long de grands axes comme les vallées de la Seine, de la Loire ou du Rhône, ou encore de certains littoraux. Les villes moyennes accueillent les travailleurs venus du monde rural et périurbain, mais aussi d'autres villes moyennes voire des grandes villes. Ces nouveaux échanges rendent d'ailleurs de moins en moins pertinente la notion de hiérarchie urbaine.

En termes de développement local, le profil des villes moyennes est très variable. Pour certaines, « l'économie résidentielle », c'est-à-dire les dépenses effectuées par les résidents, est un moteur essentiel du développement économique. Ailleurs, on note une spécialisation poussée autour d'activités de production : à Brive-la-Gaillarde, Beauvais ou Albi par exemple, un réseau dense de petites entreprises avec des bureaux de conseils et des sous-traitants, sont au fondement du dynamisme local. Dans le sud-est, ce sont les activités touristiques qui constituent le socle de l'économie. Dans beaucoup de cas, en particulier dans les préfectures et les sous-préfectures, le poids du secteur tertiaire (administration publique, commerce de détail, services à la population, éducation, santé) est très important.

On voit alors se dessiner trois profils distincts. Un premier groupe rassemble des villes qui possèdent un socle économique solide, relativement indépendantes d'autres territoires, avec une aire d'influence relativement vaste et dynamique. Elles se localisent principalement dans l'ouest et le sud-est. Un deuxième groupe comprend des villes sous dépendance d'une métropole : villes du Bassin parisien ou de l'aire d'influence lyonnaise notamment. Elles servent souvent de lieux d'accueil pour des populations qui ne peuvent accéder au foncier dans la métropole. Enfin, un troisième ensemble est constitué par des villes « dont le développement est lié positivement ou négativement à la transformation de leur environnement rural » (DIACT, 2007). Elles peuvent ainsi souffrir de la faiblesse de leur environnement économique, dans le cadre d'un rural en déprise, ou de la concurrence d'espaces périurbains de plus en plus autonomes, dont le dynamisme modifie leurs fonctions de centralité initiale.

À une autre échelle, les villes moyennes jouent plus que jamais un rôle de « charnière » sur le territoire national. Elles constituent un maillon intermédiaire entre les métropoles et l'espace rural. D'un côté, elles assurent aux populations locales, en particulier rurales et périurbaines, un niveau de services satisfaisant. De l'autre, elles servent de relais à l'influence des métropoles ou des grandes villes. Elles assurent donc une position « d'intermédiation entre les différents niveaux urbains, entre la sociabilité de voisinage et l'ouverture au global, entre le patrimoine et les nouvelles technologies, entre l'économie résidentielle et l'économie de production » (DIACT, 2007). La régularité du maillage et l'intensité des interactions au sein du réseau des villes moyennes sont perçues comme l'une des forces du territoire national, un facteur de cohésion susceptible de garantir une certaine égalité d'accès aux services à la population.

CONCLUSION

Les grandes dynamiques qui animent depuis près d'un demi-siècle les villes et plus largement les espaces urbains français, ont profondément bouleversé les territoires sans toutefois remettre totalement en question les héritages, qui continuent de se lire aussi bien dans la morphologie locale que dans les réseaux urbains à différentes échelles. Si l'extension urbaine concerne la quasi-totalité des villes, modifiant peu à peu le rapport ville/campagne et l'essence même de la ville, la métropolisation transforme l'organisation de l'ensemble du territoire national tout en ne concernant que certains territoires, tant à l'échelle de la France qu'à l'échelle des agglomérations. Les territoires urbains deviennent alors des territoires hétérogènes, dont une part relève de l'urbain sinon de la ville, une autre de la métropole. On voit ici se dessiner de façon très concrète, la tension qui existe entre le local, qui renvoie aux problèmes d'urbanité, de rapport des habitants à la ville, de pratique de l'espace urbain ou encore de représentation, et le global, qui pose davantage la question de l'inscription dans des systèmes suprarégionaux et nationaux, de l'image, de l'adaptabilité et de la compétitivité territoriale.

Bibliographie

Giblin B. (2004), « Lille métropole : une eurométropole en devenir ? », *Hérodote*, n° 81, p. 69-80.

Gilli F. (2003), « Région parisienne : 25 ans d'évolution de l'emploi », *Urbanisme*, n° 333, p. 59-61.

Lacourt C., Puissant S. (dir.) (1999), *La métropolisation : croissance, diversité, fractures*, 1999, Economica, coll. Anthropos, 190 p.

Paulet J.-P. (2010), *La France : villes et systèmes urbains*, Armand Colin, 222 p.

DIACT (2007), « Les villes moyennes françaises, enjeux et perspectives », *Travaux*, n° 3, La Documentation française, 59 p.

Chapitre 5

Les campagnes françaises et espaces ruraux : entre marginalisation et nouvelles territorialités

Étymologiquement, le mot campagne vient du latin *campus*, qui désigne la plaine, le pays plat. En vieux français, on parlait de « champaigne » qui a donné le toponyme « Champagne ». Le sens du mot a ensuite évolué pour désigner un paysage particulier : dans la toponymie, la campagne est un espace de champs ouverts, l'openfield. On parle par exemple de la « campagne de Caen ». Cette référence au champ renvoie aussi au latin *ager*, qui a donné « agricole » et « agriculteur ». Dans cette acception, la campagne est l'espace structuré par l'activité agricole, et ce quel que soit le paysage qui résulte de cette activité (openfield, bocage, *huerta*, vignoble, etc.). On peut enfin penser la campagne à partir de ses équivalents anglais ou allemand, respectivement *country* ou *Land*, mots qui désignent aussi le pays. On retrouve cette racine dans le mot « paysan ». L'idée de pays rattache la campagne à une identité spécifique et un rapport particulier à la terre, au « terroir », espace présentant sur l'ensemble de son étendue des caractéristiques agronomiques comparables, qui le distinguent des autres espaces.

Pour dépasser cette polysémie, on peut proposer une définition *a minima* : par exemple, pour J.-P. Diry, la campagne est un espace où le bâti discontinu laisse une plus ou moins grande place aux champs, voire à la friche et à la forêt. C'est donc un espace où les densités sont faibles. Cette définition insiste sur la place des activités agricoles tout en soulignant que ces dernières n'y sont pas exclusives. Elle oppose en outre, implicitement, la campagne à la ville, qui est au contraire un espace de concentration et d'agglomération du bâti. La référence aux friches fait enfin allusion aux transformations profondes qu'ont connues les campagnes françaises depuis plus d'un demi-siècle. Car, alors que l'opposition ville/campagne fonde encore très largement le rapport de la société française à son territoire, les dynamiques actuelles conduisent certains auteurs à affirmer, à la suite d'H. Mendras qui annonçait la « fin des paysans » en 1967, la « fin des campagnes ».

Les sciences sociales préfèrent désormais parler du rural plutôt que de campagnes. B. Kayser analyse d'ailleurs l'emploi du substantif « le rural » comme le signe d'un « malaise profond » : selon lui, on n'ose plus parler de campagne, ou alors, simplement en négatif de la ville. Les mutations qu'ont vécues ces territoires depuis un demi-siècle sont telles qu'elles semblent remettre en question leur existence même ou tout du moins, leur identité. Étudier les campagnes françaises, et plus largement, les territoires ruraux, demande donc de s'interroger sur la nature d'une entité géographique aux limites sémantiques et spatiales floues, délicates à définir.

Par conséquent, il est nécessaire de comprendre et d'expliquer l'évolution des territoires ruraux en demandant ce qui reste aujourd'hui des campagnes françaises. Faut-il désormais n'envisager les campagnes que relativement à une ville dont elles seraient les extensions « diluées » ? Les campagnes constitueraient-elles désormais un « mythe », une représentation héritée du passé qui ne renverrait dans les faits à aucune réalité territoriale tangible ? N'a-t-on pas affaire au contraire à l'émergence de nouveaux territoires, tant en ce qui concerne les modes de mise en valeur et d'appropriation que les usages et les pratiques, les acteurs ou les identités ?

I. DES « RÉVOLUTIONS SILENCIEUSES » AU « GRAND CHAMBARDEMENT »

Les campagnes françaises ont été marquées, à l'instar des autres espaces ruraux d'Europe occidentale et pour reprendre le mot de F. Braudel, par un « grand chambardement ». Celui-ci a pour origine une transformation relativement rapide et profonde de l'activité dominante de ces territoires, à savoir l'agriculture.

A. Les transformations de l'agriculture française

Dès la deuxième moitié du XVIIIe siècle, les campagnes françaises ont connu des épisodes de modernisation : défrichement, poldérisation pour gagner des terres, chaulage des sols acides, abandon des jachères au profit des cultures fourragères, ont transformé certains territoires ruraux. Mais ces transformations sont sans commune mesure avec la « révolution » que connaissent les campagnes à partir des années 1950. Celle-ci conduit tout à la fois à l'intensification de l'agriculture, dans une logique productiviste, et à la baisse du nombre d'agriculteurs.

Les mutations de l'agriculture s'appuient d'abord sur un accroissement important des rendements (production par unité de surface) et de la productivité (production par actif agricole). Cet accroissement résulte de plusieurs évolutions scientifiques et techniques. Le recours aux engrais, à l'irrigation, à la culture hors-sol, permet de s'affranchir de plus en plus des conditions du milieu physique. L'activité agricole crée ainsi des « agrosystèmes », c'est-à-dire des écosystèmes artificiels, produits et contrôlés par l'homme, qui comprennent en particulier les plantes cultivées et les animaux élevés.

Les techniques ne cessent de s'améliorer au fil des décennies : par exemple pour l'irrigation, on construit des barrages, des canaux, on favorise l'équipement individuel des exploitations, on passe à l'aspersion puis au goutte-à-goutte, ce qui permet à chaque fois de réduire les pertes en eau et d'optimiser la consommation. La mécanisation et la motorisation, qui se diffusent à l'ensemble du secteur, élevage et viticulture compris, sont également un facteur de modernisation. Enfin, la sélection des espèces les plus rentables par croisement, hybridation et manipulation génétique accompagne l'utilisation croissante de produits phytosanitaires, en particulier dans l'élevage pour éviter les épizooties (maladies affectant une espèce animale).

Les évolutions des activités agricoles sont aussi indissociables d'une volonté politique des États européens, au sortir de la guerre, de garantir leur sécurité et leur indépendance alimentaire. Dans cette perspective l'agriculteur est un producteur dont l'activité est inscrite dans un marché européen stabilisé par la Politique Agricole Commune (PAC), en vigueur depuis 1962. Celle-ci assure en particulier l'unicité du marché grâce à la suppression des droits de douane à l'intérieur de l'Union et la mise en place d'un tarif douanier extérieur commun. Elle repose aussi sur la préférence communautaire, la solidarité financière, la garantie partielle des prix et un système d'aides et de subventions.

La conjugaison de ces deux facteurs débouche sur une profonde recomposition des systèmes agricoles. Pour reprendre les termes d'Y. Jean et de M. Périgord, l'agriculture a « basculé » vers une agriculture de marché. Ce basculement se traduit d'abord par une refonte des structures agraires, c'est-à-dire de l'ensemble des structures foncières qui résultent de l'appropriation du sol, des structures d'exploitations (taille et répartition des exploitations) et des modes de faire-valoir (régime juridique qui fixe les relations entre le propriétaire et l'exploitant d'une terre). On assiste à une contraction de l'espace agricole, avec notamment une sélection des terroirs dont les potentialités agronomiques sont les plus grandes. Les systèmes agricoles se spécialisent avec l'abandon de la polyculture.

L'essentiel de la production est désormais concentré sur un petit nombre d'exploitations.

La révolution agricole conduit également à l'industrialisation des campagnes. La modernisation et l'intégration aux marchés mondiaux se sont appuyées sur l'intégration progressive de l'agriculture et de l'industrie, au travers de la filière agro-alimentaire. Cette intégration brouille la frontière entre activités primaires, secondaires et tertiaires, tout en favorisant la diffusion de l'industrie dans les campagnes.

L'« industrialisation » des campagnes n'est toutefois pas le seul fait de la « révolution agricole ». Elle est accrue par le mouvement de déconcentration industrielle des années 1960. Recherchant une main-d'œuvre de moindre coût et peu syndiquée, des groupes industriels, en particulier des industries automobiles et de biens de consommation courante, installent des ateliers et des usines dans les campagnes de l'ouest de la France notamment. Certes les campagnes n'ont jamais été exclusivement agricoles et ont accueilli très tôt des activités proto-industrielles (travail du bois, exploitation minière et travail des métaux, etc.). Mais la déconcentration industrielle vient désormais concurrencer le secteur agricole. On assiste même, dans certains cas, à l'apparition de campagnes industrielles avec la constitution de districts, comme dans le Choletais ou le pays du Vimeu. Ces districts industriels sont caractérisés par de petites unités extrêmement spécialisées dans une production à forte valeur ajoutée (cf. chapitre 6) : chaussure et travail du cuir dans le Choletais, serrurerie au Vimeu, mécanique de précision avec Méca-technopole en Poitou-Charentes, etc. Ils ont pour origine des structures familiales et artisanales. Dans ces espaces, l'activité industrielle devient dominante en termes d'emplois, même si elle n'empêche pas le maintien de l'activité agricole.

Le modèle agricole breton

Au lendemain de la Deuxième Guerre mondiale, l'agriculture bretonne est une agriculture paysanne de subsistance, quasi-autarcique. La polyculture se pratique dans le cadre de petites exploitations familiales, sur un parcellaire très petit. À cette époque, la Bretagne est un Finistère rural, une périphérie du territoire fortement sous-équipée, peu urbanisée et pauvre.

Dans les années 1950, un mouvement de modernisation va modifier en profondeur ce système. D'abord, les progrès techniques permettent une modernisation rapide de l'agriculture. Cette modernisation repose en particulier sur le remplacement de la traction animale par la motorisation, qui exige une refonte profonde du parcellaire avec les premiers remembrements. Le remembrement désigne ici le regroupement des parcelles afin d'en favoriser l'exploitation. Il concerne aussi bien les openfields que les bocages. L'utilisation d'intrants agricoles, la mécanisation croissante, la sélection des espèces, la révolution fourragère permettent une intensification des rendements et des gains de productivité substantiels. La modernisation est poursuivie avec les lois Pisani de 1960-1962 qui accélèrent l'adaptation de la structure des exploitations et favorisent l'écoulement des excédents, avec la mise en place de groupements de producteurs.

L'agriculture bretonne se spécialise alors en filière : aviculture, porc, avec l'émergence des élevages industriels et du hors-sol, lait, viande, légumes. Chaque filière a sa propre logique de développement, son propre bassin de production. L'agriculture est de plus en plus intégrée à la filière industrielle : en amont, l'industrie fournit les machines et les intrants ; en aval, les industries agro-alimentaires transforment les produits de l'agriculture bretonne. Chaque filière dispose de ses propres groupements et de son réseau d'entreprises coopératives et privées, qui répondent à la demande des industriels et de la grande distribution.

Parallèlement, la mise en place de ce nouvel agro-système s'appuie sur des structures sociales originales, avec notamment le rôle de jeunes agriculteurs très ouverts aux progrès techniques, regroupés dans le mouvement de la JAC (Jeunesse agricole chrétienne). Ces solidarités sociales nourrissent un mouvement de formation des exploitants, via de nombreux lycées agricoles.

L'intensification de l'agriculture bretonne a eu deux conséquences. Du point de vue agricole, elle a permis d'augmenter la production, tout en assurant la stabilité de l'approvisionnement et des prix pour les consommateurs. Du point de vue social, un système complexe d'aides et de primes assure le revenu des exploitants agricoles. L'augmentation de ces revenus a permis d'équiper les campagnes (eau, électrification, voirie) tandis que des mesures en faveur des agriculteurs âgés, des reconversions vers d'autres emplois et les restructurations des exploitations trop petites, ont, jusque dans les années 1970, amorti les effets négatifs de la modernisation.

Finalement, comme le souligne J. Renard, on est passé en une vingtaine d'années d'une « agriculture paysanne à une agriculture d'entreprise, sans modifier en profondeur [l]es structures. Le modèle d'exploitation familiale modernisée a conservé des dimensions artisanales. Ceci est lié à la mise en œuvre de la politique agricole commune (PAC), à la volonté des organisations professionnelles régionales, et au complexe industriel agroalimentaire qui organise les productions ». La modernisation a toutefois des revers importants. À partir des années 1980, les différentes filières agricoles ont connu des crises, en partie liées à la surproduction. Les modes de production, parfois mal maîtrisés, ont débouché sur des catastrophes sanitaires (dioxyne, ESB, etc.). Ils sont aussi à l'origine de risques environnementaux importants, comme la pollution des nappes phréatiques et des cours d'eau (eutrophisation) du fait de l'usage intensif des nitrates ou des épandages de lisiers de porcs, fientes de volailles et déjections bovines.

Agriculture et productions agricoles en France métropolitaine

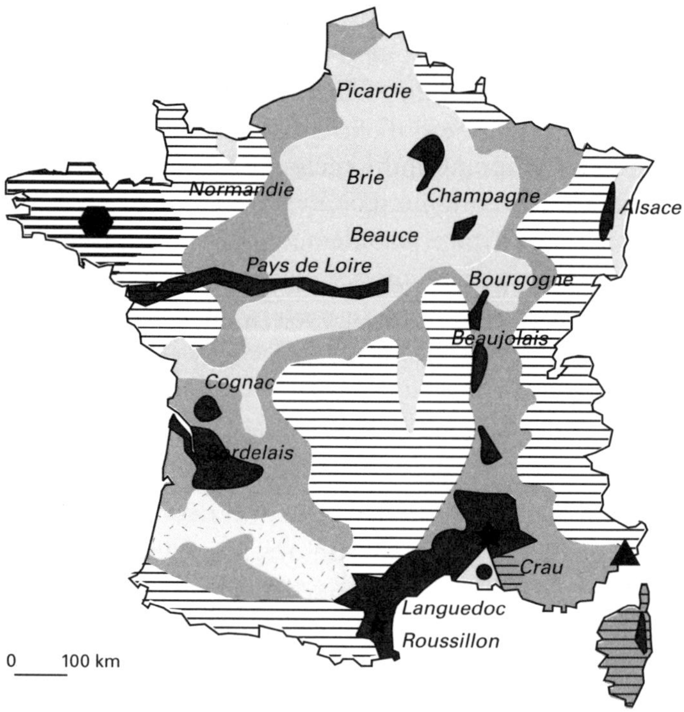

1. Les grandes régions d'élevage

- Élevage extensif
- Élevage intensif
- «Modèle breton»

2. Les grandes régions de culture

- Grande culture céréalière
- Polyculture à base céréalière
- Polyculture
- Riz

3. Cultures délicates

- Huerta
- Fruitiers Vignoble
- Fleurs

Source : M. Reghezza-Zitt, d'après Agreste, 2001, Ministère de l'Agriculture et de la Pêche.

B. Les transformations des sociétés paysannes

Les mutations du secteur agricole ont profondément marqué les sociétés des territoires concernés. Alors qu'elles reposaient depuis plusieurs siècles sur un système largement autarcique, les campagnes françaises s'ouvrent à l'économie de marché, et avec elle à l'influence des modes de vie citadins et à d'autres cultures. La société paysanne, qui se définissait par un mode de vie particulier, des coutumes spécifiques, des relations de voisinages ou une vie collective forte, un habitat original, connaît de profondes recompositions, aussi bien démographiques que culturelles, et est ébranlée dans ses fondements.

L'élévation du niveau de vie qui a découlé des évolutions de l'agriculture, s'est d'abord manifestée par une amélioration de l'habitat et des conditions de vie. En 1970, 40 % des logements ruraux des Deux-Sèvres ne disposaient d'aucun confort : près d'un quart n'avait pas d'électricité et 15 % n'avaient pas d'eau courante. Le confort est désormais identique entre la ville et la campagne.

Les agriculteurs adoptent plus largement des modes de consommation et des représentations d'origine citadine. Ils accèdent en particulier aux loisirs. Logement, nourriture, habillement, mais aussi rythmes de travail ou comportement démographiques s'alignent en moins d'un demi-siècle sur celui des urbains. Les valeurs du monde rural se transforment : l'augmentation des mobilités fait que le village ou la ferme ne sont plus les seuls horizons des paysans. Le niveau de scolarisation augmente.

La structure sociale des campagnes est aussi remodelée en profondeur. Les domestiques, les journaliers et les métayers ont quasiment disparu. À l'échelle de l'espace rural, le poids des ménages agricoles a reculé de 33 % à 7 % entre 1960 et 1990. Le patriarcat est mis à mal. Les femmes ne travaillent plus systématiquement sur les exploitations et leur salaire est un complément parfois essentiel à la poursuite de l'activité agricole.

La société paysanne voit enfin et surtout le rapport à la terre se transformer. Dans une société où les moyens de subsistance provenaient de l'exploitation du sol, la terre était associée à un certain nombre de valeurs économiques mais aussi identitaires. Pour Y. Jean et M. Périgord, la terre était par exemple « le cadre du travail, des relations et de la production ». Désormais, comme le rappelle J.-P. Diry, l'agriculteur est un « chef d'entreprise gérant un capital considérable, totalement engagé dans l'économie de marché et disposant d'une bonne formation technico-économique ». Il devient un « professionnel de l'agriculture », loin du modèle paysan traditionnel. Il pratique aussi d'autres activités complémentaires, pour que son exploitation soit rentable : vente directe, accueil à la ferme (ferme auberge, tables d'hôtes), services à la construction, à l'entretien du patrimoine, etc. Ce nouveau rapport à la terre est d'autant plus net aujourd'hui que l'agriculture productiviste est remise en question. Alors que des années durant, on a demandé aux agriculteurs de produire pour nourrir la France, la société leur reproche aujourd'hui des pratiques peu respectueuses de l'environnement. De fait, les agriculteurs doivent concilier une vision productive de la terre et un rôle de « jardinier du paysage », rôle qu'ils rejettent d'ailleurs largement, tout en reconnaissant la nécessité de préserver les milieux.

C. Étalement urbain et dynamique périurbaine

Cette transformation endogène se double d'une dynamique exogène : l'étalement de la ville en direction des espaces ruraux. Le desserrement de l'habitat et des activités, souvent le long des principaux axes de communication, conduit en effet à un processus d'« urbanisation des campagnes ». La croissance urbaine fait progresser la ville au-delà de ses limites traditionnelles, sur les espaces ruraux environnants, qui sont ainsi réinvestis par des urbains. On qualifie de « périurbanisation » ce processus d'interpénétration de la ville et de la campagne. Toutefois, au sens strict, la périurbanisation qualifie l'extension de la ville lorsqu'elle s'opère de façon discontinue : les espaces périurbains sont en solution de continuité (du latin *solvere*, qui a donné dissoudre) avec la ville. La couronne périurbaine est située au-delà de la banlieue et c'est la discontinuité du bâti qui marque la limite entre les deux espaces.

Le moteur de la dynamique périurbaine est la ville. La périurbanisation découle en effet conjointement du rejet de la ville et de la redécouverte des « vertus » du rural. La population urbaine voit dans la campagne environnante la possibilité de disposer d'une maison individuelle et de jouir d'un cadre de vie agréable, d'autant que le coût du foncier y est souvent moindre. Pour autant, le périurbain n'est pas que résidentiel. Les territoires périurbains mêlent habitat dispersé, petit collectif, noyaux villageois traditionnels, champs, forêts, activités de loisirs, de commerce ou d'industrie, fonctions logistiques, etc.

Les territoires périurbains apparaissent de plus en plus comme des espaces de transition entre la ville et la campagne, hybrides d'urbain et de rural. Les modes de vie et les comportements adoptés sont proches de ceux la ville, sans pour autant être totalement urbains. Les paysages restent marqués par la domination du végétal qui caractérise la campagne, mais avec une mixité de plus en plus grande des activités, propre à la ville. Les transformations paysagères se jouent à des échelles très fines. Les vieilles maisons rurales, qui avaient été abandonnées lors des grandes phases d'exode et qui sont progressivement restaurées, jouxtent les constructions plus récentes. Certains paysages caractéristiques des campagnes disparaissent : depuis une dizaine d'années, la superficie agricole utile (SAU) française diminue de soixante mille hectares par an, absorbée par la périurbanisation. La périurbanisation concurrence ici l'agriculture.

À une échelle plus petite, la couronne périurbaine est sous domination de la ville-centre. l'INSEE la définit comme l'ensemble des communes dont plus de 40 % des actifs vont travailler dans le pôle urbain, c'est-à-dire la ville-centre et ses banlieues proches. C'est donc un espace où les mobilités pendulaires sont très importantes. Le périurbain est démographiquement dynamique et il ne cesse de croître, même si le rythme de croissance est inégal selon les époques et les régions. Toujours selon l'INSEE[1] en effet, la périurbanisation a été très forte jusqu'en 1990 (+ 2,2 % par an entre 1975 et 1982, + 1,7 % entre 1982 et 1990). Depuis 1990, elle se poursuit, mais à un rythme nettement inférieur à celui des années antérieures (+ 1 % par an dans les années 1990, + 1,3 % depuis 1999). De plus, alors que dans les années 1970-1990, l'intensité de l'extension périurbaine était corrélée à l'attractivité de la ville-centre, on remarque que des villes moins attractives se sont elles aussi fortement étendues (Caen, Calais, Montbéliard, Besançon) alors que des villes très attractives ont ralenti leur dynamique de périurbanisation (Toulon, Bordeaux, Poitiers, Marseille, le Havre).

La périurbanisation est donc un processus cumulatif, qui crée ou conforte le dynamisme de certaines campagnes. Pour autant, elle ne modifie pas le rapport centre-périphérie qui caractérise le couple ville/campagne, puisque les espaces périurbains restent sous une forte dépendance de la ville.

Rurbanisation et périurbanisation : deux visions différentes des transformations du rural

Dans un article de 2009, L. Thomsin revient sur les notions de « rurbanisation » et de « périurbanisation ». Les termes de « rurbanisation » et de « périurbanisation » sont souvent présentés comme des synonymes qui renvoient à l'extension de la ville sur la campagne. Ces deux termes ont été utilisés pour penser les transformations des campagnes et plus largement des espaces ruraux. Plusieurs courants se sont succédé, exprimant chacun une représentation particulière des espaces ruraux et de leur devenir.

1. INSEE, *Insee Première*, n° 1240, juin 2009, http ://www.insee.fr/fr/themes/document.asp?ref_id=ip1240#inter4.

Alors que dans les années 1950, la dichotomie urbain/rural est une vision dominante, les années 1960 voient peut à peu s'imposer l'idée d'une « urbanisation rurale ». L'extension de la ville est non seulement vue comme le moteur de l'évolution des campagnes, mais la ville est aussi perçue comme un modèle à imiter. Le processus qui conduit au remodelage de la campagne à l'image de la ville est considéré comme irréversible. Dans les années 1970, la « ruralité » est redéfinie de façon positive, mais l'idée de l'urbanisation des campagnes n'est pas remise en question : elle fonde au contraire l'émergence d'une nouvelle notion, le « périurbain ». L'objectif est ici de repenser la distinction urbain/rural en soulignant l'émergence d'un « nouveau type d'espace rural », qui n'est plus seulement un espace agricole et qui se caractérise par des discontinuités morphologiques avec la ville, de nouvelles activités et de nouveaux habitants. Le périurbain consacre un nouveau mode d'habiter des urbains dans un espace alors qualifié d'« anti-ville ».

Dans les années 1980, si la crise du fordisme remet en cause le modèle du « tout urbain », l'espace rural est réduit à « l'espace fragile », ce qui montre une permanence des représentations négatives. Dans le même temps, le rapport urbain/rural est pensé à travers l'idée du « continuum ». Au départ, le « continuum » souligne la diffusion des innovations technologiques de la ville à l'ensemble des territoires, y compris ruraux. Selon ce principe, « la possibilité d'avoir accès à tel ou tel service ou de disposer de tel ou tel objet sophistiqué n'est plus réellement déterminée par le lieu de résidence. » Peu à peu, la notion de continuum est élargie à une acception spatiale.

Dans ce contexte, la périurbanisation va désigner les transformations spatiales liées au desserrement des fonctions urbaines, qui créent une interpénétration entre urbain et rural. Le terme désigne soit « les nouvelles formes de production et d'implantation du bâti », soit les « tendances récentes à l'étalement urbain et/ou à l'exode urbain, voire encore à la redistribution de la population venue de zones rurales plus éloignées ». La spécificité du processus réside dans le fait qu'il s'agit d'une transformation spatialement discontinue des espaces ruraux à proximité et sous influence des villes. Le périurbain est alors un espace de transition, soumis à un processus d'urbanisation fonctionnelle et morphologique et dont le fonctionnement relève d'une logique urbaine. En ce sens, la périurbanisation est une forme d'urbanisation.

Or, les dynamiques actuelles des espaces ruraux ne peuvent se résumer au seul impact de la ville sur le monde rural. Il existe également des dynamiques endogènes, qui sont désignées par la notion de « rurbanisation ». Ainsi, pour L. Thomsin, « l'espace rurbain résulte d'une transformation sur place de l'espace rural, produisant, *in fine*, un territoire conservant des structures héritées, où s'épanouit une culture individualiste calquée sur la culture urbaine et relativement à l'abri des contraintes collectives propres à l'urbanisation classique ». Souligner la différence entre rurbanisation et périurbanisation est donc une façon d'analyser différemment les transformations du rural et d'affirmer que l'évolution du rural ne peut se réduire à la simple conséquence de mécanismes d'urbanisation au sens morphologique et fonctionnel du terme. La rurbanisation renvoie à la construction d'« un rapport spécifique à l'espace, notamment rural, à partir d'une extension des formes de mobilité ». En ce sens, la rurbanisation est irréductible au processus d'urbanisation. Si le rurbain est inséré dans l'organisation fonctionnelle d'une agglomération, les modes de vie, l'habiter ou les modèles de développement sont différents de ceux de la ville et de ceux du périurbain.

Laurence Thomsin, « Un concept pour le décrire : l'espace rural rurbanisé », *Ruralia*, 2001, http ://ruralia.revues.org/document250.html.

Le marais breton.
Transformation de l'usage des sols et périurbanisation

La carte au 1/25 000e de l'IGN montre clairement les évolutions de la mise en valeur des sols dans le marais maritime de la Baie de Noirmoutier, aussi appelé marais breton. Cet espace présente trois ensembles fortement individualisés : les plateaux, occupés par des bocages et délimités par une falaise morte, jadis battue par les flots avant la poldérisation du marais; le marais desséché, poldérisé, qui a été mis en valeur par la saliculture; le marais maritime, composé des slikkes (vasières) et des schorres (herbus), exploité par les activités conchylicoles et aquacoles. On observe aujourd'hui la déprise des activités salicoles : elles ne subsistent que dans l'île de Noirmoutier, qui a valorisé l'exploitation du sel grâce à une production de qualité labellisée. Le tourisme, qui s'est développé sur l'île et le littoral du pays de Monts, a aussi contribué au maintien de l'activité salicole. Au sud, la présence de Challans et des élevages avicoles a dynamisé les villes et les bourgs ruraux, qui connaissent aujourd'hui une dynamique de périurbanisation. Elle est nettement visible sur le plateau. La partie du marais en crise connaît en revanche une situation de déprise.

Aménagement de la baie de Bourgneuf

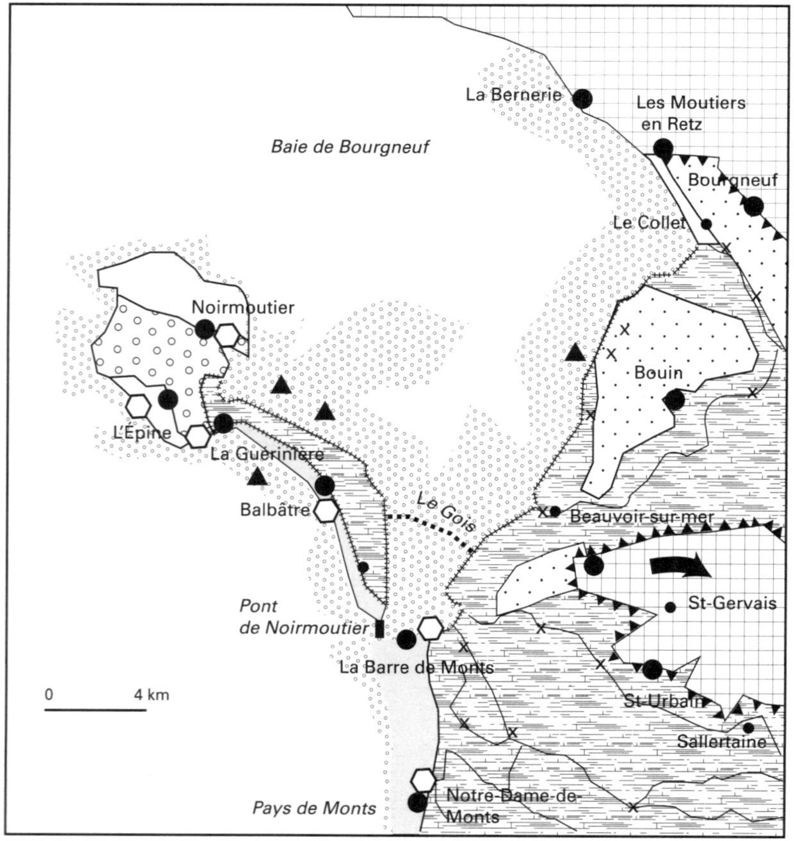

1. La mise en tourisme du littoral vendéen

- Unités urbaines
- Équipements touristiques
- Forêts de stabilisation

2. Le marais breton : un marais maritime partiellement poldérisé et diversement mis en valeur

- Estran
- Digues
- Conchyliculture/ Aquaculture
- Écluse
- Principaux étiers
- Marais desséché
- Marais salants
- Marais salants en déprise

3. L'arrière-pays : le boccage vendéen

- Bocage
- Mitage de l'espace rural
- Falaise morte

Source : M. Reghezza-Zitt, d'après carte IGN au 1/25 000ᵉ et travaux de F. Verger et R. Ghirardi

II. LES CAMPAGNES FRANÇAISES, DES TERRITOIRES EN TRANSITION

Du fait de ces dynamiques endogènes et exogènes, les campagnes ont connu des bouleversements démographiques et économiques, qui ont pu conduire à parler de « crise ». Par crise, il faut entendre une rupture majeure, qui remet en question l'identité de ces territoires et de ceux qui y habitent, en redéfinissant en particulier les équilibres sociologiques. Pourtant, les dynamiques récentes, qui conduisent à parler de « renaissance rurale », demandent de nuancer ces analyses et incitent à réfléchir plutôt en termes de transitions territoriales.

A. Des campagnes entre crise et renouveau démographique

Depuis la fin des années 1990, on assiste à un renouveau démographique des campagnes. Après une longue période de déclin, la population des espaces ruraux augmente désormais au même rythme (0,7 % l'an) que l'ensemble de la population française.

Ce renouveau est un phénomène majeur qui marque la fin d'un long processus de déclin démographique. Car si le monde rural français se caractérise au XVIIIe et XIXe siècle par des campagnes relativement pleines, si jusqu'à la fin des années 1920, la majorité des Français habite à la campagne et si « l'exception française » (J. Lévy) maintient jusque dans les années 1970 une population rurale et agricole notable, les campagnes connaissent ensuite un mouvement de déprise démographique important : en 1950, les campagnes représentaient 40 % de la population française, avec un taux de fécondité élevé. Dans les années 1990, elles ne comptaient plus que 20 % de la population française, le taux de fécondité s'alignant sur celui des villes. Entre 1990 et 1999, la population rurale avait même diminué de 400 000 personnes à cause d'un solde migratoire négatif (le mouvement d'« exode rural ») et d'un déficit naturel important.

Ce processus de déclin démographique avait conduit dès les années 1980 à parler de « rural profond ». N. Mathieu rappelle que l'expression désigne à l'origine le « rural authentique », ou encore le « rural véritable ». Mais peu à peu, le « rural profond » finit par qualifier des espaces en crise ou en déprise. L'expression est donc très négativement connotée. Elle est souvent associée à des termes très alarmistes : « France du vide », « désert humain », « zones déprimées », « angles-morts ». Dès les années 1970, les risques de « marginalisation », « dévitalisation », « désertification » des campagnes ont été mis en exergue. Cette vision dichotomique (espace en déclin/espace dynamique) et fortement pessimiste débouche sur la déqualification de ces territoires.

Pour cette raison d'ailleurs, l'expression « rural profond » a été très critiquée par les géographes. Les ruralistes rejettent, à raison, l'accent mis sur l'irréversibilité du processus. De fait, dans les années 1990, deux visions du rural s'opposent : d'un côté, R. Béteille parle de « crise rurale » pour souligner les difficultés démographiques, sociales et économiques des espaces ruraux. De l'autre, B. Kayser, sans nier ces difficultés, souligne la « renaissance rurale » et la « ruralité choisie » en insistant sur les recompositions sociales et démographiques et l'arrivée de nouvelles activités et de nouveaux habitants.

Or, depuis 1999, on observe effectivement un processus de « renaissance rurale ». Les soldes migratoires des cantons ruraux s'inversent. Entre 1999 et 2003, les communes de 5 000 habitants, qui englobent la totalité des communes rurales (définies comme celles qui comptent moins de 2000 personnes agglomérées au chef-lieu) ont par exemple cru deux fois plus vite que la moyenne nationale.

Cette vigueur démographique semble s'appuyer sur une double dynamique : réduction des zones de décroissance démographique avec le tassement de l'exode rural, croissance démographique significative des espaces ruraux et non plus simplement des couronnes périurbaines.

Il faut toutefois ici nuancer le constat de la renaissance des campagnes car les moyennes nationales masquent la diversité des situations locales avec des zones qui continuent à perdre de la population.

La croissance renouvelée des espaces ruraux

	Variation habituelle en habitants par an	**Taux de variation annuel en % (1999-2006)**			**Taux de variation annuel en % (1982-1999)**
		Total	Dû au solde naturel	Dû au solde migratoire apparent	
Pôles urbains	177 245	0,5	0,5	0	0,3
Périurbain	161 685	1,3	0,4	0,8	1,2
Espace à dominante urbaine	338 930	0,7	0,5	0,2	0,5
Espace à dominante rurale	72 334	0,7	-0,1	0,8	0

Source : INSEE, recensements de la population.

B. Une recomposition des systèmes d'acteurs : des campagnes sans paysans

Les campagnes sont historiquement les espaces nourriciers du territoire national, où la société était organisée autour de la figure du paysan. Or, désormais, la part des actifs agricoles est devenue minoritaire. En 2007, les chefs d'exploitation n'étaient plus que 436 000, soit moins de 3 % de la population active (ministère de l'Agriculture, 2009). En un siècle, la population agricole française a perdu près de 4,5 millions d'actifs. On compte par exemple plus d'étudiants que d'agriculteurs. Cette diminution du poids démographique des agriculteurs s'explique par un triple processus.

Premièrement, les mutations de l'activité agricole ont entraîné la diminution des effectifs, la mécanisation permettant d'accroître la productivité des actifs agricoles. Deuxièmement, l'activité dans les campagnes se diversifie sous le coup de l'industrialisation, de la périurbanisation, mais aussi du vieillissement de la population : il y a donc diminution en valeur absolue et relative du nombre d'agriculteurs. Troisièmement, la baisse de la proportion d'agriculteurs tient au fait que dans la plupart des cas, les agriculteurs sont nés dans des familles d'agriculteurs dont ils ont poursuivi l'activité : l'installation de nouveaux actifs agricoles est un fait majoritairement endogène. Comme de moins en moins d'enfants naissent dans les familles d'agriculteurs, le nombre d'enfants qui reprennent l'exploitation familiale est de plus en plus faible. On a alors une crise de reproduction sociale, que confirme la pyramide des âges, en montrant un vieillissement important des effectifs agricoles.

Cette transformation sociologique débouche à l'échelle locale sur une mutation des systèmes d'acteurs avec une recomposition des rapports de forces, et ce d'autant plus que le modèle productiviste a conduit à une réduction importante du nombre d'exploitations et à un creusement des écarts de revenus entre les exploitants. Les inégalités entre campagnes et au sein des campagnes se sont accrues, entraînant un relatif déclassement de certains agriculteurs. S'ajoute encore la mise en accusation des producteurs par une population urbaine de plus en plus soucieuse d'environnement. Il existe ici un profond décalage entre la réalité du métier et des pratiques et les représentations dominantes chez les non-agriculteurs. Au moment même où les débats sur les différents modes culturaux, par exemple le choix entre une agriculture raisonnée et une agriculture biologique, animent le monde agricole, les agriculteurs sont contestés sur leurs propres territoires.

C. Les nouveaux usages des campagnes françaises

Les mutations des structures économiques et sociologiques ont également un impact sur les fonctions dévolues aux campagnes qui, d'espaces à vocation essentiellement productive, deviennent des espaces résidentiels ou récréatifs. Le renouveau des campagnes repose largement sur l'inversion du regard porté sur ces territoires considérés désormais comme « espaces de nature et d'authentique », c'est-à-dire où la nature aurait été préservée de l'artificialisation de la civilisation urbaine. Ce renversement des représentations entraîne en particulier le développement du « tourisme vert » et se traduit par la multiplication des résidences secondaires et des hébergements en gîtes ruraux ou à la ferme, par la création d'infrastructures légères (sentiers de randonnée, éco-musées, etc.). Ainsi, en Camargue, la pression touristique, d'abord concentrée sur le littoral, se diffuse désormais aux campagnes de l'intérieur du delta. Le tourisme devient la ressource essentielle de certains propriétaires qui transforment rizières et marais en réserve de chasse. Dans le même temps, les exploitants agricoles proposent des activités inspirées des pratiques et traditions locales : jeux taurins, ferrades, journées camarguaises, balades équestres, etc.

Or qu'il s'agisse de tourisme ou de périurbanisation, la diversification des activités peut soutenir, mais aussi entrer en conflit avec l'activité agricole. La présence plus ou moins permanente de nouvelles populations dans les campagnes peut provoquer des conflits d'usage des ressources (terres, eau, forêts) et susciter des tensions entre les activités agricoles et les autres activités (industrie, résidentiel, tourisme, etc.). Le mitage des campagnes par les lotissements et les constructions individuelles de plus en plus dispersées, réduit en effet les surfaces dévolues à l'agriculture, les coûts du foncier différant selon les usages des sols et ceci au détriment de l'usage agricole. Par exemple, l'arrière-pays niçois était au début du XXe siècle le premier espace mondial de production de fleurs coupées. La pression foncière sous les effets conjugués de la périurbanisation et de la multiplication des résidences touristiques a conduit peu à peu à la disparition de l'horticulture. Dans le Languedoc, les parcelles de vignes sont arrachées pour laisser la place à des lotissements. Dans la périphérie d'Avignon, l'extension de la ville accélérée par l'arrivée du TGV s'opère au détriment de la *huerta*, entraînant des conflits pour l'utilisation de l'eau. Ces trois exemples montrent une forte concurrence entre des activités parfois peu compatibles, qui se traduisent par des contentieux entre les acteurs et qui s'expriment chez les populations anciennement installées par un sentiment de dépossession et de crise identitaire.

L'agglomération caennaise, de la croissance urbaine à la périurbanisation

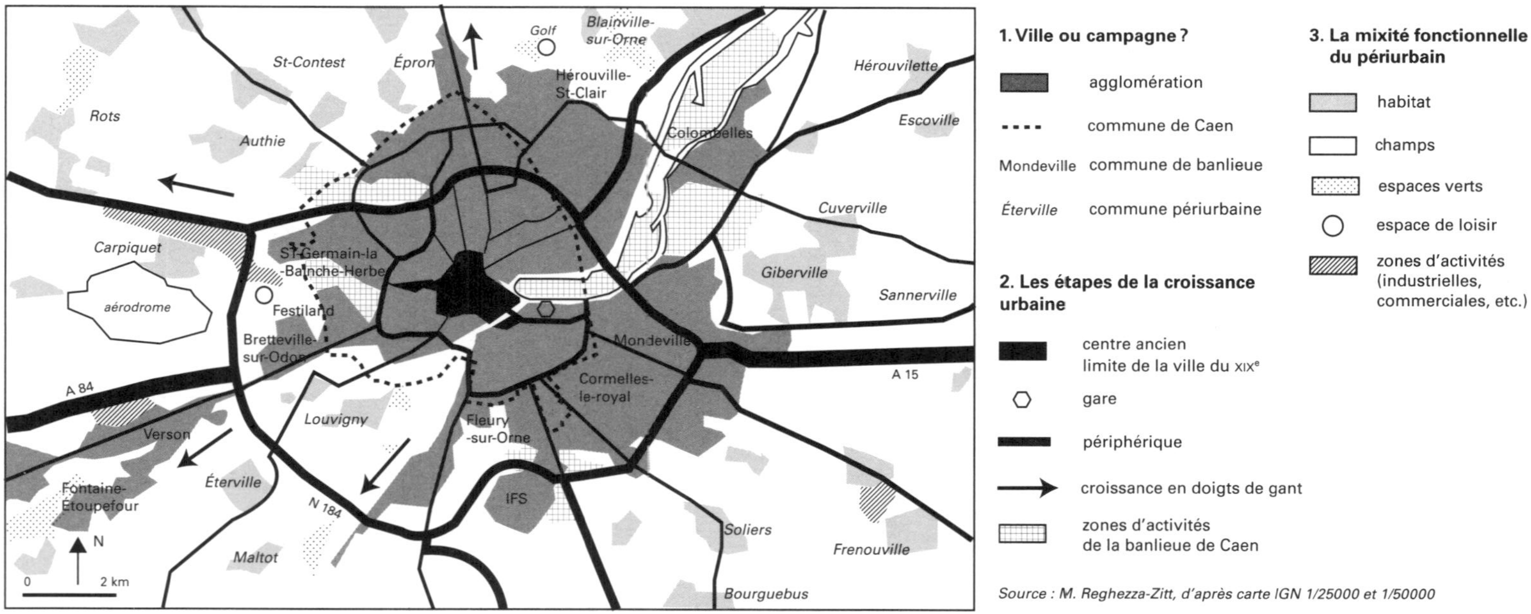

Source : M. Reghezza-Zitt, d'après carte IGN 1/25000 et 1/50000

Caen, la ville et ses campagnes

La ville moyenne de Caen (environ 100 000 habitants pour 400 000 habitants dans l'aire urbaine) est la capitale régionale de la Basse-Normandie. Située à quelques kilomètres du littoral de la Manche, Caen polarise une vaste espace agricole : à l'ouest, la « campagne de Caen », pays de champs ouverts tourné vers la céréaliculture, à l'est, le pays d'Auge, pays bocager tourné vers l'élevage. La carte au 1/250 000e montre très nettement l'extension urbaine de Caen. Elle prend deux formes : croissance de l'agglomération en direction de la campagne environnante, croissance des noyaux villageois en solution de continuité avec les banlieues.

D. Des paysages ruraux transformés

Les mutations de l'activité agricole, la déprise ou la périurbanisation des campagnes n'ont pas seulement modifié les territoires dans leurs structures spatiales et sociales : elles transforment également les paysages ruraux et agricoles.

Certains auteurs observent une « banalisation » des paysages, qu'ils attribuent au passage d'une polyculture d'autoconsommation à une agriculture intégrée à l'économie de marché. La transition se manifeste par l'homogénéisation et la simplification de l'occupation des sols. Au classique emboîtement région, pays, finage se substitue un paysage façonné à l'échelle de l'exploitation.

Le passage à une agriculture productiviste a en outre entraîné une évolution des structures agraires, c'est-à-dire de la forme dominante des champs, de leur taille, de leur nombre, de l'utilisation du sol, etc. Les transformations liées au remembrement du parcellaire sont particulièrement visibles en pays bocager où le réseau de haies est simplifié, voire disparaît. En pays d'openfield, on remarque l'accroissement de la taille des parcelles et la géométrie simplifiée de leur agencement. Enfin, la rationalisation technologique a des conséquences sur le bâti. La taille moyenne des exploitations augmente tandis que leur nombre diminue, libérant un grand nombre de bâtiments d'exploitation et d'habitation. Certaines de ces constructions tombent en ruine. Parallèlement, de nouveaux bâtiments surgissent : serres et tunnels de plastique dans la *huerta* d'Avignon, hangars d'élevage hors-sol ou bâtiments de stabulation en Bretagne, gigantesques silos dans le Bassin parisien.

Les paysages agricoles changent en outre sans cesse, en fonction de l'évolution des marchés ou de la politique agricole commune. Ainsi, sur le Causse de Sauveterre en Lozère, on a pu observer une rapide transformation du paysage : les boisements de Pins Noirs, tous d'âge comparable, ont accompagné la contraction du nombre d'exploitation ovines, trop peu concurrentielles pour répondre à la demande des marchés mondiaux. Aujourd'hui, grâce aux nouvelles subventions de l'UE, on assiste à la naissance de nouveaux champs : la forêt est défrichée et les sols sont enrichis grâce au concassage de la partie superficielle de la roche et à l'apport d'engrais. En Sologne, les gâtines, terres longtemps laissées en friche à cause de la piètre qualité des sols, se transforment en vastes parcelles céréalières consacrées au maïs grâce à l'utilisation d'intrants et à la généralisation de l'irrigation par aspersion.

Pour autant, la mise en valeur des terres ingrates est loin d'être générale et on assiste encore à la contraction de l'espace agraire dans les campagnes en déprise : par exemple, le paysage cévenol, caractérisé par la succession des terrasses et des châtaigniers, disparaît sous le maquis et les pinèdes de reboisement, les châtaigniers étant minés par la maladie et la concurrence des essences spontanées. Ainsi, les paysages qui conféraient leur identité à certaines campagnes disparaissent ou sont profondément modifiés par l'enfrichement et la fermeture des couverts végétaux.

III. LE RENOUVEAU DES IDENTITÉS TERRITORIALES : LES CAMPAGNES ENTRE PROTECTION ET PATRIMONIALISATION

La profonde mutation des campagnes, qui bouleverse un système socio-spatial perçu jusque-là comme stable, pérenne, presque atemporel, pose finalement la question de la pertinence actuelle de la notion. Les évolutions qu'ont vécues les campagnes peuvent-elles conduire à déclarer la « fin des campagnes » ou demandent-elles de repenser leur statut dans le territoire français ?

A. Une identité territoriale redéfinie : la ruralité

Dès les années 1970, les sciences sociales évoquent l'« urbanisation complète de la société » (H. Lefebvre) qui rend obsolète la distinction ville/campagne. Pour H. Mendras par exemple, citadins et ruraux forment une société unique : ville et campagne constituent deux extrêmes entre lesquels il existe une continuité. Encore aujourd'hui, certains géographes soutiennent que l'idéal de l'« éternel campagnard » qui nourrit l'identité rurale est un « mythe » car la campagne a bel et bien disparu sous la pression de l'étalement urbain et de la périurbanisation. On continue ainsi à parler de campagnes même lorsque l'activité agricole déclinante cède la place aux friches et aux forêts, parce que la présence de fermes et de villages témoigne d'un passé paysan. Pour J. Lévy par exemple, la campagne est avant tout un « stock de formes héritées » et n'est plus que la « dimension spatiale de la mémoire de la ruralité ».

D'autres géographes remettent au contraire en question le « tout urbain » pour lui substituer par exemple l'idée de la double appartenance ou la multi-territorialité des individus. Ils insistent également sur la diversité des territoires, ce qui les conduit à proposer différentes typologies rendant compte de la disparité des situations entre des campagnes agricoles dynamiques, fortement intégrées à la logique productive européenne et mondiale, telles que les campagnes bretonnes ou les campagnes du Bassin parisien ou encore certains vignobles de crus ; des campagnes où l'activité agricole en déclin se conjugue à une crise démographique, comme par exemple dans le Massif central ; et des campagnes soumises à la dynamique périurbaine, qui deviennent des espaces hybrides. D'autres typologies insistent sur l'intégration à la société française contemporaine, c'est-à-dire au fond, sur le statut de chacune de ces campagnes à l'intérieur du territoire français : N. Mathieu distingue ainsi des espaces d'intégration ancienne (Beauce par exemple), des espaces intégrés par substitution de fonction (la Sologne), des espaces productifs dépendants du marché mais où les structures ne sont pas capitalistiques (Cantal) et des espaces abandonnés (Margeride). Quels que soient les critères choisis, les typologies se heurtent souvent à l'hétérogénéité des situations locales et la multiplicité des combinaisons possibles entre les usages des sols, la nature des activités, la démographie, la composition socio-économique des populations, etc.

La disparité des situations locales débouche finalement sur une redéfinition de la ruralité. Pour le sociologue B. Kayser en particulier, la ruralité ne se définit plus par les caractéristiques de l'espace rural ou des campagnes, mais comme un rapport économique, social, environnemental tout à fait singulier de la société à son espace. Ce rapport présente un caractère dominant : une inscription locale, qui ne signifie pas toutefois absence d'ouverture sur le monde. En matière de rapports sociaux, B. Kayser montre que, si ceux-ci ne sont plus limités au village, ils n'en demeurent pas moins très liés au village notamment sur le plan personnel, ce qui induit d'ailleurs « une régulation sociale immédiate, mue par des codes et non par des institutions ».

Oser le désert ?

Dans un article volontairement provocateur au regard des principes de la politique d'aménagement du territoire en vigueur dans les années 1990, article intitulé « oser le désert »[1], J. Lévy défendait l'idée d'une civilisation urbaine choisie et assumée, qui laisserait inhabité de vastes pans du territoire. Selon lui, le principe d'égalité qui fonde la politique d'aménagement du territoire conduit actuellement à « miter » et à uniformiser les espaces ruraux en déclin, ce qui dégrade les paysages et menace les activités traditionnelles tout en faisant perdre à la ville sa substance, alors même que le départ des habitants « traditionnels » peut, paradoxalement, conduire à la renaissance d'un lieu, qui serait par exemple reconverti en parc naturel. De plus, le « désert » n'empêche pas la présence d'une agriculture dynamique, qui se voit en outre conférer de nouvelles missions, en particulier, « l'entretien des paysages ». Dans une société d'urbains, la campagne se rapproche en effet d'un espace de faible densité, végétalisé, et s'éloigne de l'usage des sols que les agriculteurs ont pu avoir depuis soixante ans. Pour J. Lévy, l'agriculteur aujourd'hui incarne l'antithèse de la campagne rêvée par les citadins. Dès lors, l'entretien des paysages traditionnels répondrait d'abord à une demande sociale. Il s'agirait ici d'une activité à part entière, « de service public », qui devrait être rémunérée en tant que telle par la collectivité. J.-R. Pitte rejoint J. Lévy lorsqu'il rappelle, à propos de la Bretagne, que la perte de productivité associée au maintien du bocage doit être compensée et que l'entretien du bocage, déconnecté de toute visée productive, est un travail en soi, qui doit être payé à sa juste valeur.

B. Les campagnes, espaces-patrimoines entre mémoire et labellisation

Que l'on souscrive à l'idée de la « mort des campagnes » ou que l'on affirme la « renaissance » de ces dernières, un consensus semble s'établir sur le fait qu'il s'agit d'espaces à préserver. La protection a d'ailleurs été institutionnalisée grâce à plusieurs outils, qui ne sont toutefois pas toujours spécifiques aux campagnes. On peut citer les parcs naturels régionaux (PNR), les réserves naturelles et bien sûr, certains parcs nationaux (cf. chapitres 2 et 9).

1. J. Lévy, « Oser le désert ? Des pays sans paysans », *Les nouveaux espaces ruraux, Sciences Humaines*, n° 4, hors série, 1994, p. 6-9.

La protection concerne en réalité deux dimensions distinctes des territoires campagnards. D'une part, il s'agit de protéger les marques de la ruralité, en particulier le bâti, mais aussi les activités traditionnelles ou les temps forts de la vie paysanne. Dans ce cadre, la protection s'appuie sur la patrimonialisation des campagnes et aboutit parfois à des situations paradoxales. Par exemple, en Camargue, l'élevage des taureaux et des chevaux renvoie à une reconversion complète des exploitations, qui les déconnecte de plus en plus de tout contexte agricole. Il ne s'agit plus, dans les faits, de la préservation du patrimoine rural par le maintien d'une activité agricole structurante, mais de la protection d'une image, d'un folklore, inspiré par la construction au XIXe siècle d'une identité provençale et occitane autour de mouvements régionalistes comme le Félibrige du poète Frédéric Mistral. Dans le même temps, de l'autre côté du Rhône, la Crau, jadis « stérile », accueille toujours un élevage ovin traditionnel, auquel viennent s'ajouter les récoltes de foins, la culture des tomates et surtout des melons, cultivés sous des tunnels en plastique. S'opposent ainsi une campagne musée d'un passé reconstruit, qui a modifié son identité agricole pour devenir un espace récréatif à destination des urbains, et une campagne agricole qui a évolué dans la continuité d'une logique productiviste.

D'autre part, la campagne apparaît comme un réservoir de nature dont il convient de sauvegarder les vertus écologiques et qu'il faut, pour cette raison, préserver de l'urbanisation. En particulier, la conservation des paysages ruraux devient un enjeu majeur, défendu au nom de la protection de la « nature », alors même qu'il s'agit de paysages anthropiques patiemment entretenus. La protection du patrimoine « naturel » impose souvent un frein au développement de l'agriculture, qui est pourtant un fondement du patrimoine culturel qu'on cherche par ailleurs à préserver. Si l'on prend l'exemple de la protection du bocage, on s'aperçoit que l'on a d'un côté un enjeu de production et de l'autre, une logique de satisfaction des besoins esthétiques et récréatifs de certaines populations. Ces deux objectifs ne sont pas forcément compatibles : dans le cas du bocage, la préservation du paysage rural entraîne une perte de productivité. Se dessine une nouvelle fois l'opposition structurelle entre des exploitations tournées vers le productivisme ou fortement insérées dans les logiques de marché et dans les filières agro-alimentaires, et des exploitations qui diversifient leurs activités, ne tirent plus l'essentiel de leur revenu de l'agriculture et pour lesquelles le tournant environnementaliste est une opportunité de développement. Cette dichotomie est toutefois à nuancer, ne serait-ce que parce que les aides de la PAC sont aujourd'hui éco-conditionnées, c'est-à-dire soumises au respect de certaines normes environnementales.

Pour autant, malgré les contraintes qu'elle impose, la protection ne s'oppose pas forcément au développement local. Elle peut même devenir une ressource, en particulier dans le cas des labels agricoles, qui associent volontiers une production et un terroir. Le terroir associe en effet non seulement les potentialités agronomiques d'un territoire (milieu physique), mais aussi l'ensemble des pratiques culturelles et culturales qui s'y développent. Il est donc un produit singulier du rapport nature/société, souvent inscrit dans le temps long. L'association label/terroir promeut ainsi des savoir-faire locaux et des organisations sociales en contribuant à leur préservation mais aussi à leur patrimonialisation. Par exemple, dans les Alpes, les AOC fromagères assurent le maintien d'une agriculture de montagne, avec l'entretien des alpages et des paysages associés. Dans le cas de certains vignobles, comme dans le Languedoc-Rousillon, la production de qualité, sanctionnée par des labels (AOC, appellation d'origine contrôlée, notamment) permet à l'activité vini-viticole de perdurer. La viticulture produit plus largement des paysages qui sont de plus en plus valorisés par le marketing et qui deviennent des ressources touristiques à part entière. Dans les deux cas, la référence au terroir est forte : les producteurs mettent en avant le lien au passé, la préservation des traditions, la transmission des savoir-faire, et ce même si en pratique, la production a été fortement modernisée.

Enfin, il faut noter que les politiques de protection confèrent parfois une identité nouvelle à certaines campagnes ou participent en tous cas à la refondation de cette identité. (cf. encadré).

La protection de l'oignon doux dans les Cévennes : de la labélisation à la patrimonialisation

Dans un article de la revue *Géocarrefour*, daté de 2007, A. Dugruet étudie le cas de la zone périphérique du Parc national des Cévennes où a été mis en place un projet de restauration et de conservation des paysages de terrasses, menacés par la déprise agricole. Le Parc national a décidé d'appuyer la restauration/protection paysagère sur le maintien et le développement d'une activité agricole, la production de l'oignon doux. Pour cela, une appellation d'origine contrôlée (AOC), qui limite la production aux terrasses, a été obtenue en 2003. Le projet cherche donc à patrimonialiser l'empreinte de l'homme sur son environnement, ce qui peut d'emblée sembler original puisque l'aménagement n'est plus envisagé comme ce qui détruit. Abandonnées par les agriculteurs, les terrasses sont en effet envahies par la végétation et s'effondrent.

Parallèlement, les savoir-faire traditionnels autour de la pierre sèche disparaissent, rendant difficile la remise en état des murets de soutènement. Or, la présence de ces terrasses est d'autant plus importante qu'elle pourrait à terme servir d'argument majeur pour une demande de classement des Cévennes et des Causses au Patrimoine mondial de l'UNESCO. Cette demande vise à appuyer le développement local en favorisant notamment l'attractivité touristique d'un espace rural actuellement marginal tant pour son accessibilité que pour ses activités économiques.

Cet exemple cévenol montre comment différentes formes de protection s'articulent au service de l'aménagement d'un territoire. Les agriculteurs ont labellisé une culture locale en limitant son extension spatiale : l'oignon doux a acquis un statut de patrimoine alimentaire local, ce qui permet de protéger sa culture et le système agricole associé. La protection de l'oignon doux par une appellation contrôlée garantit la pérennité d'aménagements agricoles et permet la restauration et la conservation du patrimoine culturel et paysager des terrasses souhaitée par le Parc national. Cette politique a débouché sur une demande labellisation par l'UNESCO qui valorise le territoire et appelle un développement local plus diversifié grâce au tourisme.

D'après A. Druguet, « Concilier agriculture et conservation d'un paysage de terrasses à la périphérie du Parc national des Cévennes », *Géocarrefour*, vol. 82/4, 2007, mis en ligne le : 31 décembre 2010, URL : http ://geocarrefour.revues.org/index3092.html.

CONCLUSION

Les transformations des espaces ruraux ont conduit à deux visions opposées du rural. Pour J. Lévy, la « campagne est morte » : parler de campagne en France, c'est être victime d'une illusion. La campagne n'est en réalité qu'une figure de l'urbain. Pour B. Kayser ou L. Thomsin au contraire, les représentations attachées aux campagnes expriment sans conteste une partie de la réalité et la campagne existe bel et bien. C'est un espace articulé à la ville, mais qui possède une spécificité irréductible, avec des modes singuliers d'habiter et de penser le monde.

Qu'ils se rangent à l'argument de la fin des campagnes ou qu'ils défendent leur existence, les géographes s'accordent sur l'idée que la campagne continue d'organiser les représentations d'une très large part de la société française, et ce même si ces représentations sont complexes, parfois contradictoires, puisque l'image longtemps dominante des campagnes méprisées parce qu'arriérées, a été associée, depuis l'Antiquité, un contrepoint tout aussi simplificateur qui fait de la campagne un lieu idyllique. La littérature a exalté la sagesse et le bon sens paysan, tandis que la vie au village était considérée comme plus saine qu'à la ville et que le rapport à la terre était valorisé. Au XIXe siècle, Flaubert, dans le *Dictionnaire des idées reçues* écrivait : « campagne : les gens de la campagne sont meilleurs que ceux des villes : envier leur sort ». Les enquêtes réalisées montrent qu'actuellement, cette vision l'emporte. Une majorité de Français souhaite vivre à la campagne, même si (et sans doute parce que) leur campagne ressemble de plus en plus par les modes de vies à la ville.

Étudier les campagnes françaises revient finalement à étudier un exemple de transition territoriale. Les campagnes sont des espaces qui sont ou ont été structurés par l'activité agricole, activité qui a produit une société particulière et des paysages originaux. Les mutations profondes qu'elles ont connues au cours de ces cinquante dernières années ont transformé leur organisation spatiale, fonctionnelle et sociale, sans y substituer pour autant un nouveau système territorial, car au-delà de la pérennité d'une représentation qui structure encore fortement le rapport des Français à ces territoires, les nouvelles organisations se superposent aux formes héritées.

Bibliographie

Diry J.-P. (2004), *Les espaces ruraux*, Armand Colin, 191 p.

Jean Y., Périgord M. (2009), *Géographie rurale. La ruralité en France*, Armand Colin, coll. 128, 126 p.

Kayser B. (1989), *La renaissance rurale, sociologie des campagnes du monde occidental*, Armand Colin, 316 p.

Lévy J. (1994), « *Oser le désert*? Des pays sans paysans », *Les nouveaux espaces ruraux, Sciences Humaines*, n° 4 hors série, p. 6-9.

Thomsin L. (2001), « Un concept pour le décrire : l'espace rural rurbanisé », *Ruralia*, URL : http ://ruralia.revues.org/document250.html.

Chapitre 6

L'industrie à l'heure de la reterritorialisation

En 2007, l'ensemble du secteur industriel (hors bâtiments et travaux publics - BTP) représentait 14 % du produit intérieur brut français (contre 36 % en 1973) et les produits industriels, agro-alimentaires compris, 97 % des exportations. Malgré le recul apparent de ces activités dans l'économie, qui conduit à parler de « désindustrialisation », la France reste une puissance industrielle, puisqu'elle se classe au 2e rang européen et au 5e rang mondial. L'industrie occupe encore près de 22 % de la population active, dont 13 % dans le secteur manufacturier. Si dans certains domaines, l'activité a reculé, pour parfois totalement disparaître, si la place de la France a régressé dans certaines branches au niveau mondial, si les fermetures d'usines, les délocalisations, les licenciements ont placé certains secteurs dans une situation de crise, l'industrie reste un puissant moteur de l'économie et continue à structurer les territoires. Elle s'est en effet profondément recomposée dans un contexte de mondialisation des échanges et de tertiarisation des économies qui a paradoxalement valorisé l'ancrage territorial des firmes et des productions.

Dans ces conditions, les mutations récentes, qui s'inscrivent dans le cadre d'une transition vers un modèle post-fordiste, ont redessiné la géographie industrielle à l'échelle du territoire national, mais ont également transformé en profondeur les territoires industriels à l'échelle locale. Ces derniers sont plus ou moins marqués par l'industrie, en fonction de l'ancienneté de ses implantations. Dans les régions industrielles anciennes, l'industrie a façonné des sociétés, des paysages, des identités locales fortes, qui ont été brutalement remises en question du fait des mutations parfois rapides qui les ont affectés. En revanche, d'autres régions, peu industrialisées, bénéficient d'un nouveau dynamisme grâce à l'arrivée d'activités en lien direct avec l'insertion des territoires dans la mondialisation. Il s'agit alors de comprendre que la crise de certaines activités industrielles n'est pas pour autant synonyme de crise de l'industrie française et de voir en quoi les évolutions d'activités fortement territorialisées induisent des processus de transitions, avec des reconversions et des recompositions sociales et spatiales fortes. Quelles sont les logiques actuelles de l'implantation de l'industrie ? Comment les activités industrielles structurent-elles et transforment-elles les territoires ? Quels sont aujourd'hui les échelles et les territoires pertinents pour penser l'industrie et ses mutations ?

I. LA MOSAÏQUE DES TERRITOIRES INDUSTRIELS

La géographie actuelle de l'industrie en France est en grande partie liée aux mutations des modèles productifs qui se sont étalées sur les trois derniers siècles. Au-delà des innovations technologiques qui nourrissent les transformations du secteur industriel, l'implantation des activités répond à un rapport spécifique aux territoires.

A. Géographie industrielle et modèles productifs

Jusque dans les années 1950, la localisation de l'industrie a privilégié la proximité aux matières premières énergétiques et minières. Le territoire est donc envisagé du point de vue de ses ressources « naturelles », qui sont mises en valeur et exploitées grâce aux progrès techniques. L'industrie se concentre alors essentiellement à l'est d'une ligne Le Havre-Marseille. L'exploitation des grands bassins houillers du Nord-Pas-de-Calais (la compagnie d'Anzin, qui exploite les mines à Valenciennes, est fondée en 1757 par exemple), de Lorraine et du sud-ouest du Massif Central (Carmaux, Decazeville) attire la sidérurgie. Le sel est exploité autour de Nancy, la potasse en Alsace, induisant dans les deux cas les activités chimiques. Les vallées alpines et, dans une moindre mesure, pyrénéennes s'industrialisent grâce à l'hydroélectricité. La métallurgie, en particulier l'aluminium, mais aussi la chimie, s'y développent. La naissance de certaines industries est parfois liée aux hasards de l'histoire. Ainsi, le tracé de la frontière avec l'Allemagne après le traité de Francfort en 1871 détourne l'exploitation des mines de sel de Château-Salins, désormais situé en zone allemande, vers Nancy. De même, les industries cotonnières des environs de Mulhouse et de Colmar, émigrent et viennent s'installer dans les vallées vosgiennes de la Moselle, de la Vologne, de la Moselotte, etc. Dans d'autres cas, l'activité s'appuie sur des traditions proto-industrielles anciennes. Ainsi, dans la région de Lille, le textile est hérité de la production drapière médiévale. En Bourgogne, l'existence des forges royales est relayée à partir des années 1840 par la famille Schneider autour du Creusot.

Les premières mutations du système productif ont lieu dans les années 1950, avec l'introduction du fordisme qui repose sur la décomposition spatiale du processus de production, afin de maximiser les économies d'échelles (plus il y a d'unités produites, plus faible est le coût) et la production de masse. La division rationnelle du travail en tâches débouche sur la dissociation spatiale entre des fonctions « nobles », nécessitant une main-d'œuvre qualifiée, et des fonctions d'assemblages, privilégiant une main-d'œuvre peu qualifiée, donc bon marché, de préférence peu syndiquée et peu revendicative. La localisation n'est plus déterminée par la proximité physique aux matières premières ou à l'énergie mais par le coût de la main-d'œuvre.

La « disjonction spatio-fonctionnelle » du processus productif redessine alors la géographie de l'industrie selon une logique centre-périphérie. Elle permet en particulier l'industrialisation de l'ouest de la France, encouragée par la politique volontariste d'aménagement qui vise à cette époque au rééquilibrage du territoire national. On observe par exemple la déconcentration de l'industrie automobile (Citroën à Rennes et Caen, Renault au Mans) ou de la fabrication de l'électroménager (Moulinex en Normandie). L'agro-alimentaire se développe, en particulier en Bretagne avec l'instauration du « modèle breton » (cf. chapitre 5). Le centre parisien, et dans une moindre mesure, certaines métropoles, est en revanche conforté par la concentration de fonctions « stratégiques » de direction, de recherche et développement, de marketing qui s'y produit.

Le fordisme suppose en outre la possibilité de s'approvisionner au moindre coût en matières premières et de transporter facilement les productions. La proximité aux voies de communication est alors un facteur important de localisation. Cette logique productive a là encore des impacts importants. On assiste ainsi à la littoralisation de certaines activités industrielles (raffinerie, pétrochimie, sidérurgie sur l'eau), qui porte atteinte aux régions industrielles traditionnelles. La littoralisation est en effet permise par la révolution nautique et s'appuie sur les grandes opérations d'aménagement du territoire que sont les zones industrialo-portuaires (ZIP) de Dunkerque, Le Havre et Fos-sur-Mer. Par ailleurs, l'axe de la Seine, du Rhône et du Rhin, qui offrent, en sus de la voie d'eau, de nombreuses infrastructures routières et ferroviaires - là encore étoffées par les politiques d'aménagement du territoire, voient s'installer des industries.

Le modèle fordiste est, dans une très large mesure, indifférent aux territoires. Tout change avec la crise conjoncturelle des années 1970, qui entraîne la mise en place d'un nouveau modèle dit « post-fordiste ». Ce modèle repose sur la « spécialisation flexible », qui permet d'adapter la production à la demande par des systèmes de flux tendus, de production « juste-à-temps » et par la priorité donnée à l'innovation. Celle-ci autorise notamment la baisse des coûts de fabrication. Le post-fordisme s'appuie

Principales caractéristiques des entreprises industrielles par secteur d'activité en 2007

Secteur d'activité	Nombre d'entreprises	Effectifs (en milliers)	Chiffre* d'affaires (HT)	Exportations*	Valeur ajoutée* (HT)	Excédent brut d'exploitation*
Industries des biens de consommation	3 883	462,3	134,2	42,1	39,9	13,4
Industrie automobile	494	243,2	114,5	64,0	18,9	4,6
Industries des biens d'équipement	4 770	621,6	168,7	90,0	44,5	8,8
Industries des biens intermédiaires	9 527	1 073,6	288,8	107,9	76,2	21,8
Total	**18 674**	**2 400,7**	**706,2**	**304,1**	**179,5**	**48,7**

* en milliards d'euros

Champ : France, entreprises de 20 salariés ou plus, non compris énergie.

Source : Sessi, enquête annuelle d'entreprise.

Les territoires de l'industrie en France

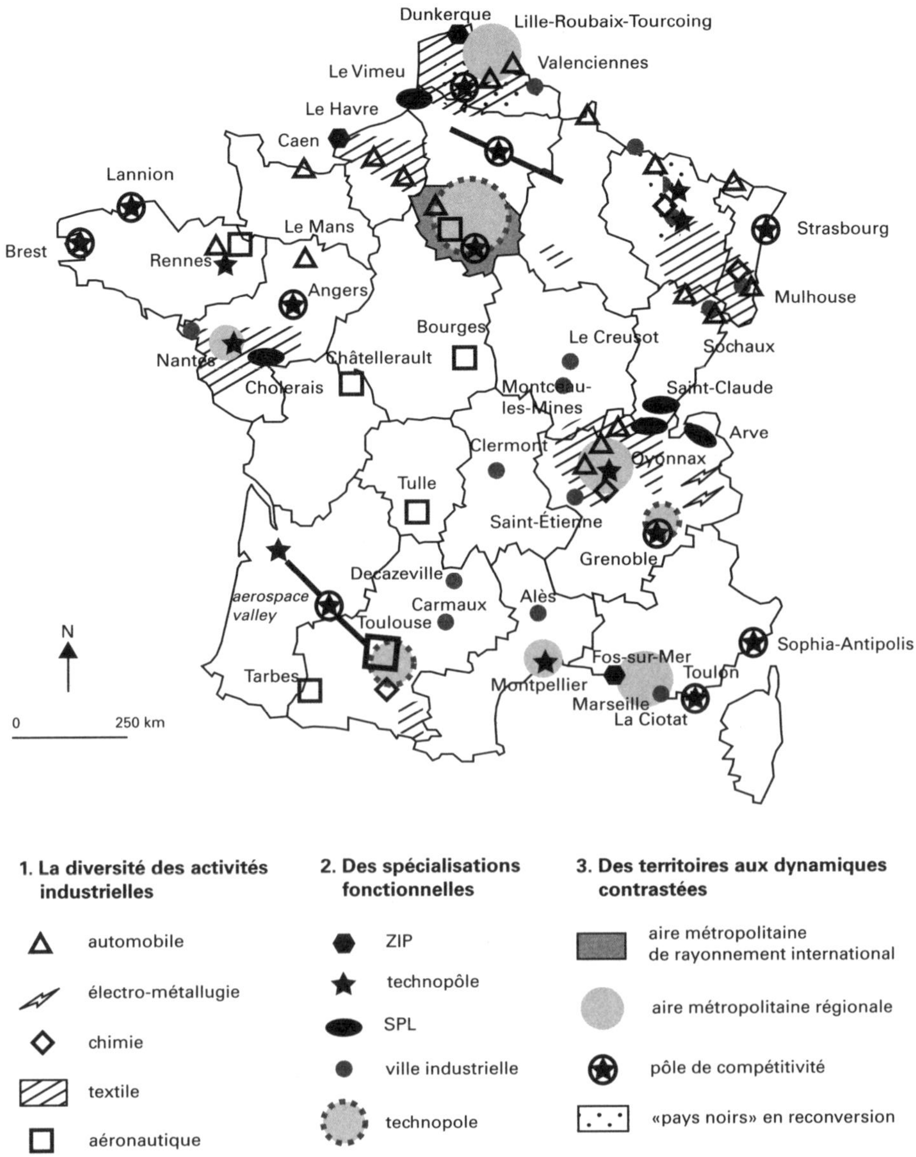

Source : M. Reghezza-Zitt

en outre sur la maîtrise technique de la production (robotisation, informatique, utilisation de nouveaux matériaux) et de la distribution. Il accorde une très grande place aux technologies de l'information qui garantissent une flexibilité accrue, afin de s'adapter à une conjoncture économique, moins stable et plus concurrentielle que celle des Trente Glorieuses. Cette conjoncture accompagne en réalité la mondialisation de l'économie.

B. Le reterritorialisation de l'industrie à l'heure de la mondialisation

La mondialisation repose sur un paradoxe. Elle se nourrit de la réduction des distances-temps et des distances-coûts, permettant des échanges toujours plus rapides et nombreux entre des agents répartis à l'échelle de la planète. Elle devrait donc déboucher sur une homogénéisation des territoires et sur une indifférence accrue vis-à-vis du local. Or, c'est l'exact contraire qui se produit. Loin d'être déterritorialisée, la mondialisation s'appuie de plus en plus sur l'ancrage dans le local. Elle encourage en effet le contact direct entre les acteurs de différentes branches. Elle est dans ces conditions un processus sélectif qui valorise les compétences locales, la qualité des infrastructures, le potentiel de recherche et de développement, la densité des réseaux sociaux et entrepreneuriaux, la réactivité des sous-traitants et des fournisseurs, etc.

Par conséquent, le modèle post-fordiste fait du territoire une assise incontournable du développement industriel. Les entreprises redécouvrent les vertus de l'enracinement de l'économie à l'échelle locale. Le territoire offre d'une part un réseau d'acteurs qui entretiennent des synergies étroites et possèdent des qualifications spécifiques, accumulées au fil du temps, qui ne se retrouvent pas ailleurs et qui ne sont que difficilement transposables. La clé de la compétitivité est ici « l'économie de la connaissance », qui offre tout à la fois les compétences individuelles, les savoir-faire entrepreneuriaux, les capacités d'apprentissage, de capitalisation des acquis et d'innovation. D'autre part, le territoire permet d'inscrire en un lieu donné, clairement identifiable, l'investissement, les technologies, les projets de développement des entreprises.

En retour, les territoires doivent s'adapter aux exigences de la mondialisation car celle-ci les met en concurrence de façon accrue avec d'autres territoires, parfois très éloignés. Les acteurs locaux, appuyés par l'État, construisent alors des stratégies de développement autonomes afin d'attirer les investisseurs, autour d'un projet de territoire qui met en avant une identité forte. En un sens et suivant les analyses de P. Veltz, les territoires deviennent de véritables acteurs de leur trajectoire de développement.

Dunkerque, la ville et la ZIP

Le port de Dunkerque est le troisième port de France par son trafic en volume. Son activité est essentiellement liée à la Zone industrialo-portuaire (ZIP), qui s'est développée sur 4 000 ha de réserves foncières.

Les ZIP sont le fruit d'une politique d'aménagement étatique volontariste des années soixante (Dunkerque, la première, date de 1963). Ces zones, qui associent les activités portuaires et industrielles, ont été conçues comme des pôles de croissance qui doivent entraîner un processus d'industrialisation avec des retombées régionales (ici, sur le « pays noir »). Gigantisme et spécialisation sont la marque de ces opérations d'aménagement qui ont nécessité de grands travaux : endiguement, dragage, création d'écluses pour les bassins à flot, etc.

L'abondance des terrains vacants à Dunkerque (3 000 ha sur 7 000 ha) témoigne de l'échec relatif de la ZIP. Cet échec peut être imputé en particulier aux chocs pétroliers, à la concurrence d'autres grands ports mondiaux ou encore au retard du port en matière de trafic de conteneurs.

Au sein de la ZIP, l'activité indus trielle s'organise à partir de sites de grande taille : usines métallurgiques (les aciéries Arcelor-Mittal et l'usine Aluminium Dunkerque), chimie des hydrocarbures (Raffinerie des Flandres et Polimeri). D'autres sites industriels sont situés à proximité immédiate de la zone portuaire, notamment au sud de Dunkerque et de la Grande-Synthe.

La ZIP a transformé Dunkerque en pôle métallurgique et plate-forme énergétique et pétrochimique. Ce territoire façonné par l'industrie connaît aujourd'hui une situation singulière en France et en Europe, à l'heure des grands terminaux à conteneurs, de la tertiarisation des économies et de l'attention des sociétés aux enjeux liés à l'environnement et aux risques.

Le grand port maritime cherche désormais à se développer selon une double stratégie. Le premier objectif est d'améliorer et d'optimiser l'utilisation des quais ainsi que la desserte du port par le rail, la voie d'eau et la route. Le port a utilisé les nouvelles compétences qu'il a reçues suite à la réforme des Ports autonomes pour investir dans ses infrastructures ferroviaires et de grands espoirs sont placés dans la construction d'un canal entre la Seine et le réseau de voies navigables à grand gabarit du nord de la France. Autre axe de développement, la livraison à l'automne 2008 de nouveaux portiques à conteneurs et le projet de mise en place de nouveaux terminaux rouliers devraient permettre de développer le trafic

Dunkerque, la ZIP et la ville

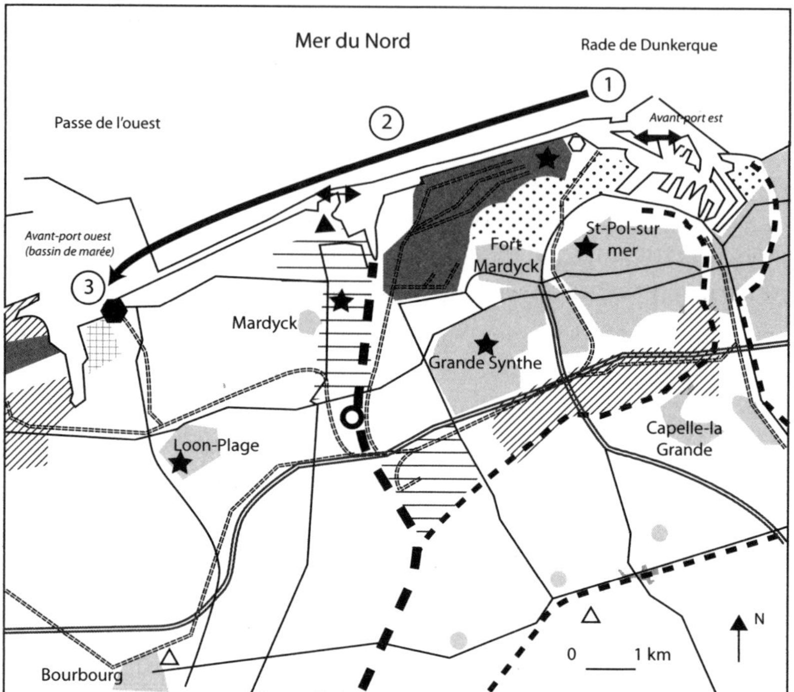

Source : M. Reghezza-Zitt, d'après carte IGN, 1/50000e, série orange

1 - Une interface portuaire

- écluse
- route
- voies ferrées
- port fluvial
- terminal à conteneurs
- autoroute
- gare
- canal grand gabarit
- gare maritime
- canal faible gabarit

2 - Les activités industrielles

- sidérurgie
- zones industrielles
- cimenteries
- pétrochimie
- usines

3 - Les espaces urbains et le port

- agglomération/espace urbain
- friches industrielles
- établissement classé SEVESO
- villages
- déplacement du port

commercial du port. La diversification des activités est d'ailleurs devenue cruciale dans le contexte de la crise industrielle qui a commencé à toucher Dunkerque en 2008.

C. Une nouvelle géographie industrielle ?

Le modèle post-fordiste débouche sur une spécialisation fonctionnelle à l'échelle locale, avec la concentration des hommes, des capitaux, des entreprises, des investissements, de la production. Il change ainsi la géographie de l'industrie, en favorisant les territoires qui offrent le plus d'avantages.

À ce jeu, les métropoles sont aujourd'hui les grandes gagnantes puisqu'elles sont devenues les lieux de contrôle de l'appareil industriel, grâce à la concentration des pouvoirs de commandement économiques, financiers, mais aussi des services logistiques, du marketing, de la recherche/développement. La région métropolitaine parisienne s'impose ici comme la première région industrielle française. L'industrie est d'abord présente à travers la concentration des sièges sociaux (25 % des sièges sociaux des entreprises françaises) et des centres de recherche. Tous les secteurs industriels sont présents, en dehors de l'industrie lourde. La région accueille près de 360 000 emplois industriels (1er rang français), malgré les fortes recompositions des dernières décennies. L'Île-de-France est en effet la région qui a perdu le plus d'emplois industriels (25 000 emplois par an de 1982 à 1996), avec un desserrement très net des activités en direction de la grande couronne et du Bassin parisien. Ce desserrement privilégie les axes de l'Oise, entre Creil et Compiègne, de la Seine et de la Loire, ainsi que des « villes-relais » comme Dreux, Chartes, Beauvais, Meaux, etc., le tout sous étroite dépendance de la métropole parisienne.

Les autres métropoles françaises ont un rayonnement beaucoup plus limité. Lyon bénéficie du dynamisme industriel de la région Rhône-Alpes, 2e région industrielle de France. La métropole lyonnaise peine toutefois pour organiser complètement un espace régional fortement déséquilibré entre l'est polarisé par Grenoble, les vallées alpines en crise (Maurienne et Oisans) et un ouest en difficulté (métallurgie et charbon à Saint-Étienne, textile à Roanne). Le couloir rhodanien constitue néanmoins un axe dynamique, avec en particulier les industries liées à la chimie. Autre métropole régionale, Toulouse, bénéficie d'une situation particulière, puisque les activités aéronautiques et aérospatiales lui confèrent aujourd'hui un rang de « technopole européenne » (cf. encadré). Marseille, Lille, Nantes ont un rôle moins affirmé, même si leur appareil industriel, qui s'est profondément reconverti, s'est internationalisé.

Évolution de l'occupation des sols dans le bassin potassique alsacien (1959-2002)

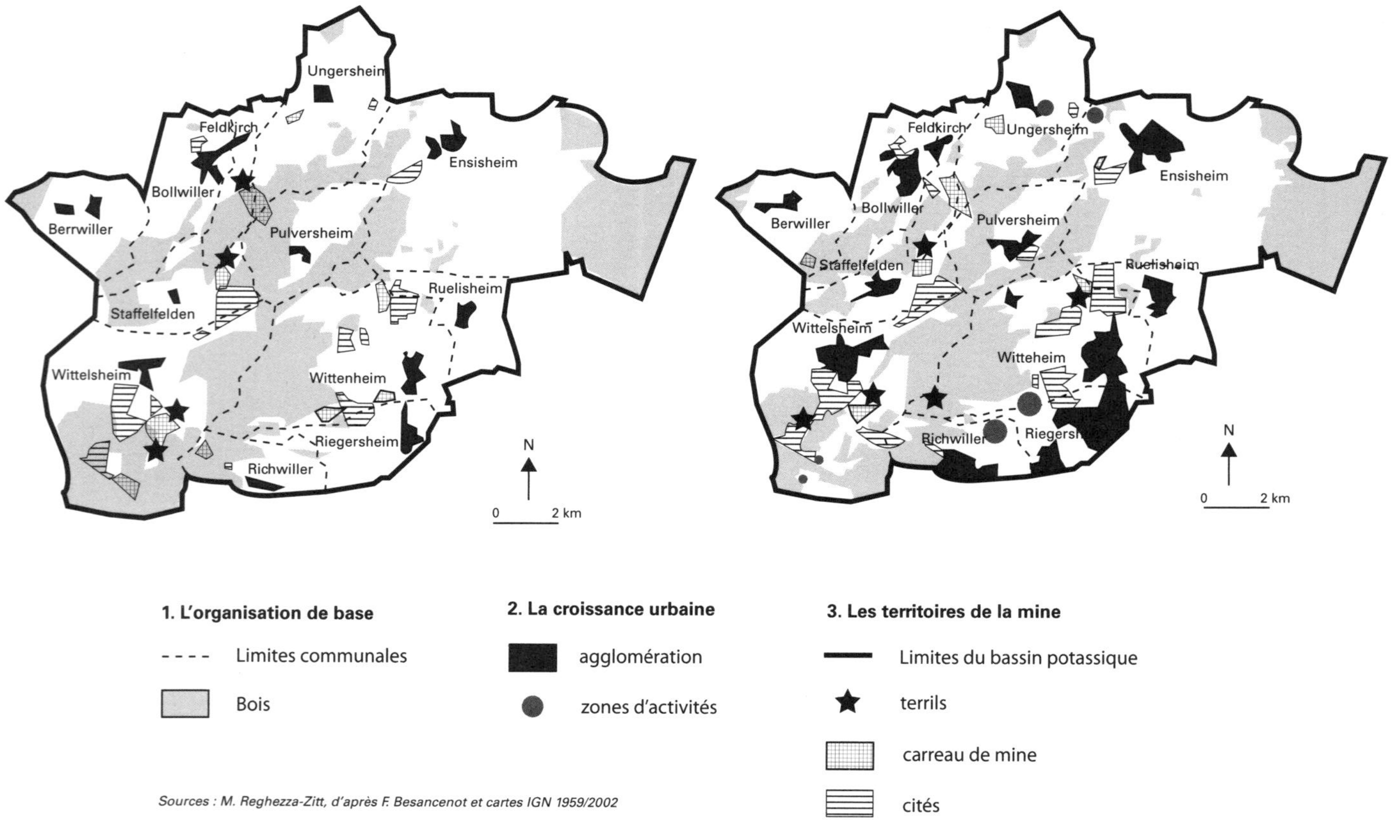

Sources : M. Reghezza-Zitt, d'après F. Besancenot et cartes IGN 1959/2002

Les territoires marqués par l'extraction minière : le bassin potassique alsacien

En Alsace, les gisements de potasse ont été exploités durant près d'un siècle par les Mines de Potasse d'Alsace (MDPA). La potasse est un minerai composé essentiellement de chlorure de potassium et de chlorure de sodium. Elle est utilisée pour la fabrication des engrais. L'exploitation s'est concentrée autour de l'agglomération de Mulhouse, entre le piémont vosgien à l'ouest et le grand canal du Rhin à l'est.

L'activité minière a conféré aux territoires la physionomie des pays noirs. Le territoire est « entièrement conçu en fonction des seuls besoins de la mine », pour reprendre l'expression de G. Baudelle. Les paysages sont fortement marqués par les activités d'extraction avec les chevalements, tours métalliques qui servaient à descendre les mineurs, et les terrils, accumulation des déchets de l'exploitation minière, qui forment ici des buttes de sel et de schiste mélangés. Les cités ouvrières sont implantées à proximité des fosses, afin de rapprocher les mineurs des puits. Il y a ici une véritable dissociation entre les cités où habitent les ouvriers, qui vivent quasiment « repliées sur elles-mêmes » et les bourgs, où les non-mineurs sont majoritaires.

En sus d'une forte identité paysagère, la mine donne au territoire une véritable cohésion sociale, en particulier grâce aux politiques socialisantes menées par les MDPA, avec notamment la construction de logements sous forme de cité-jardin, la création de clubs et d'associations, des services médico-sociaux garantissant un accès gratuit aux soins et aux médicaments. La forte pratique religieuse cimente aussi les communautés, avec la construction d'églises fréquentées notamment par les mineurs polonais. F. Besancenot rappelle enfin l'importance des aménagements de routes et de voies ferrées qui ont permis l'appropriation progressive de l'espace du Bassin potassique par ses habitants.

En 2002, à la suite d'un incident survenu dans une galerie voisine, le carreau Amélie, dernier puits en activité, ferme. Les chevalements sont abattus un à un, l'activité minière cesse, laissant place à des friches industrielles. La communauté minière est « aujourd'hui orpheline de son principal référent identitaire ».

D'après F. Besancenot, *Territorialité, durabilité : un seul enjeu ? - Réflexion sur la mise en œuvre d'un développement territorial durable à partir d'un exemple : le Bassin potassique alsacien*, thèse de doctorat, NS-LSH, 2006.

Face au dynamisme de ces régions métropolitaines, les régions industrielles anciennes du nord et de l'est conservent un poids important dans l'espace productif national. L'industrie y marque encore profondément les économies. Mais les mutations y sont très importantes, entraînant crises et recompositions internes. Ainsi, l'Alsace, qui possède une tradition industrielle très ancienne, est devenue une terre d'élection pour les investissements étrangers, qui assurent 52 % des emplois industriels. L'industrie peut également s'appuyer sur la position frontalière et l'ouverture européenne, ainsi que sur le capital de recherche et de développement présent dans la métropole strasbourgeoise. Toutefois, au sein de l'ensemble régional, certaines industries périclitent, par exemple au sein du bassin potassique (cf. encadré). Dans le Nord-Pas-de-Calais et en Lorraine, la fin de l'exploitation des charbonnages a laissé de vastes friches industrielles et une image dégradée de « pays noirs ». Il en va de même pour le textile et la sidérurgie. Certains territoires sont toutefois très dynamiques grâce aux investisseurs étrangers. L'implantation de Toyota à Valenciennes ou de l'usine Smart à Sarreguemines en est la preuve. Mais ces investissements ne sont pas toujours pérennes : en Lorraine le constructeur automobile coréen Daewoo a fermé ses usines à Longwy et Fameck. Plus largement, l'industrie s'est diversifiée : les cristalleries d'Arques sont le premier employeur régional dans le Nord-Pas-de-Calais, l'automobile est devenue un secteur important en Lorraine, Lille accueille les hautes technologies, etc. Le Nord-Pas-de-Calais reste toutefois la première région sidérurgique de France (52 % de la production nationale), loin devant la région PACA (28 % grâce aux usines de Fos-sur-Mer) et la Lorraine, avec les sites historiques de Thionville (Sollac) et Pont-à-Mousson.

Enfin, l'ouest et le sud s'affirment grâce à un tissu de petites et moyennes entreprises innovantes. Si les foyers industriels anciens (chantier naval de la Seyne-sur-Mer et de la Ciotat, mines d'Alès, de Decazeville et de Carmaux) sont en crise voire ont disparu, si certaines activités connaissent des difficultés (ZIP de Fos-sur-Mer), d'autres espaces font preuve d'un grand dynamisme. La Bretagne et les Pays-de-la-Loire sont des régions particulièrement attractives, même si l'industrie reste sous forte domination parisienne. Ces régions se sont spécialisées : agro-alimentaire en Bretagne, télécommunications, automobile et construction nautique dans les Pays-de-la-Loire, avec la reconversion des chantiers navals de Saint-Nazaire vers les paquebots de croisière. Le sud-ouest demeure en revanche beaucoup moins industrialisé, en dehors du pôle toulousain et de quelques unités de production aéronautique autour de Bordeaux.

II. DES DYNAMIQUES CONTRASTÉES

La forte territorialisation de l'industrie implique que les mutations de l'activité modifient en profondeur les espaces, les sociétés, les paysages à une échelle très fine. La transition des modèles industriels s'inscrit par conséquent de façon concrète dans les territoires de l'industrie. Ces derniers connaissent aujourd'hui des dynamiques très contrastées, du fait des évolutions divergentes des différents secteurs industriels.

A. Les territoires en crise

Certains secteurs industriels subissent actuellement une crise profonde, parfois ancienne. Les secteurs les plus touchés sont les bassins miniers, les territoires de la sidérurgie, du textile et les chantiers navals. Les difficultés y ont été précoces. À partir des années 1980-1990, des régions aux spécialités manufacturières plus diversifiées ont été à leur tour touchées : électroménager, industries de l'armement, etc.

Certaines activités ont totalement disparu. Par exemple, les chantiers navals de la Seyne-sur-Mer ont fermé en 1989, ceux du Havre en 1999, ceux de Bordeaux dès 1967, ceux de la Ciotat ne traitent plus que des yachts de luxe, ceux de Saint-Nazaire des paquebots de croisière. Dans d'autres secteurs, le déclin des activités traditionnelles conduit à la fermeture des usines, à l'abandon des sites d'extractions ou des chaînes de production, à de forts taux de chômage, à des soldes migratoires négatifs, etc.

Les fermetures d'usine, suite à une délocalisation, ont touché à des degrés divers l'ensemble du territoire national. Basse-Normandie, Champagne-Ardenne et Lorraine ont été particulièrement marquées par les délocalisations. D'autres régions ont été plus ou moins touchées : le site de Gandrange en Moselle, propriété du groupe Arcelor-Mittal, celui de l'équipementier automobile Molex à Villemur-sur-Tarn, le fabricant de pneumatiques Continental à Clairoix dans l'Oise, etc. Les délocalisations ont des conséquences fortes à l'échelle locale. Elles pénalisent lourdement le développement local, créant du chômage et de la pauvreté. Elles sont devenues un symbole de la crise industrielle qui touche certaines régions. Les discours politiques et médiatiques en ont fait les principales causes de la désindustrialisation. Pourtant, le phénomène reste, à l'échelle nationale, de faible ampleur et ne saurait à lui seul expliquer la crise que connaissent certains territoires industriels.

Les échelles des territoires en crise varient. La fermeture d'une usine peut avoir des conséquences dramatiques, mais ponctuelles. La crise s'étend parfois à des régions entières. Par exemple, dès la fin des années 1960, la Lorraine connaît une longue phase de déclin. Épuisement des gisements miniers, littoralisation de la sidérurgie vers Dunkerque, choix malheureux des « maîtres des forges » de ne pas diversifier les activités afin de ne pas risquer de manquer de main-d'œuvre, sont autant de facteurs pour expliquer la crise régionale. Dans les vallées Vosgiennes, l'effondrement de l'activité textile débouche également sur une crise importante. En 2002, le textile n'employait plus que 8 900 personnes contre 17 000 en 1990 et 67 000 en 1955.

Les territoires en déclin ou en crise se caractérisent tous par des paysages fortement dégradés : vieilles usines en ruine, vestiges des ateliers de production et des filatures, anciens carreaux de mines abandonnés, vastes friches stériles lorsque les infrastructures et les bâtiments ont été rasés, cités ouvrières délabrées, etc. S'ajoute le problème récurrent du traitement des friches industrielles, qui présentent des risques spécifiques à cause de la pollution des sols.

L'image très négative qui s'attache peu à peu à ces régions dissuade alors les investisseurs. G. Baudelle décrit par exemple l'image des anciens « pays noirs » du nord de la France : « le paysage fournit ici les indices d'une crise profonde, qui n'est pas que paysagère, mais aussi économique et sociale. (…) Ces formes peu engageantes, en particulier les friches industrielles et urbaines, les décharges, les espaces dégradés et tous les délaissés, pour reprendre un terme technique, compromettent l'installation de nouvelles activités en conférant à ces lieux une image négative et répulsive. »

B. Les territoires de l'innovation

Par opposition à ces territoires en déclin, les espaces qui présentaient un fort potentiel d'adaptation et d'innovation ont bénéficié des mutations du système productif mondial. Deux types de territoires peuvent attirer l'attention : les systèmes productifs locaux (SPL), parfois appelés « districts industriels » en référence aux travaux d'A. Marshall, et les technopôles. Les deux formes découlent de l'idée que la concentration spatiale favorise les échanges entre les entreprises.

Les SPL sont inspirés du modèle des districts industriels de l'Italie du Nord (« la Troisième Italie »). Un SPL peut être défini comme un ensemble d'entreprises ou d'industries petites et moyennes (PME-PMI), à la fois concurrentes et complémentaires, spécialisées dans un type de métier ou de produit. Ces PME-PMI sont localisées sur un territoire donné qui forme un bassin d'emploi et de productions spécifiques, nécessitant des savoir-faire particuliers et à forte valeur ajoutée. Les SPL offrent aussi des structures d'animation, des dispositifs de formation qui permettent une innovation permanente et une forte capacité d'adaptation. L'ensemble du tissu entrepreneurial fonctionne en association avec les autres acteurs du territoire, grâce à un rapport de confiance qui fait que chaque partie prenante du processus de production peut compter sur les prestations des autres. Cette organisation repose donc sur un réseau d'interdépendances où les unités productives se partagent le travail.

Il existe en France plusieurs SPL. Le Choletais, en Vendée, étudié par J.-P. Houssel, réunit par exemple un grand nombre d'entreprises textiles et de chaussures. À partir de la compétence traditionnelle des horlogers, le Jura a su développer une industrie de petite mécanique (lunetterie de Morez), de plastique de précision (Oyonnax) et de pièces métalliques spéciales. Dans les Alpes, la Vallée de l'Arve s'est spécialisée dans le décolletage (fabrication de vis et de boulons). À Thiers, c'est la coutellerie. Sur le plateau du Vimeu, dans la Somme, la serrurerie, la robinetterie et la métallurgie légère se sont imposées tandis que dans la vallée voisine de la Bresle, on fabrique des flacons en verre pour les parfums de luxe. Toutefois, les tentatives de reconversion de cet ordre n'ont pas toutes connu le même succès : par exemple, la chapellerie de la haute vallée de l'Aude avait tenté sans succès de se tourner vers la production de matières plastiques dans les années 1960.

Pendant du SPL, le technopôle fonctionne sur la même logique de proximité, mais ajoute aux concentrations d'entreprises les institutions publiques et privées d'enseignement supérieur ou de recherche. Entreprises et établissements de recherche entretiennent des synergies étroites permettant la mise en commun de savoirs scientifiques et techniques et donc la création ou la diffusion d'innovations. Les entreprises des technopôles ont ainsi une activité qui comporte une part élevée de recherche et développement, sur le modèle de la Silicon Valley californienne. Ils ont selon les cas été qualifiés de « districts de haute technologie » ou de « systèmes locaux d'innovation ». La première technopôle a été créée en 1969 à Sophia-Antipolis, sur 2 400 ha, dans le parc naturel de la Valmasque, dans l'arrière-pays antibois. Il s'agissait à l'époque du seul espace où le foncier permettait d'implanter un site pouvant bénéficier de la proximité du deuxième aéroport français, Nice-Côté d'Azur. Le pôle, créé à l'initiative de Pierre Laffitte, directeur de Mines Paris Tech (le nom Sophia rappellerait le prénom de sa femme), et soutenu par les pouvoirs publics et les acteurs locaux, a fondé son développement sur les technologies de l'information et de la communication, ainsi que sur la médecine et la biochimie. Les entreprises IBM implantées à la Gaude et Texas Instrument à Villeneuve-Loubet se sont aussi rapprochées du technopôle.

Il existe aujourd'hui des dizaines de technopôles. Le plus important est celui de Paris-Sud, autour du Plateau de Saclay, qui regroupe l'université d'Orsay, HEC, Polytechnique, le centre d'études nucléaires, etc. La plupart des métropoles régionales en disposent : Nancy-Brabois, Rennes-Atalante, Zone pour l'innovation et les réalisations scientifiques et techniques (ZIRST) de Meylan, à proximité de Grenoble (devenue depuis 2005 Innovallée), Atlanpole à Nantes, etc. Les villes moyennes accueillent aussi des parcs technologiques. Par exemple, Angers-Technopôle a été créé il y a vingt ans autour du végétal, de la productique-informatique-électronique et de la santé. Les relations entre cette structure et le tissu économique de l'agglomération angevine sont fortes. Le technopôle, appuyé sur deux parcs scientifiques, joue un rôle d'impulsion, d'innovation et d'organisation dans le développement d'activités de haute technologie à l'échelle du département.

Toutefois, le développement des technopôles se heurte aujourd'hui à de nouvelles formes de concurrence territoriale. Par exemple, Villeneuve-d'Ascq Technopôle (VAT) né 1986 dans l'agglomération lilloise, a conforté les options d'aménagement initiées par la construction de ville nouvelle de Villeneuve-d'Ascq. Le technopôle a favorisé l'exurbanisation des universités lilloises dans les années 1960. Mais Villeneuve-d'Ascq Technopôle n'est plus aujourd'hui qu'un des territoires à vocation technopolitaine de la métropole lilloise. Il y a alors concurrence entre les technopôles métropolitains.

Il faut enfin distinguer le « technopôle » de la « technopole ». La technopole désigne en effet une ville technopolitaine, c'est-à-dire une ville qui fonde son développement sur les activités de haute technologie, de recherche et de développement. Une technopole regroupe en général plusieurs technopôles. Toulouse et Grenoble sont aujourd'hui les meilleurs exemples de ces agglomérations technopolitaines (cf. encadré). Ces villes ont assis la reconversion de leur secteur industriel sur la spécialisation dans le secteur des hautes technologies. Elles ont développé une politique d'accueil des cadres, chercheurs et techniciens et en favorisant la création de parcs technologiques. Dans une moindre mesure, Lille ou Montpellier présentent aussi ce profil technopolitain.

C. Des territoires consolidés

Certains territoires ont su accompagner les mutations de leurs activités industrielles. Cet accompagnement a été d'autant plus facile que les évolutions étaient lentes. L'Île-de-France et Rhône-Alpes constituent de bons exemples de ces territoires industriels qui se sont consolidés grâce à une reconversion progressive et une adaptation continue. La région capitale a ainsi connu une importante « décentralisation industrielle » qui a combiné l'essaimage des entreprises hors de l'agglomération centrale, les départs de firmes et les fermetures pures et simples. La fermeture du site Renault de Boulogne-Billancourt en 1992 a constitué un tournant symbolique important. L'industrie s'est réorientée vers les industries légères et la haute technologie. Elle a pu se maintenir grâce à la volonté des groupes de maintenir une localisation francilienne et grâce à des alternatives fournies au sein même de la région. De nouveaux sites industriels sont nés : Poissy, Flins, Aulnay-sous-Bois pour l'automobile ; Les Mureaux et Vélizy pour l'aéronautique, etc. Certains sites perdurent en se spécialisant : c'est le cas de la boucle de Gennevilliers autour de la logistique (siège de Calberson) et des activités portuaires (ciments, produits pétroliers, automobile, produits agricoles). Les villes nouvelles ont aussi permis le desserrement de l'industrie francilienne sous la forme de parcs d'activités, qui accordent une place toujours plus importante aux activités non productrices.

L'adaptation peut se faire à des échelles plus fines. Le cas de la technopole toulousaine (cf. encadré ci-dessous) est ici exemplaire. Mais d'autres territoires parviennent également à consolider leurs activités, au prix parfois de transformations importantes. Par exemple, A. Gorgeu et René Matthieu ont montré comment le groupe PSA Peugeot-Citroën, constructeur automobile français, a choisi des formes d'organisation où priment proximité physique et organisationnelle entre usines clientes et usines fournisseurs[1]. La décision de spécialiser ses usines de montage par segment de production, avec des plates-formes communes à plusieurs modèles d'une même gamme, a ainsi entraîné une extension de la zone automobile en Franche-Comté. L'entreprise emploie aujourd'hui directement près de 40 000 personnes (sans compter les intérimaires, soit 8 800 personnes au total en 2000) sur trois sites (Mulhouse, Sochaux et Vesoul). Plusieurs fournisseurs se sont installés dans une nouvelle zone industrielle située à égale distance des usines de Peugeot Sochaux et Mulhouse. On a donc un territoire de l'industrie automobile qui s'étend et se consolide grâce à la stratégie d'une entreprise, qui reçoit un écho favorable auprès des sous-traitants locaux.

1. A. Gorgeu et R. Mathieu, 2009, « Les enjeux de la proximité des fournisseurs dans la filière automobile en France », *L'Espace géographique*, vol. 38, p. 110-123.

La technopole toulousaine

L'agglomération toulousaine est une métropole dont le développement est fondé sur l'industrie de haute technologie, ce qui en fait une technopole (littéralement, une ville technologique) de rayonnement européen.

Le développement industriel toulousain est appuyé par un soutien ancien de l'État. La tradition industrielle est longue puisque les industries de poudre y ont été délocalisées lors de la Première Guerre mondiale, afin de les mettre à l'abri loin du front de l'est. Ces industries ont donné naissance à un important secteur de la chimie, qui a connu un épisode tragique récent, lors de l'explosion de l'usine AZF en 2001. Mais la ville a surtout fondé sa puissance industrielle sur l'aéronautique et l'aérospatiale.

Toulouse est en effet le berceau de l'Aéropostale : en 1919, le premier avion s'envole pour le Maroc. Les premiers établissements militaires et aéronautiques arrivent dans l'entre-deux-guerres, profitant de l'éloignement des fronts militaires du nord-est. Le potentiel industriel ne cesse d'être renforcé par les initiatives étatiques : programme Caravelle en 1955, Concorde en 1969, Airbus en 1972.

Lorsqu'en 1963 Toulouse devient métropole d'équilibre, la fonction universitaire ancienne sert de point d'appui à la tradition aéronautique régionale dont le développement est étroitement associé à Bréguet, Latécoère, Aéropostale. En 1970, la création d'Airbus, précédée par celle d'Aérospatiale s'opère sous la forme d'un groupement d'intérêt économique (GIE) réunissant Aérospatiale, Daimler-Benz, British-Aerospace et Casa Espagne. Le principal bureau d'études du GIE, celui d'Aérospatiale, est localisé à Toulouse. La proximité immédiate entre Airbus Industrie, au nord de l'aéroport, et le bureau d'études d'Aérospatiale, au sud, permet d'établir un lien constant entre les besoins des compagnies et les améliorations techniques que propose le bureau d'études de l'avionneur. En 1999 est créé EADS (*European Aeronautic Defence and Space Company*), entreprise de droit privé cotée en bourse, dont le siège est fixé à Amsterdam. Cette firme, quasi-holding financier, est organisée en quatre divisions : Espace (Astrium et Ariane), Missiles et avions militaires, Hélicoptères (Eurocopter) et Airbus, devenu AIC (*Airbus Integrated Company*).

Le siège social d'AIC reste fixé à Toulouse. Il s'est considérablement renforcé. Le site toulousain d'Airbus (au total 9 000 salariés pour la partie bureaux d'études et ateliers, plus 3 000 pour les parties siège, direction, commercialisation, essais) a une fonction d'assemblage et de montage des différents éléments reçus de l'extérieur. Les équipementiers ou « systémiers » majeurs sont localisés dans la périphérie toulousaine, tant au niveau de la conception que de la fabrication : Liebherr Aerospace, Latécoère, Ratier-Figeac, Rockwell Collins, Microturbo (Snecma), Honeywell. Le cas le plus caractéristique est celui de Thalès Avionics (ex-Sextant, filiale de Thomson) qui, au début des années 2000, a quitté Vélizy, en région parisienne, pour se transférer à Toulouse avec 350 salariés. Il emploie aujourd'hui plus de 630 personnes (dont 80 % d'ingénieurs).

Depuis le début des années 1990, Airbus et les « systémiers » locaux ont intensifié leurs relations avec le milieu de la recherche. L'agglomération compte plusieurs technopôles : Labège-innopole, Parc Technologique du Canal, Aerospace valley, etc. Les nombreux établissements d'enseignement et de recherche, liés directement à l'aéronautique, telles les écoles d'ingénieurs (ENSAE ou Sup-Aéro, ENSICA, ENSHEEIT, INSA, École d'ingénieurs de Tarbes, plus récemment École des Mines d'Albi), les centres de recherche (CERT-ONERA, 350 personnes), et les laboratoires du CNRS en sciences de l'ingénieur (LAAS, 400 chercheurs) ou en informatique de l'Université (IRIT, 250 chercheurs) fonctionnent en synergie avec les avionneurs. Ceux-ci participent à des programmes de recherche. Ils s'associent à des industriels d'autres secteurs tels que l'automobile, l'électronique ou la recherche médicale. L'Europe et la région Midi-Pyrénées, appuient ces programmes par leurs financements.

L'activité aéronautique bénéficie, en outre, d'un ensemble de services localisés dans l'agglomération. Par exemple, les essais de matériel sont assurés à Balma, dans la banlieue est de Toulouse, par le CEAT (Centre d'essais aéronautique de Toulouse, 650 salariés), organisme qui dépend du ministère de la Défense, mais travaille de plus en plus pour le secteur civil. Une série de services « en aval » est aussi présente à Toulouse : de l'assistance à la commercialisation, comme par exemple Euresas (École de formation à la vente et maintenance des avions, désormais baptisée Air Business Academy), Aéroconseil et ses filiales, ou encore de nombreuses PME de maintenance.

L'activité aéronautique à Toulouse fonctionne donc désormais comme un « système local de compétences » étendu à l'échelle du territoire métropolitain.

D'après J.-M. Zuliani et G. Jalabert, « L'industrie aéronautique européenne : organisation industrielle et fonctionnement en réseaux », *L'Espace géographique*, 2/34, 2005, p. 117-144.

Toulouse, technopole européenne

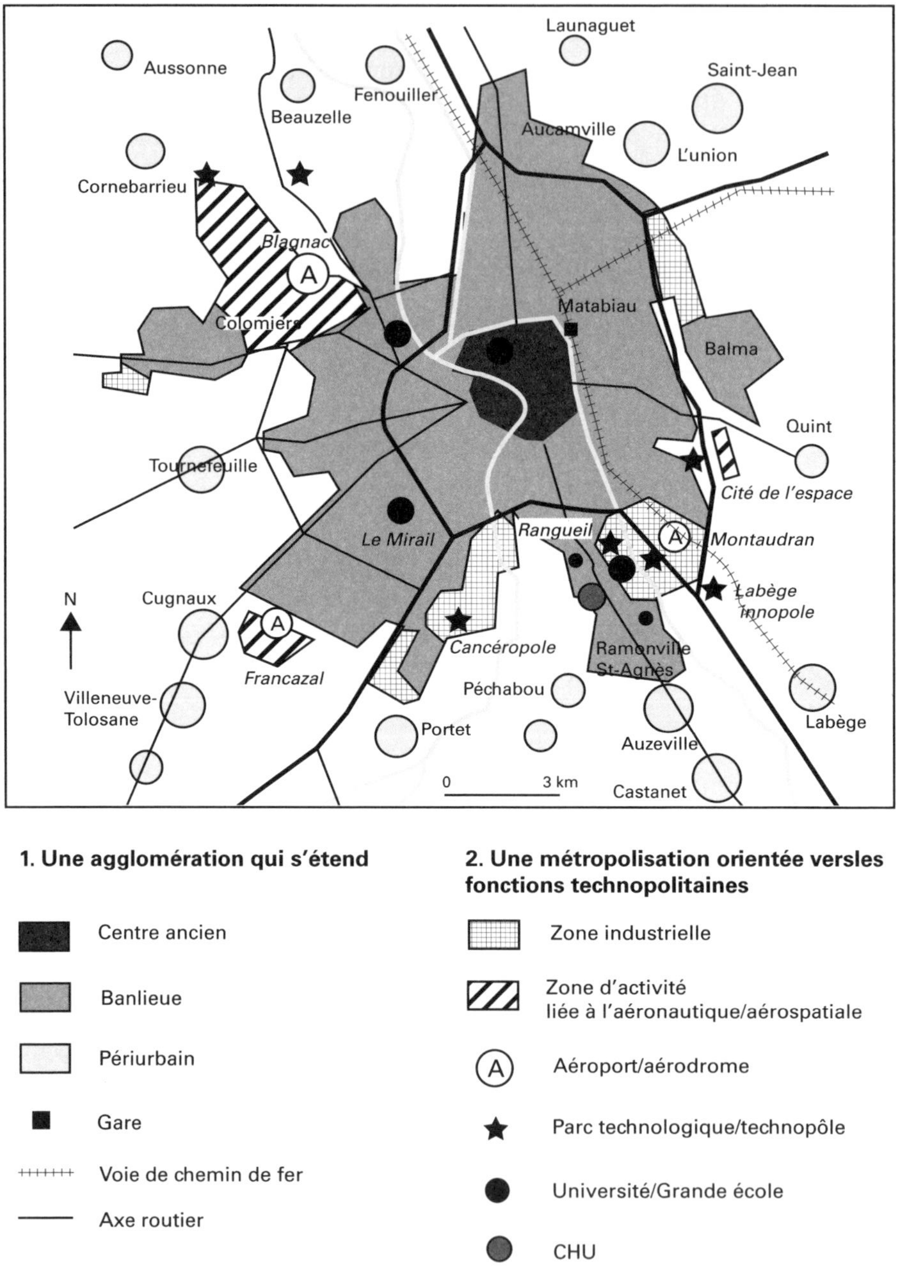

Source : M. Reghezza-Zitt, cartes IGN 1/100 000 et 1/25 000e

III. LE DEVENIR DES TERRITOIRES INDUSTRIELS

Face aux transformations de l'activité industrielle et à leurs conséquences économiques, sociales, paysagères, les territoires connaissent des évolutions contrastées, qui dépendent à la fois des ressources et du volontarisme local, et des aides de l'État, désormais relayé par l'Europe.

A. Des territoires entre aides publiques et reconversion

Les politiques d'aide aux territoires industriels en difficulté sont anciennes, puisque dès 1951, le traité instituant la Communauté européenne du charbon et de l'acier (CECA, qui a expiré en juillet 2002) comportait un important volet d'aide à la reconversion et à la restructuration des activités concernées.

Les dispositifs sont d'abord nationaux, avec les « zones de conversion » en 1967. Elles concernent au départ les régions minières, puis la sidérurgie, le textile, les chantiers navals. Dans ces espaces, des actions mêlant aides aux entreprises, formation, transferts de technologie, accompagnent des politiques d'amélioration de l'habitat, de réhabilitation de friches industrielles et d'implantations de nouveaux équipements logistiques. En 1982, la Prime d'aménagement du territoire (PAT) aide financièrement les entreprises qui créent des activités dans ces zones. En 1984, on dénombre 14 pôles de conversion : les bassins sidérurgiques lorrains, Calais-Dunkerque, le bassin minier valenciennois, la vallée de la Sambre, la vallée de la Meuse (Ardennes), les ports méditerranéens (La Seyne, La Ciotat, Fos-sur-Mer), les bassins miniers du Massif central (Decazeville, Albi-Carmaux, Le Creusot-Montceau-les-Mines, Chalon-sur-Saône), les bassins d'emploi en difficulté (Roanne, Montluçon, Saint-Étienne), Caen (métallurgie).

Peu à peu, les dispositifs changent d'échelons. Les politiques de fonds structurels de l'Union européenne, avec en particulier l'objectif 2, viennent s'ajouter aux aides étatiques. Dans les zones éligibles, les fonds européens sont d'ailleurs devenus plus importants que les fonds d'origine nationale.

Enfin, depuis 2003, on a créé des contrats de site, qui sont passés entre la ou les collectivités locales concernée(s) et l'État. On a là un bon exemple de la volonté de territorialisation des politiques publiques, avec une implication plus grande des acteurs locaux. Quatre sites ont bénéficié de ces contrats : Romorantin-Salbris (MATRA Automobile), Angers (ACT Manufacturing), Longwy (Daewoo), Noyelles-Godault (Métaleurop). Parallèlement, depuis 2002, des conventions de revitalisation des bassins d'emplois sont signées.

Les aides assurent donc moins le soutien à une activité en crise que la reconversion des territoires marqués par le déclin industriel. La reconversion ne touche pas en effet simplement les activités industrielles mais concerne toutes les composantes du territoire. On assiste d'abord au démantèlement des locaux et infrastructures industrielles. Puis viennent la réhabilitation et la reconversion à proprement parler. Les friches, une fois qu'elles ont été nettoyées et dépolluées, sont réoccupées par des zones industrielles ou commerciales, qui peuvent bénéficier de la proximité des infrastructures logistiques. Mais souvent, les nouvelles activités économiques ne réinvestissent pas les espaces anciennement occupés et s'installent au contraire à l'écart. L'usine de la Smart implantée à Hambach, au sud de Sarreguemines est un exemple fort de la reconversion des marges du bassin houiller, hors des zones minières à proprement parler.

Parallèlement, un gros effort est porté à la rénovation de l'habitat, à la formation des populations, à la construction d'une autre image. Il faut en effet une politique volontariste pour attirer les entreprises. À Longwy par exemple (cf. encadré), depuis plus de trente ans, les acteurs locaux ont cherché à réindustrialiser le bassin par l'aménagement de nouvelles zones industrielles ou d'activités situées soit en terre vierge sur le plateau et desservies par l'axe rénové de la N52, soit sur une partie des anciens sites de production débarrassés de leurs friches industrielles, dépollués en surface et « renaturés ». Peugeot s'est implanté à Villers-la-Montagne pour fabriquer des pièces de fonderie destinées à l'automobile. Des entreprises étrangères, comme *Performance Fibers*, s'y sont aussi installées. Mais certaines reconversions sont des échecs. L'entreprise JVC, d'origine asiatique, est arrivée en 1988 à Villers-la-Montagne, mais a délocalisé son site en Écosse en octobre 1996 ; Panasonic a fermé au printemps 1998 ; le coréen Daewoo a fermé ses trois sites en janvier 2003, laissant à chaque fois de nouvelles friches. De même, dans les Vosges, la reconversion est amorcée dans les années 1960, dès les premiers chocs de la crise textile, avec une recherche constante de substitution des activités. On s'est d'abord orienté vers de nouvelles activités textiles, plus modernes, encouragées par les aides de l'État et de l'Europe. Cette politique s'est souvent soldée par un échec, avec la fermeture des usines et l'apparition de nouvelles friches. Les territoires vosgiens ont aussi cherché à attirer d'autres industries, en particulier autour du papier. Cette stratégie de diversification a été plus efficace, mais elle peut conduire à une forte dépendance vis-à-vis des nouveaux secteurs qui connaissent eux aussi crise et délocalisations[1].

1. S. Edelblutte, 2008, « Que reste-t-il du textile vosgien ? », *L'Information géographique*, n° 2, Vol. 72, p. 66-88.

Enfin, certains territoires changent complètement d'activités : c'est le cas d'Amnéville, en Lorraine (cf. encadré), qui s'oriente vers le tourisme. Dans les Vosges, certaines friches textiles ont été réutilisées pour construire des piscines, des hôtels-restaurants et quelques résidences afin de développer l'activité touristique. À Carmaux, dans le Sud de la France, l'ancienne mine de charbon à ciel ouvert, fermée en 1997, a été réaménagée en pôle de loisirs. À Nœux-les-Mines, dans le Nord, le terril a été équipé d'une piste synthétique pour la pratique du ski. Il constitue le centre du Parc « Loisinord », avec un plan d'eau et un golf.

Une reconversion appuyée sur l'intégration européenne et la situation frontalière : le cas du bassin de Longwy

Le bassin de Longwy a déjà subi une crise profonde suite à l'effondrement de l'activité sidérurgique. Le développement de ce territoire a été assis sur sa situation frontalière, devenue une ressource dans le cadre de l'intégration européenne puisqu'elle en fait un espace privilégié pour les flux de travailleurs et de clients potentiels. Le 19 juillet 1985, le PED (Pôle Européen de Développement) des Trois Frontières a été créé par la signature d'une Déclaration Commune Intergouvernementale par les trois États concernés (Belgique, France et Luxembourg). Une longue phase de reconversion industrielle, aux résultats mitigés, orientée et financée par les institutions nationales et européennes, laisse désormais la place à un projet de développement appuyé sur le local, autour du commerce et de l'artisanat. Les acteurs sont à la fois des acteurs privés (groupes de la grande distribution et artisans) et les collectivités territoriales locales regroupées dans une intercommunalité. Aujourd'hui, le territoire s'oriente vers l'implantation d'équipements tertiaires qui lui font défaut et se tourne vers le Luxembourg. L'intégration a toutefois un prix avec des concurrences territoriales exacerbées à l'échelle de la région transfrontalière. Mais au final, le bilan semble plutôt avantageux : pour la première fois depuis quarante ans, le solde migratoire de la zone d'emploi de Longwy est redevenu positif au cours de la période 1999-2005.

D'après Colette Renard-Grandmontagne,
« Le bassin sidérurgique de Longwy :
nouvelle reconversion, nouveaux acteurs »,
Revue Géographique de l'Est, vol. 46/3-4, 2006.
URL : http ://rge.revues.org/index1385.html

Amnéville : du territoire industriel au lieu touristique

Amnéville est une commune de 10 000 habitants, située en Moselle dans la vallée de l'Orne, à mi-chemin entre Metz et Thionville. Elle est donc implantée au cœur du « polygone lourd » de la sidérurgie lorraine, qui s'étend sur les trois vallées de la Moselle et de ses deux affluents, l'Orne et la Fensch. Elle appartient de fait au département le plus touché par le recul de l'industrie.

La reconversion repose ici sur une « politique volontariste spontanée sans étude ni analyse préalables, émanant d'initiatives purement locales ». Les acteurs locaux ont su identifier de nouvelles ressources pour le territoire : la présence d'une source chlorurée sodique hyperminérale permettrait la création d'une station thermale. La ville a lancé le « pari audacieux de transformer les friches d'une région industrielle sans attractivité touristique *a priori* » en un espace de tourisme et de loisirs centré sur un marché de proximité et de courts séjours.

En 1988, la municipalité a décidé de réaménager la vaste friche industrielle d'un crassier (amas de scories et de sous-produits métallurgiques). Les bassins de boues noires sont devenus des parkings ou des plates-formes engazonnées. Le « pain de sucre », sommet du crassier, a été conservé. On y a aménagé le « transmobile », avec deux pistes de luges de 350 mètres. La salle de concert *Le Galaxie* a été implanté sur le côté oriental du crassier, le côté occidental a été aménagé le golf.

Certaines activités sont aujourd'hui très rentables : l'établissement thermal, le Casino, la Taverne du Brasseur. D'autres ne le sont pas encore : le Galaxie, le zoo, ou le golf. Amnéville reçoit quatre millions de visiteurs annuels, entre le centre thermal, les équipements sportifs et ludiques, les équipements culturels. La reconversion pose toutefois des problèmes : en particulier, la coexistence de plusieurs types de populations, dans des lieux qui n'étaient pas *a priori* considérés comme touristiques, est source de tensions. Si le cas d'Amnéville semble un succès, la pérennité de ce type d'expérience reste en débat.

D'après E. Fagnoni, « Amnéville, de la cité industrielle à la cité touristique : quel devenir pour les territoires urbains en déprise ? », *Mondes en développement*, vol. 1, n° 125, 2004, p. 51-66.

B. Conforter la compétitivité des territoires

À côté de la reconversion des territoires en crise, les différents dispositifs d'aménagement cherchent à conforter les territoires déjà compétitifs. La stratégie adoptée ici reprend les objectifs de la déclaration de Lisbonne datée de mars 2000, qui vise à transformer l'économie de l'Union européenne en une économie de la connaissance et à conforter l'ancrage à la mondialisation à partir des territoires.

Cette politique s'appuie depuis 2004 sur les pôles de compétitivités, lancés par l'État. Ces pôles réunissent des entreprises, des centres de recherche, des organismes de formation, sur un périmètre donné, appuyé sur un ou plusieurs foyers qui peuvent être établis dans plusieurs régions et autour d'un projet ou d'une thématique commune. Ce type d'organisation se rapproche des SPL, mais poursuit d'autres objectifs. Les SPL recherchent en effet le maintien d'une activité productive, souvent en zone rurale ou dans des villes moyennes. Le pôle de compétitivité associe la spécificité et la qualité du lieu avec celles des entreprises. Il valorise l'innovation et l'intégration entre les activités industrielles et les activités de services. Il cumule les qualités du local, en termes de proximité et d'échange, et l'ouverture à la mondialisation. L'échelle change également puisque le territoire privilégié est l'aire métropolitaine ou l'ensemble régional.

En 2004, 66 dossiers ont été sélectionnés, avec 6 pôles mondiaux, 10 à vocation mondiale et 50 pôles nationaux. En 2007, il y avait 71 pôles. Ces pôles sont fortement soutenus par les aides étatiques, mais aussi par des programmes européens. Leur répartition géographique privilégie très largement les villes et les métropoles.

La réussite des pôles renvoie à l'adhésion des acteurs locaux, même s'ils impliquent souvent une recomposition du jeu d'acteurs sur les territoires. Ils favorisent en particulier les acteurs privés, les PME-PMI et les pouvoirs locaux au détriment des pouvoirs publics nationaux et des administrations traditionnelles.

À une autre échelle, les pôles de compétitivité sont des instruments pour assurer le passage d'un « territoire-zone », structuré de façon verticale autour de relations centre-périphéries, à un « territoire-réseau ». La mondialisation s'appuie en effet sur un réseau de nœuds, qui fonctionnent en interrelations étroites, horizontales. Les pôles renvoient ainsi à la fameuse « économie d'archipel » qui caractérise la mondialisation. Ils confortent un système relationnel plus intense d'échelle nationale, voire internationale, grâce à une territorialisation à l'échelle locale. Ils confortent aussi les espaces déjà « gagnants », en posant la question du devenir des espaces moins bien reliés.

C. Valoriser les territoires de l'industrie : la patrimonialisation

Les territoires de l'industrie, parce qu'ils sont profondément marqués par les activités qui les ont structurés, ont une identité particulière, qui est de plus en plus valorisée comme une ressource patrimoniale.

Pendant des années, la reconversion s'est opérée à partir de la destruction du passé industriel. Dans les bassins miniers par exemple, les chevalements ont systématiquement été démontés tandis que les matériaux des terrils ont été réutilisés. Les infrastructures portuaires ont aussi été démantelées, de même que les forges et autres témoins des activités sidérurgiques. Dans les vallées alpines, on a détruit les usines d'électrométallurgie et les infrastructures d'exploitation de la houille blanche.

Mais à partir des années 1970, la France redécouvre son patrimoine industriel. Cet intérêt est d'abord venu d'Angleterre, avec la création dans les années 1950 de l'archéologie industrielle. Peu à peu, on commence à s'intéresser aux bâtiments, mais aussi aux paysages, aux savoir-faire, à une culture ouvrière spécifique.

Le patrimoine industriel est donc peu à peu identifié et protégé, avec plus ou moins de succès. En Lorraine par exemple, on a classé le Carreau Wendel, qui est devenu un musée de la mine ouvert en juin 2006. Ce projet s'intègre dans une vaste dynamique de coopération transfrontalière avec la Communauté d'Agglomération de Forbach, le Land de Sarre et la ville de Sarrebruck. Dans le Nord-Pas-de-Calais, dès avant la fermeture de la dernière mine de charbon en 1990, deux époques se sont succédé : une première phase jusqu'aux années 1990, avec la constitution du Centre Historique Minier de Lewarde, d'origine patronale qu'accompagnent plusieurs initiatives issues au contraire de mobilisations locales ; une deuxième période postérieure à la fermeture de la dernière fosse du bassin Nord-Pas-de-Calais, avec une concentration de moyens juridiques de protection sur quelques sites dont certains sont classés monuments historiques, tels Wallers-Arenberg, Oignies, etc. On recense aujourd'hui dix-huit initiatives de conservation et de valorisation du patrimoine minier. Neuf se situent dans le Nord et neuf dans le Pas-de-Calais. En Lorraine, dans la vallée de la Fensch, le haut-fourneau n° 4 d'Uckange a été inscrit au titre de monument historique en 2001 (le site a été arrêté à cette même date). Dans les Vosges, le Parc Naturel Régional des Ballons des Vosges (PNRBV) a coordonné un inventaire du patrimoine architectural lié à l'industrie textile. 320 sites ont été identifiés. Le parc multiplie les initiatives pour valoriser ce patrimoine avec par exemple des randonnées cyclistes autour des sites anciens et actuels du textile, mais aussi pour découvrir les transformations paysagères, architecturales et urbaines liées à cette activité. Il existe également quatre musées textiles installés dans d'anciennes usines réhabilitées : Val-et-Châtillon, Ventron, Sainte-Marie-aux-Mines et Wesserling.

La mise en valeur du patrimoine industriel vise enfin à créer localement de nouvelles activités. En Lorraine, la patrimonialisation de la Rosselle doit favoriser l'implantation de nouvelles activités économiques dans le cadre de la première technopole transfrontalière entre la France et l'Allemagne. À Loos-en-Gohelle, dans le Nord-Pas-de-Calais, au pied des emblématiques terrils jumeaux, on cherche à créer un écopôle, parc d'activité tourné vers les technologies du développement durable. L'un des défis majeurs de la reconversion industrielle, mais aussi sans doute une opportunité importante, réside en effet dans un nouveau rapport à l'environnement. L'industrie est responsable d'un certain nombre de risques, de nuisances, de pollutions, qui ont non seulement dégradé la qualité de la vie, mais également porté atteinte à leur image des territoires. Les nouvelles technologies attachées à l'« excellence écologique » peuvent au contraire constituer un levier de développement local important, avec l'implantation de nouvelles activités à forte valeur ajoutée.

La patrimonialisation peut finalement changer l'image des territoires et être un moteur de la reconversion à des échelles plus globales. À Nantes par exemple, l'espace urbain valorise aujourd'hui les traces de son passé industriel. Certains lieux sont devenus des symboles d'une régénération urbaine qui a su intégrer les legs du passé. L'ancien bâtiment de l'usine LU, abandonnée dans les années 1980 est devenu le « Lieu Unique », qui reprend les initiales de LU. L'ancienne biscuiterie a été restaurée et transformée en centre culturel qui peut accueillir des spectacles, des expositions, des manifestations culturelles variées. Le bâtiment rénové et reconverti est désormais parfaitement intégré à la vie du quartier d'affaires voisin. Un peu plus loin, l'Île-de-Nantes (cf. chapitre 4) a été entièrement réaménagée autour de la mise en valeur des anciens bâtiments industriels. Les hangars qui abritaient autrefois les ateliers de chaudronnerie, font l'objet d'un projet culturel, celui des « machines ». Le Grand Éléphant, les Mondes Marins ou l'Arbre aux Hérons sont des machines accessibles au public, à la fois sculptures urbaines, attractions touristiques et rappel de la tradition industrielle nantaise. Le théâtre de rue rejoint ici la patrimonialisation des savoir-faire industriels pour créer un nouvel espace public et redonner vie à une friche délaissée. Le projet de reconquête s'étend à l'ensemble de l'île. Les grues Titan, ont été classées et restaurées. Les hangars du quai des Antilles ont été reconvertis en bars et restaurants. L'artiste Buren a installé ses œuvres (des anneaux) sur ce même quai. Au final, comme le souligne A. Chasseriau[1], la ville de Nantes, frappée de plein fouet par la désindustrialisation des années 1970, a entamé une politique de renouvellement urbain qui s'appuie en partie sur la mise en valeur des liens au passé. Le projet urbain est un projet global, qui dépasse la simple rénovation et de réhabilitation des friches industrielle. Il accompagne les actions physiques de restauration du bâti par des actions économiques et sociales, visant à intégrer le territoire dans la ville et dans le développement local.

CONCLUSION

Les territoires industriels connaissent donc des situations variées, en fonction des héritages, mais aussi de dispositifs d'aménagement exogènes et de plus en plus, de leurs propres dynamiques, suscitées par les initiatives des acteurs locaux. La territorialisation de l'industrie implique une sensibilité accrue des territoires industriels qui doivent sans cesse s'adapter aux transformations rapides de l'activité.

Les mutations de ces territoires répondent à la fois aux évolutions des différents modèles industriels et aux effets de la désindustrialisation. Celle-ci doit toutefois être nuancée. Certes, on observe un recul de l'emploi industriel et de la contribution de l'industrie au PIB. Mais, on assiste aussi à une transformation de l'industrie : par exemple, les entreprises externalisent de plus en plus une partie de leurs activités vers le secteur des services. De même, on a vu le rôle de l'« économie de la connaissance » dans la transformation du secteur industriel.

Les mutations des territoires industriels reflètent enfin plus généralement les impacts de la mondialisation, avec en particulier le lien toujours plus étroit entre le local et le global.

Bibliographie

Boyer R., Freyssenet M. (2000), *Les modèles productifs*, La Découverte, 120 p.

L. Carroué *et alii* (2007), *La Mondialisation*, Armand Colin, coll. SEDES-CNED, 312 p. Voir en particulier le chapitre 4.

Pecqueur B. (2008) « Pôles de compétitivité et spécificité de la ressource technologique : une illustration grenobloise », *Géographie, économie, société*, n° 3, vol. 10, p. 311-326.

Veltz P. (2005), *Mondialisation villes et territoires*, PUF, 288 p.

Norois (2006), *Technopôles, un concept dépassé ?*, n° 200, 100 p.

1. A. Chasseriau, « Au cœur du renouvellement urbain nantais : la Loire en projet », *Norois*, n° 192, 2004, http ://norois.revues.org/index899.html.

Chapitre 7

Les territoires périphériques : de l'intégration au développement local

Une périphérie géographique est un espace qui subit la domination d'un centre, c'est-à-dire d'un territoire qui concentre une certaine masse de population, des activités de production et de services rares, des richesses et qui polarise les fonctions de commandement politique, économique, culturel, etc. La périphérie ne peut donc se comprendre que dans sa relation de dépendance à un centre au sein d'un système territorial d'échelle donnée. De fait, suivant l'échelle du système territorial considéré, un même espace peut être un centre ou une périphérie. Par exemple, des villes du Bassin Parisien comme Caen, Orléans ou Amiens sont des périphéries de la région parisienne, mais des centres à l'échelle locale. La Martinique est une périphérie à l'échelle nationale et européenne (elle appartient même aux régions dites « ultra-périphériques » de l'Union), mais elle constitue un centre de la Caraïbe, tandis que Fort-de-France apparaît comme un hyper-centre à l'échelle de l'île.

Le caractère périphérique d'un territoire n'est donc pas lié à sa localisation « géométrique » dans l'espace, mais à une situation de subordination, qui peut aller jusqu'à l'absence d'autonomie par rapport au centre. Parfois, la localisation géographique et la situation de périphérie géographique coïncident. C'est le cas des îles, espaces ultra-marins, marges frontalières, espaces périurbains, espaces ruraux, etc. Certaines périphéries géographiques se situent en revanche « au centre géométrique », « au milieu », d'un système territorial : ainsi, le Massif central occupe, comme son nom l'indique, le centre de la France métropolitaine, mais est une périphérie dominée. De même, à une autre échelle, les cirques de Mafate, Salazie et Cilaos, qui sont situés « au centre » de l'île de la Réunion, sont des périphéries dominées par les villes du littoral. À l'inverse, une position de périphérie géométrique ne signifie pas pour autant qu'un territoire relève d'une situation de périphérie géographique. Par exemple, si, par définition, les banlieues occupent toutes une position périphérique par rapport au centre-ville, toutes les banlieues ne sont pas des périphéries au sens d'espace dominé : le quartier d'affaires de la Défense, situé dans la banlieue de Paris est au contraire un centre économique d'envergure mondiale.

Enfin la domination du centre peut prendre des formes diverses : la relation centre-périphérie suppose en effet une série d'échanges asymétriques, dont la nature et l'intensité peuvent varier. Aussi existe-t-il différents degrés d'intégration des périphéries depuis la marche ou les confins – espaces délaissés voire abandonnés, en passant par la marge isolée et enclavée, peu peuplée et peu exploitée, jusqu'à la périphérie intégrée, bien reliée au centre par divers réseaux. Par conséquent, le caractère périphérique d'un territoire se décline de diverses manières et évolue au cours du temps.

Une fois ces définitions posées, on peut se demander quelles sont, dans le cas français, la nature et les spécificités de ces territoires périphériques. Quel est leur statut au sein non seulement du territoire national, mais à des échelles plus fines ? Comment sont-ils mis en valeur ?

I. LES PÉRIPHÉRIES DU TERRITOIRE NATIONAL

Parler de périphérie suppose de s'intéresser à des territoires de natures et d'échelles très diverses. Quelles sont les caractéristiques des territoires périphériques en France ?

A. La diversité des périphéries

Il faut d'abord évoquer le cas des périphéries géométriques du territoire national, à savoir les espaces de frontières et les littoraux. Dans le cadre de la construction de l'État-nation autour d'un pouvoir centralisé, les frontières constituent en effet des espaces stratégiques dont le contrôle est un préalable indispensable à la consolidation du territoire national. Les territoires frontaliers ont donc été soit des marches jouant le rôle d'espace tampon entre deux souverainetés (les Pyrénées par exemple), soit des marges à intégrer au territoire national (les frontières de l'est de la France). Les littoraux ont été quant à eux des espaces relativement délaissés jusqu'au XIXe siècle, du fait des risques inhérents au contact terre/mer : par exemple, les littoraux méditerranéens, menacés par la malaria et les attaques de pirates, sont longtemps apparus comme des « territoires du vide », selon l'expression d'A. Corbin. Les littoraux de l'Atlantique, de la Manche et de la Mer du Nord, et dans une moindre mesure de la Méditerranée, ont cependant servi les ambitions royales en jouant un rôle d'ouverture vers l'outre-mer. Le pouvoir royal, puis la République, se sont appuyés sur ces espaces pour servir le projet colonial ou encore le commerce international, puis plus tard, pour s'insérer dans la mondialisation. Les grands aménagements autour des ports, qu'il s'agisse de construction, de fortification ou de modernisation, en témoignent. Les frontières terrestres et les littoraux sont par conséquent des périphéries qui ont été peu à peu intégrées, à des degrés divers, au territoire national.

Désormais, les périphéries françaises se pensent davantage à partir de critères qui découlent des grands traits de l'organisation du territoire national. Avec la permanence de l'hyper-centralisation autour de l'agglomération parisienne (cf. chapitre 4), les périphéries se dessinent en creux : l'ensemble du territoire national peut à cet égard apparaître comme une périphérie plus ou moins intégrée de la région parisienne (on retrouve ici le constat formulé en 1947 par Jean-François Gravier sur « Paris et le désert français »). Toutefois, le processus de métropolisation, conforté par l'ouverture européenne et la mondialisation tend à promouvoir des centres secondaires de plus en plus puissants : des métropoles régionales, qui tendent à devenir européennes, telles que Lyon, Lille, Toulouse ou Nantes. Ces métropoles tirent leur dynamisme à la fois de leur fonction de centre relativement aux vastes régions qu'elles polarisent et des échanges de plus en plus importants qu'elles entretiennent avec d'autres métropoles européennes. De fait, le territoire français prend désormais davantage la forme d'une structure multi-polarisée, composées de plusieurs régions prospères centrées sur leur métropole régionale. À une autre échelle encore, le maillage du territoire par un réseau urbain composé de petites villes et de villes moyennes, qui sont des centres secondaires, relaie l'influence des métropoles et reproduit, à une échelle infra-régionale, le modèle centre-périphérie.

Un autre critère pour identifier les périphéries est celui de la distance et de l'accessibilité. Sur cette base, on peut dégager deux types de territoires. D'abord, l'ensemble des territoires en situation de discontinuité physique par rapport au centre et pour lesquels l'éloignement joue un rôle structurant, malgré les efforts accomplis pour réduire la distance-temps ou la distance-coût. Relèvent de cet ensemble les îles, et plus particulièrement les territoires ultra-marins. Ensuite, on a un ensemble de territoires qui reproduisent cet isolement du fait de leur enclavement. Celui-ci découle généralement de la mauvaise desserte en transports, qui réduit l'accessibilité : on peut ranger dans cette catégorie aussi bien certains espaces ruraux, en particulier les espaces de moyenne montagne, que certaines banlieues.

Dans le premier cas, on a affaire à des espaces peu peuplés, souvent vieillissants, marqués par la déprise démographique et agricole : c'est le cas par exemple de l'Ardenne, du Morvan, des plateaux du Causse, de la montagne Corse ou encore de certaines vallées alpines et pyrénéennes. Dans le second cas, il s'agit de territoires densément peuplés, mais marqués par une crise économique forte, avec des taux de chômage importants. Dans les deux cas, l'accès aux services publics et à l'emploi est souvent difficile.

Restent enfin un certain nombre d'espaces dont le caractère périphérique tient surtout à leur faible degré d'appropriation par l'homme : on se situe ici aux marges de l'*œkoumène*[1]. Ainsi, la très haute montagne alpine n'est occupée que temporairement. La forêt guyanaise, qui couvre près de 90 % de la surface de ce département-région d'outre-mer (DROM), n'est certes pas vide d'hommes, mais est un espace très faiblement approprié : il s'agit d'une périphérie dans la périphérie.

B. Des territoires atypiques

Quelle que soit leur nature, les territoires périphériques ont souvent pour caractéristique commune de présenter des singularités qui les distinguent centre et qui peuvent en faire des territoires atypiques. Premièrement, on peut noter que les périphéries présentent souvent des géosystèmes originaux. Nombre de périphéries offrent des milieux biophysiques singuliers : c'est le cas des montagnes ou des espaces ultra-marins tropicaux. Mais l'originalité n'est pas que biophysique : la distance au centre et l'histoire propre de ces territoires débouchent en effet sur des sociétés originales, que ce soit en matière de peuplement, de langue, ou de particularismes locaux. Dans le cas des territoires frontaliers, on a ainsi affaire à des espaces marqués par des identités souvent fortes, brassées par les échanges transfrontaliers. Que l'on se trouve en Flandres, en Alsace, ou plus au sud, dans les Alpes-Maritimes, la toponymie hybride révèle souvent l'intensité des liens qui se sont noués, dans le temps long, au-delà de la limite juridique de souveraineté nationale. On retrouve cette originalité dans les DROM avec la diversité d'un peuplement très métissé et très différent de la métropole. Ainsi, à la Martinique, la population est à près de 90 % composée de « gens de couleur » : Noirs, Mulâtres[2], populations d'origine indienne, asiatique ou proche-orientale. Tous ou presque parlent le créole : créole martiniquais s'ils sont nés sur l'île, mais aussi, selon leur origine, le créole guadeloupéen, le créole haïtien, le créole guyanais, etc. La population

1. *Oekoumène* : ensemble des terres habitées et exploitées par l'homme.
2. Personne née du métissage entre un parent blanc et un parent noir. Le terme très péjoratif en anglais est en revanche non connoté en français.

« blanche » se divise entre les Blancs-Pays ou Békés, descendants des premiers colons français, parlant le français et généralement le créole, et les Blancs-France ou Zoreilles, c'est-à-dire les Métropolitains résidant en Martinique pour la durée d'un contrat, qui ne parlent que le français. En Guyane, la diversité est tout aussi importante avec 40 % de la population composée de Créoles guyanais, six ethnies d'Amérindiens (4 000 personnes), des H'Mongs[1] (2 000 personnes), des Chinois, des Libanais, des Brésiliens, des Haïtiens, des Surinamiens et des métropolitains (12 %). À la Réunion, la population d'origine africaine et malgache, appelée communément cafre (35 % du total) se mêle à la population blanche d'origine européenne (30 % du total, dont 5 % de métropolitains, les « zoreils ») ; aux « Malabars » d'origine indienne et de religion hindouiste (25 %), ; aux Chinois (essentiellement de la région de Canton) ; aux « Zarabs », Indo-musulmans du Gujerat (Nord de Bombay) ; et aux populations originaires de Mayotte et des Comores. Les périphéries ultra-marines présentent par conséquent une très grande diversité ethnico-linguistique.

L'originalité des territoires périphériques en fait des espaces riches de multiples ressources. Les périphéries constituent d'abord une ressource stratégique : les territoires ultra-marins permettent ainsi à la France d'être le deuxième État au monde (juste derrière les États-Unis) en termes de souveraineté sur une surface maritime (ZEE + eaux territoriales) et de pouvoir disposer d'ancrage territorial sur l'ensemble du globe. Plus largement, l'altérité associée au lointain, qui offre des paysages, des cultures et des sociétés singulières, devient une ressource dans le cadre d'un développement touristique en quête de dépaysement. Enfin, la faiblesse de l'occupation humaine permet d'implanter certains types d'activités. Ainsi, dans des territoires soumis à une faible pression anthropique, il est possible d'étendre la surface des aires protégées comme les zones centrales des parcs nationaux. En Guyane, la conjugaison de la situation équatoriale et de la faiblesse du peuplement a permis l'installation de la base de lancement de satellites de Kourou.

Modane, une périphérie alpine en situation frontalière

La ville de Modane est située dans les Alpes du Nord, dans la vallée de l'Arc (Maurienne), au pied du massif de la Vanoise. La vallée a été intensément mise en valeur au XIXe siècle, grâce à la houille blanche. L'eau a d'abord été utilisée pour l'énergie mécanique (papeterie) puis pour l'hydroélectricité. Modane est alors un centre à l'échelle du massif,

1. Peuple d'Asie originaire du sud de la Chine, du Nord du Viêt Nam et du Laos.

La vallée de la Maurienne, une périphérie frontalière en transition

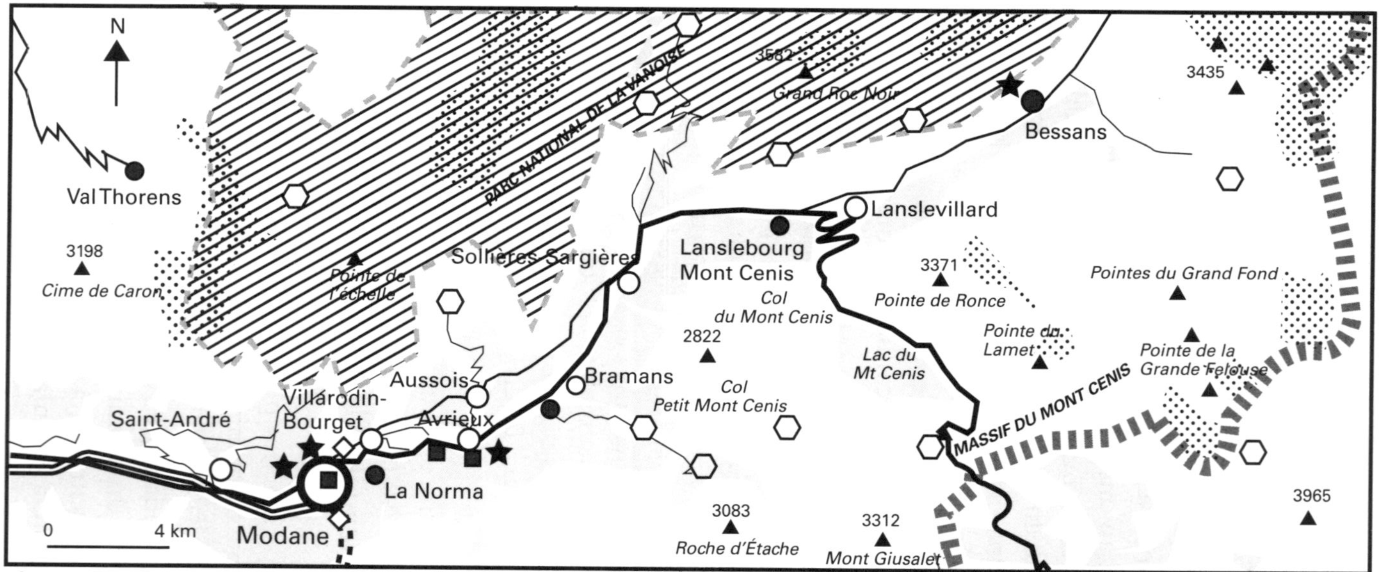

Source : M. Reghezza-Zitt, d'après carte IGN 1/100 000 et 1/25 000e

1. Un territoire périphérique

a) La haute montagne alpine, une «ultra-périphérie»

- Glaciers
- Sommets
- Forêts

b) La vallée de la Maurienne, une périphérie relativement intégrée

- Autoroute
- Route nationale (avant 2006)
- Routes départementales

2. L'effacement de la frontière

- Frontière franco-italienne
- Tunnel du Fréjus
- Ancien poste de douane
- Fort

3. La difficile mise en valeur du territoire

- Principales villes et villages
- Activités industrielles liées à l'hydroélectricité
- Stations touristiques
- Parc national
- Refuges

qui commande les hauteurs environnantes depuis la vallée. À l'échelle nationale, la situation de périphérie frontalière est un atout. Tant que la frontière joue un rôle de séparation, la situation de Modane est en effet valorisée pour son caractère stratégique : la construction de forts nombreux témoigne des préoccupations défensives. Mais peu à peu, la situation frontalière devient une autre opportunité dans le cadre des échanges avec l'Italie. La vallée est en effet un axe de communication important : la forme d'auge, héritée des glaciers, avec un fond plat large, permet d'implanter, relativement facilement, des infrastructures de transport. L'axe de communication est en outre mis en valeur par la construction du tunnel du Fréjus, ouvert en 1980. La gare de Modane, créée pendant la construction du tunnel, est devenue une gare internationale où transitent de nombreux camions. L'existence du tunnel a contribué à désenclaver la Maurienne. La vallée bénéficie ainsi d'axes de communications d'envergure nationale et internationale, en particulier d'autoroutes. Modane et sa vallée connaissent toutefois un sort contrasté. L'intégration à l'espace Schengen a entraîné la fermeture des postes de douanes, entraînant la perte des revenus associés. Les activités industrielles ont connu un déclin important. La vallée est ainsi en crise alors que le massif de la Vanoise attenant, jadis ultra-périphérique à toutes les échelles, est mis en valeur par les nombreuses stations de sports d'hiver, issues de différentes périodes de développement touristique. Le domaine des Trois Vallées est par exemple le plus grand domaine skiable d'Europe. Le Parc naturel de la Vanoise, premier parc national français créé en 1963, contribue à l'attractivité de ce territoire. Dans ces conditions, on assiste à une inversion de la centralité entre le massif et la vallée.

C. Des territoires « handicapés »

Si le caractère atypique des périphéries peut être considéré comme une richesse, ces territoires sont aussi soumis à de multiples contraintes qui deviennent des handicaps pour leur développement.

Un premier ensemble de contraintes tient à la localisation de certaines périphéries, avec un élément particulièrement discriminant : la distance. Par exemple, les îles soufrent tout à la fois de l'éloignement et de la discontinuité physique propre à l'insularité, qui impose des surcoûts en termes de transports. Si la distance peut être dépassée par une amélioration des moyens de transports (réduction de la distance-temps), si la discontinuité peut être réduite par des aménagements (par exemple les ponts qui relient les îles de l'Atlantique comme Ré ou Noirmoutier au continent), les coûts économiques, sociaux et environnementaux restent importants.

Un deuxième type de handicaps est lié aux caractéristiques biophysiques de certaines périphéries. Par exemple, les DROM insulaires souffrent de leur exiguïté, qui réduit la disponibilité des ressources en eau douce ou en terres. L'exiguïté résulte non seulement de la taille et de la forme des îles, mais aussi de la présence en leur centre géométrique, de massifs volcaniques qui empêchent l'occupation humaine, sauf à s'installer sur des espaces à risques, comme c'est le cas à Fort-de-France, où l'agglomération s'étale sur des pentes instables, exposées du fait des fortes pluies et de la nature volcanique des sols à des inondations et des glissements de terrains. À l'inverse, la Réunion, les flancs orientaux du Piton de la Fournaise, régulièrement recouverts par des coulées de lave, ne sont pas occupés.

Plus largement, en dehors des massifs volcaniques, la pente et le climat propre aux montagnes handicapent le développement d'une agriculture intensive, notamment parce que la mécanisation est quasi impossible et que la saison végétative est plus courte. La pente et la massivité des reliefs imposent aussi de fortes contraintes à l'accessibilité et aux mobilités. Si les vallées alpines, perpendiculaires à l'axe du massif, sont des axes de pénétration anciens très intensément équipés et parcourus, les vallées pyrénéennes ou celles des Vosges constituent des « culs-de-sac » peu accessibles. Et même dans les Alpes, la construction des infrastructures de transport demande des ouvrages techniques tels les tunnels ou les viaducs, qui au-delà de la capacité technique qu'ils requièrent, ont un coût financier et un impact environnemental importants.

Enfin, au-delà des contraintes imposées par la distance et la question de l'accessibilité, au-delà des surcoûts imposés par les handicaps biophysiques, les périphéries subissent souvent un déficit d'image proportionnel à leur faible intégration et à leur caractère dominé, qui renforce leur faible attractivité : qu'il s'agisse du « rural profond », de la « France du vide », de « l'enfer vert », des « banlieues sensibles » ou des « finistères », les périphéries sont associées à des qualifications péjoratives, qui leur confèrent une identité négative. Il suffit pour s'en convaincre de rappeler les nombreux stéréotypes méprisants véhiculés à l'encontre des habitants de ces territoires, qu'il s'agisse des montagnards, des insulaires, des Corses ou des Bretons ou encore des « provinciaux » et des « banlieusards ».

II. DES POLITIQUES D'AMÉNAGEMENT ADAPTÉES

L'existence de périphéries dominées voire marginalisées renvoie à la permanence des disparités socio-économiques qui marquent le territoire national.

A. Du handicap au retard de développement

L'ensemble des handicaps évoqués ci-dessus explique en effet pour partie que nombre de ces périphéries accusent un retard de développement, avec en particulier des inégalités de revenus et des taux de chômage encore supérieurs à la moyenne nationale. Ainsi, selon l'INSEE, le taux d'illettrisme en Martinique est évalué à 35 % de la population contre 14 % en métropole. Le taux de chômage s'élevait à plus de 22 % en 2008 (contre moins de 9,1 % en métropole et 9,5 % pour la France dans son ensemble) alors que 15 % de la population vivaient sous le seuil de pauvreté. Toujours selon l'INSEE, en 2008, le PIB par habitant en Corse atteignait environ 24 000 euros contre 30 500 pour la France dans son ensemble et 26 000 pour la seule province. Toutefois, si les indicateurs fournis par l'INSEE à l'échelle régionale montrent la persistance des disparités socio-économiques, on note une importante diminution des inégalités inter-régionales avec des écarts qui se réduisent entre les régions les plus riches et les régions les plus pauvres.

Cette analyse n'est pas reproductible à des mailles plus fines : en particulier, on remarque qu'à l'échelle infra-urbaine, les inégalités se creusent de sorte que les disparités entre régions sont aujourd'hui bien moins importantes que les déséquilibres à l'échelle infra-régionale. Ainsi, dans les grandes villes les quartiers en situation de périphérie enclavée, encore appelés zones urbaines sensibles (ZUS), connaissent des taux de chômage très élevés, des revenus plus bas que la moyenne nationale et une forte dépendance aux aides et aux prestations sociales. En 2006, en Seine-Saint-Denis, certains quartiers affichaient des taux de chômage supérieurs à 20 % et un taux de personnes vivant sous le seuil de pauvreté égal voire supérieur à 30 %. Les ZUS constituent ainsi des périphéries marginalisées au sein des centres urbains, qui cumulent les handicaps : enclavement avec faiblesse des transports collectifs, qualité de vie menacée par la dégradation de l'habitat des grands ensembles et la présence de multiples nuisances (bruit, pollution, etc.), tissu économique fragile puisque reposant sur de petites entreprises sensibles à la conjoncture, population jeune et peu qualifiée souvent en situation d'échec scolaire, pauvreté importante qui réduit le potentiel fiscal des communes et donc leurs capacités financières.

B. Les périphéries, territoires prioritaires des politiques d'aménagement

Au nom du principe de solidarité nationale, les pouvoirs publics se sont concentrés sur les territoires périphériques afin de recréer l'égalité des chances, à travers en particulier les questions de l'emploi et des revenus, l'accès aux équipements et aux services publics et privés.

Cette orientation a été engagée dès les années 1960, dans le cadre des grands projets d'aménagement menés par la DATAR (Délégation interministérielle à l'aménagement du territoire et à l'action régionale). Cette période correspond à de grandes opérations d'aménagement qui visent pour partie à développer les périphéries. À partir de 1963, la mission Racine permet ainsi l'aménagement touristique du Languedoc-Roussillon et le développement d'un littoral ouest-méditerranéen jusque-là périphérique tant à l'échelle nationale que régionale (le littoral insalubre du fait des marais est en effet peu exploité et occupé, dominé par un arrière-pays structuré par l'activité viticole). En 1966, c'est au tour de la Corse de faire l'objet d'un plan d'aménagement, suivi en 1967 de la côte Landaise. En 1964 est par ailleurs lancé le « Plan neige » qui débouche sur la construction de stations dites « intégrées », c'est-à-dire des stations *ex-nihilo* situées en altitude, dont la réalisation est confiée à un maître d'ouvrage unique et qui correspondent à un certain nombre de principes d'aménagement (accès par la route, habitat situé au pied des pistes, accès aux remontées mécaniques à partir d'un point unique, etc.) : La Plagne et ses satellites, Les Arcs, Val-Thorens ou Mottaret en sont des exemples emblématiques. Parallèlement, toujours dans les années 1960-1970, l'État encourage la déconcentration de l'industrie hors de la région parisienne et cherche à structurer les périphéries grâce à des polarités nouvelles :

- métropoles d'équilibre à l'échelle nationale (à partir de 1963), qui visaient à rééquilibrer le territoire en concentrant dans un nombre limité de villes (Lyon, Lille, Marseille, Toulouse, Bordeaux, Nantes, Strasbourg, Metz-Nancy) des fonctions susceptibles de leur conférer un pouvoir d'attraction pour concurrencer les métropoles de pays voisins;
- villes moyennes à l'échelle régionale (à partir de 1970), afin de relayer le développement impulsé par les métropoles, tout en retenant les migrants des campagnes par une offre d'emplois et une qualité de vie supérieure à celle des grandes villes;
- villes nouvelles à l'échelle des aires urbaines (à partir de 1965), inspirées du modèle anglais, pour permettre un développement multipolaire des métropoles, en particulier de l'agglomération parisienne (5 des 8 villes nouvelles sont en Île-de-France : Évry, Melun-Sénart,

Marne-la-Vallée, Cergy-Pontoise, Saint-Quentin en Yvelines, auxquelles s'ajoutent le Vaudreuil près de Rouen, L'Isle-d'Abeau près de Lyon, Étang de Berre près de Marseille et Lille-Est devenue Villeneuve d'Ascq près de Lille).

Peu à peu, la réduction des déséquilibres à l'échelle nationale et l'émergence de nouveaux acteurs (intercommunalités, régions) dans le cadre de la décentralisation concentrent l'attention sur les échelles infra-nationales (cf. chapitre 1). L'Union européenne soutient ces différentes actions. Dans ce contexte, la logique d'aménagement volontariste, qui repose sur le rééquilibrage territorial demeure, et avec elle, le caractère ciblé des mesures. Ce volontarisme appelle une forte implication de l'État et des collectivités locales. Il mobilise différents outils : la loi mais aussi le recours à des aides sous la forme de subventions ou de transferts de fonds, d'allégements fiscaux, de déconcentrations d'activités, de construction d'équipements lourds (ports, aéroports, routes, lignes à grande vitesse, barrages, stations d'épuration, etc.), ou bien encore de projets d'aménagement ponctuels autour de l'habitat, de la rénovation urbaine. Ce sont autant de mesures compensatoires face aux handicaps des territoires périphériques. Deux principes peuvent en particulier être mis en exergue :

- dans le cas des périphéries enclavées, le principe de continuité territoriale impose de compenser les handicaps liés à l'éloignement, l'enclavement ou l'accès difficile. Ce principe, défini dans les années 1970 pour la Corse, est relayé à l'échelon européen par des aides distribuées dans le cadre du Fonds européen de développement (FED) et par une législation cadre qui détermine les conditions dans lesquelles les États membres peuvent accorder des aides à la continuité territoriale.
- sur l'ensemble du territoire national, on observe une territorialisation des dispositifs, c'est-à-dire leur adaptation à la spécificité des territoires traités.

Aménagement et territoires : du rééquilibrage centre-périphérie à la compétitivité des territoires

Au lendemain de la Deuxième Guerre mondiale, la France se dote d'outils juridiques et de structures spécifiques pour aménager le territoire national, élaborant en quelques années une Politique d'aménagement du territoire (PAT).

L'élaboration de la PAT doit se penser dans un triple contexte : la continuité avec des réflexions et des pratiques de l'avant-guerre, la nécessite de reconstruire le pays et de le moderniser, le constat de déséquilibres majeurs dans la répartition des hommes et des activités. On se doit ici de citer l'ouvrage de Jean-François Gravier, *Paris et le désert français*, pamphlet de 1947, dont seul le titre a été retenu, mais qui eut en son temps un retentissement considérable, alors même que son contenu est très critiqué aujourd'hui. Il n'en demeure pas moins que le titre explique parfaitement la logique qui va s'imposer jusqu'aux chocs pétroliers des années 1970, à savoir la réduction de la « macrocéphalie » parisienne, la décentralisation des activités de l'agglomération centrale vers le reste du pays, le renforcement des principales villes de province ou encore l'industrialisation de régions jusque-là faiblement industrialisées.

La PAT a connu plusieurs étapes qui en ont infléchi cette logique. De 1950, année de publication du rapport du ministre de la reconstruction et de l'urbanisme, Claudius Petit, « Pour un plan national d'aménagement du territoire », à la création de la DATAR, les structures qui portent la PAT se mettent en place. La mesure la plus représentative est sans doute la procédure d'agrément, qui oblige tout entreprise voulant s'implanter (ou s'étendre) dans la région parisienne, à demander une autorisation. En 1963, la création de la DATAR ouvre véritablement « l'âge d'or » (P. Deyon) de l'aménagement du territoire. De multiples chantiers sont lancés, afin de restaurer l'égalité territoriale. La PAT est centralisée à l'échelon étatique et pensée à l'échelle *du* territoire national.

Les logiques d'aménagement vont toutefois évoluer, et ce en trois temps. D'abord, les chocs pétroliers remettent en cause un certain nombre de projets : crise économique et augmentation du chômage deviennent les nouvelles priorités de l'État. La DATAR est affaiblie par la création en 1971 d'un ministère de l'environnement, qui prend en charge des secteurs relevant jusque-là du ressort exclusif de la DATAR (parcs naturels, littoraux, montagnes). Ensuite, dans les années 1980, les lois de décentralisation imposent un transfert de compétences aux collectivités territoriales pour certains domaines de l'aménagement. L'État renonce ainsi à une partie de ses prérogatives tandis que les échelons locaux se réapproprient les différentes politiques engagées sur leurs territoires. Enfin, l'intégration européenne et la mondialisation, dont les effets se font sentir très nettement à partir des années 1990, ont une double conséquence. D'une part, elles continuent à renforcer le pouvoir de nouveaux acteurs, publics et privés, à une échelle infra-nationale, confortant les effets de la décentralisation et la prise en compte *des* territoires. D'autre part, elles remettent en question le principe de rééquilibrage économique et spatial entre le centre et les périphéries. La mondialisation économique, d'inspiration libérale,

De l'aménagement du territoire à l'aménagement des territoires

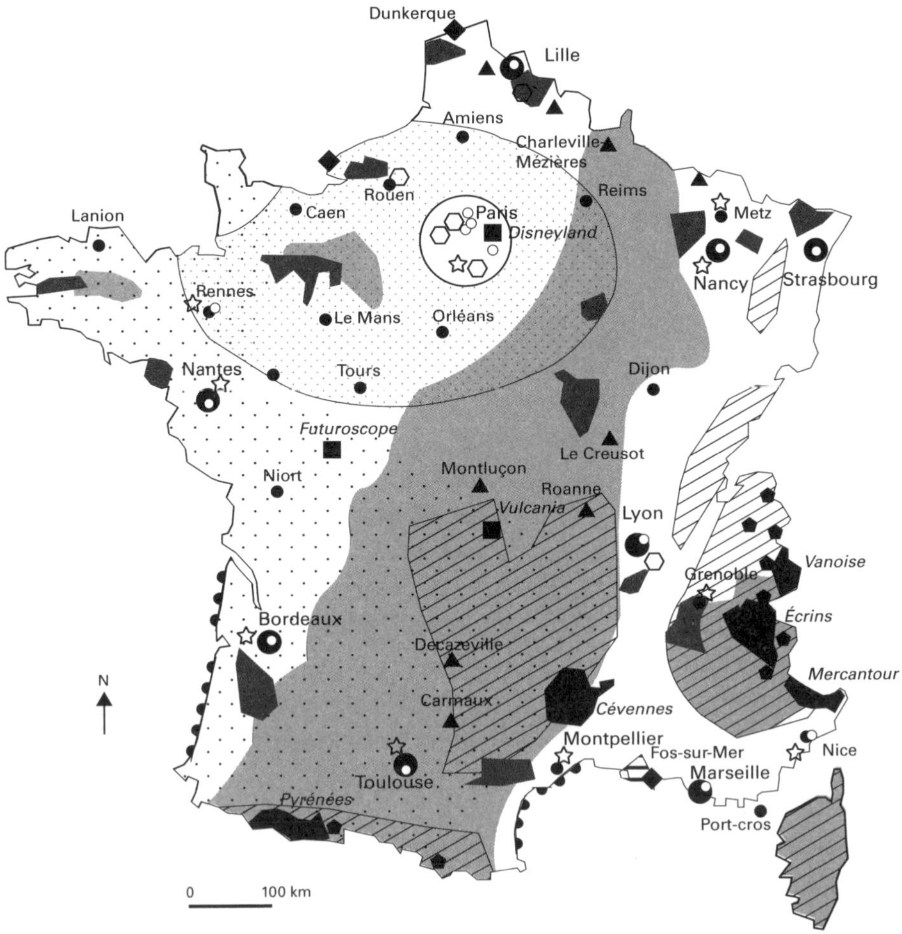

1. Le réquilibrage du territoire national

NANTES Métropoles d'équilibre

Décentralisation parisienne

ZIP

Aménagements touristiques littoraux

Ville nouvelle

Déconcentration industrielle

Stations du plan neige

2. La territorialisation de l'aménagement

Parc national

PNR

Téchnopôle

Pôle de loisirs de rayonnement international

3. L'appui aux territoires en difficulté

Pôle de conversion

Loi montagne

Aide aux espaces ruraux

Zone franche urbaine

a en effet tendance à privilégier les territoires les mieux dotés : elle impose donc de promouvoir la compétitivité des territoires. En 2006, la DATAR devient d'ailleurs la DIACT, « Délégation interministérielle à l'aménagement et la *compétitivité des* territoires », signe d'une évolution des logiques. Un nouveau changement aura lieu en 2009 avec la transformation de la DIACT en DATAR, « Délégation interministérielle à l'aménagement du territoire et à *l'attractivité* régionale ». La DATAR reprend les compétences de la DIACT, avec une mission prospective et stratégique sur les métropoles, qui souligne l'importance de l'intégration des territoires à la mondialisation plus que le retour à une volonté d'équilibrer le territoire national.

Dans ces conditions, on voit se dessiner nettement une tension entre le principe d'égalité territoriale et la recherche de la compétitivité imposée par la mondialisation. La PAT avait pour objectif de garantir et de recréer si nécessaire l'égalité territoriale. Cela suppose une intervention forte des acteurs publics afin de compenser les handicaps des périphéries, de redistribuer les richesses, de corriger les déséquilibres par une meilleure répartition des ressources, des équipements, des biens. Dans cette perspective, les territoires périphériques font l'objet d'une attention particulière, sans toutefois être totalement maître de leur développement.

La promotion de la compétitivité territoriale répond à une tout autre logique puisqu'il s'agit de concentrer les moyens de l'aménagement sur les territoires les plus favorisés par leurs ressources, leur situation, leur niveau de développement afin de leur permettre de concurrencer d'autres territoires. Ce renforcement des centres s'appuie sur les ressources et les forces locales, en particulier sur les acteurs privés, et non plus sur des politiques publiques volontaristes largement imposées de l'extérieur. Le territoire devient ainsi acteur de son développement.

Valoriser la compétitivité suppose d'introduire de nouveaux déséquilibres et d'accroître les inégalités. Dans ce contexte, que deviennent les périphéries ? Le risque est grand de voir s'accroître leur marginalisation. La conciliation entre égalité territoriale et compétitivité réside alors dans la capacité de régulation, de transfert et de redistribution entre les différents territoires à différents niveaux scalaires, ce qui demande notamment une redéfinition du rôle de certains acteurs publics (État, région, etc.)

C. Encourager le développement à partir des ressources locales

Les dispositifs actuels encouragent le développement local en s'appuyant désormais largement sur les ressources des territoires. Il s'agit ici de créer un développement endogène, conduit et maîtrisé par les acteurs locaux. La loi Montagne (cf. encadré ci-dessous) illustre cette logique.

Le développement local s'appuie d'abord sur des acteurs publics et privés à l'échelle du territoire : ces acteurs peuvent être à l'origine des projets et en être les porteurs. Ils sont dans tous les cas associés par des modes de consultation.

Ce développement local peut s'inscrire dans des périmètres d'action ciblés appelés à devenir des « territoires de projets » : c'est le cas par exemple des Parcs naturels régionaux (PNR), qui visent à asseoir le développement sur le patrimoine culturel et naturel de ces espaces. C'est également le cas des projets de développement autour des coopérations transfrontalières, qui cherchent à valoriser la situation d'interface des espaces concernés.

La Loi Montagne

La loi n° 85-30 du 9 janvier 1985, dite « loi Montagne relative au développement et à la protection de la montagne » succède à la directive montagne de 1977. Elle a pour but d'établir un équilibre entre le développement et la protection de la montagne, définie comme « entité géographique spécifique » caractérisée « par des handicaps significatifs entraînant des conditions de vie plus difficiles et restreignant l'exercice de certaines activités économiques ». La loi repose sur deux principes :

- la maîtrise par les populations locales d'un développement fondé sur « la mise en valeur optimale des potentialités locales ». Elle promeut donc « une démarche de développement local, dite démarche d'autodéveloppement, qui est engagée et maîtrisée par la population montagnarde » ;
- la conciliation entre « la diversification des activités économiques », notamment autour du tourisme et « la protection des équilibres biologiques et écologiques, la préservation des sites et des paysages, la réhabilitation du bâti existant et la promotion du patrimoine culturel ».

La loi reconnaît en particulier « un droit à un développement spécifique et à la prise en compte des différences par un effort particulier de recherche et d'innovation et l'adaptation, au niveau national comme à celui des régions et des massifs, des dispositions législatives ou réglementaires et des autres mesures de portée générale lorsque les particularités de la montagne le justifient ».

En 1999, un bilan établi par le Commissariat au plan montre une réduction des crédits apportés par l'État à la politique de montagne. Mais dans le même temps, la situation démographique, économique et sociale s'est globalement améliorée, en dehors de certains territoires du Massif central, de la Corse et des Pyrénées.

III. DES MODES D'INTÉGRATION FORTEMENT DIFFÉRENCIÉS

Les territoires périphériques connaissent des évolutions contrastées. Les différentes politiques d'aménagement que nous venons d'évoquer ont eu en particulier des impacts importants sur l'intégration ou, au contraire, la marginalisation de ces territoires.

A. Des périphéries intégrées et dynamiques

À l'échelle du territoire national, on peut identifier au moins deux types de périphéries qui ont connu des dynamiques positives qui en font aujourd'hui des espaces dynamiques de plus en plus intégrés.

On peut d'abord évoquer le cas des espaces périurbains dans les grandes aires métropolitaines, qui sont des périphéries intégrées au fonctionnement de l'agglomération notamment par l'intensité des migrations pendulaires de travailleurs. Certains espaces se retrouvent même à l'intersection de deux aires d'influence : ce sont aujourd'hui les espaces les plus dynamiques en termes démographiques du fait de l'accès à deux bassins d'emplois qu'ils offrent. Toutefois, dans les aires urbaines, si les mobilités de travail sont nettement déséquilibrées au profit de la ville-centre, les mobilités liées aux achats ou aux services de base s'opèrent souvent au sein de la périphérie. Ceci laisse supposer une dynamique de reconcentration de certaines activités à l'origine de nouvelles polarités périphériques au sein de ces couronnes périurbaines. De même, dans les grandes aires métropolitaines, on remarque l'émergence de centralités secondaires, qui gagnent un relatif degré d'autonomie quoique leur profil soit moins diversifié : c'est le cas des certains « clusters », unités spécialisées dans certaines activités comme un technopôle, et de certaines villes nouvelles comme Marne-la-Vallée.

On peut ensuite évoquer le cas de marges qui ont changé de statut du fait de la valorisation de ressources nouvelles. Il s'agit d'abord à une échelle très fine des littoraux : on a assisté depuis les cinquante dernières années à un glissement de la centralité vers le littoral, avec une inversion du rapport de domination entre les espaces côtiers et l'arrière-pays. Le littoral a en effet connu un développement économique et démographique qui en fait aujourd'hui un espace attractif, certes dominé par les pôles urbains, mais dominant par rapport à un arrière-pays rural souvent en déprise agricole et démographique. Certaines montagnes, en particulier dans les Alpes du nord, connaissent le même renversement de centralité grâce au développement du tourisme : l'étage alpin jadis dominé par la vallée devient l'espace dynamique qui accueille aujourd'hui les stations de sports d'hiver et les capitaux. Toutefois, à une échelle plus petite, les montagnes restent sous la domination de centres extérieurs aux massifs, qui sont à l'origine des investissements et des flux touristiques. Enfin, il faut aborder le cas des régions frontalières qui ont trouvé un dynamisme nouveau grâce au processus d'intégration européenne. Les projets de coopération transfrontalière, qui peuvent aboutir à la création d'Eurorégions (cf. chapitre 1), ont permis un renouveau de ces marges, avec toutefois des différences en fonction de la proximité à la dorsale européenne.

B. Des espaces marginalisés : entre effets tunnels, enclavement et déprise

Les processus d'intégration ne touchent pas les périphéries de façon égale. Malgré les politiques engagées, certains territoires sont en situation de marginalisation.

On observe d'abord des processus cumulatifs : certaines périphéries déjà en difficulté cumulent des handicaps qui limitent leur développement. Par exemple, les moyennes montagnes subissent une crise de l'activité agricole qui se conjugue à une crise démographique. Le tourisme d'hiver ne peut constituer une ressource à cause du faible enneigement tandis que l'enclavement persistant limite l'arrivée de nouvelles populations et le développement d'autres modes de mise en valeur.

D'autres territoires sont « victimes » de processus sélectifs qui les marginalisent (cf. chapitre 4). Ainsi, l'intensification des polarisations liées à la métropolisation du territoire national entraîne une intensification des flux, mais ne contribue pas à une redistribution homogène de ces derniers. Certains espaces sont désormais traversés par des échanges auxquels ils ne participent pas et dont ils ne captent pas les retombées. C'est ce que l'on appelle l'« effet tunnel », qui caractérise par exemple la Bourgogne. La région est ainsi un carrefour d'échange parcouru par de multiples infrastructures de transports, par lequel on passe mais où on ne s'arrête pas. De fait, les infrastructures destinées à désenclaver ou à intégrer les périphéries peuvent avoir des effets paradoxaux : le TGV-est permet ainsi de mieux relier la ville de Reims à la capitale, mais d'une part, elle peut contribuer à transformer la ville en une « périphérie dortoir » de la région parisienne, augmentant au passage le prix du foncier, et d'autre part, marginalise encore un peu plus les territoires champenois qui ne sont pas reliés à la ligne à grande vitesse.

Enfin, certains territoires deviennent des périphéries de plus en plus isolées au sein de régions dynamiques et prospères : c'est le cas des ZUS au sujet desquelles certains évoquent des processus de « ghettoïsation », terme impropre au regard de sa définition géographique, le ghetto supposant soit un enfermement juridiquement sanctionné, soit une homogénéité ethnique ou religieuse (ghettos américains), mais qui renvoie effectivement à la marginalisation actuelle.

Les banlieues : des périphéries urbaines particulières

Pour un géographe, la banlieue française est une périphérie urbaine particulière : c'est la ceinture urbanisée qui subsiste une fois la ville-centre de l'agglomération soustraite. La banlieue est donc en continuité avec la ville-centre.

Comme le souligne H. Vieillard-Baron, la banlieue reste un terme ambigu qui recoupe au moins trois notions :

- une notion juridique : dans le système féodal, la banlieue est l'espace situé à une lieue du ban, c'est-à-dire, soumis au commandement d'un seigneur ;
- une notion géographique : c'est une ceinture urbanisée sous dépendance d'un centre ;
- une notion sociologique et symbolique, qui vise à rendre compte de la marginalisation de certaines populations et du discrédit qui pèse sur ces « exclus ».

Ce dernier aspect est bien sûr très réducteur puisque les banlieues françaises sont extrêmement diverses socialement, à la différence des *subsurbs* américaines, qui sont les espaces qui entourent les villes, en continuité ou non, et qui offrent des regroupements par affinités économiques, familiales, ethniques. De même, il est impropre de comparer certains quartiers dits « sensibles » des banlieues françaises et les ghettos américains. Aux États-Unis, les quartiers pauvres ont en effet tendance à se regrouper au centre des agglomérations, dans des îlots vieillis et dégradés tandis que les classes moyennes se regroupent en périphérie. En France au contraire, malgré l'ampleur des ségrégations qui touchent certains quartiers, on ne peut pas parler de « ghettoïsation » : si on observe des logiques de fermeture sur des bases identitaires ou une réelle absence d'intégration sociale et spatiale de certains quartiers, il n'y a ni homogénéité ethnico-religieuse, ni déchaînement de violence, ni abandon par les politiques publiques de ces espaces.

D'après H. Veillard-Baron,
« Des banlieues françaises aux périphéries américaines :
du mythe à l'impossible confrontation ? »,
Hérodote, 2006, n° 122, p. 10-24.

C. Les ultra-périphéries : les territoires ultra-marins à l'heure européenne

Il convient enfin d'examiner un dernier cas, celui des territoires ultramarins, qui présentent un certain nombre de spécificités liées à l'éloignement, à la tropicalité, mais aussi à la nature des liens qui les unissent à l'Europe dans le cadre d'un héritage colonial encore pesant. Ces espaces sont dotés d'un statut juridique tout à fait particulier, puisque, outre les quatre départements-régions d'outre-mer – ce sont les seules régions monodépartementales françaises –, on observe une multiplicité de statuts qui renvoient à différents degrés d'autonomie. Ils constituent également des ressources stratégiques : en tant qu'espaces-confins de la souveraineté nationale, ils renvoient à la question du contrôle territorial. Celui-ci s'exerce aujourd'hui moins sur les questions militaires que sur celles des migrations, en particulier de clandestins. Cet aspect prend une acuité particulière avec l'intégration européenne : les territoires ultra-marins ne font pas partie de l'espace Schengen.

Le traitement par les politiques publiques de ces espaces a nettement évolué : on passe en effet d'une logique de compensation des handicaps à l'affirmation d'un développement local endogène, appuyé sur la mise en valeur des ressources propres à ces territoires et l'implication croissante des acteurs locaux. Les cadres juridiques ont également été modifiés, en particulier depuis que l'Union européenne accorde grâce à un article spécifique du Traité d'Amsterdam, un statut juridique spécifique aux DROM français, avec la notion de région ultrapériphérique (RUP). L'Union reconnaît ainsi la spécificité des RUP et la nécessité d'adapter les politiques communautaires à leurs réalités et à leurs contraintes permanentes, à savoir l'éloignement, l'insularité, le relief, le climat difficile et la dépendance économique.

La Martinique : exemple d'une périphérie ultra-marine du domaine intertropical

Située dans l'archipel des Antilles, en mer des Caraïbes, à environ 450 km au nord-est des côtes de l'Amérique du Sud et environ 700 km au sud-est de la République dominicaine, la Martinique est une région et un département d'outre-mer qui compte près de 400 000 habitants. L'organisation spatiale de l'île est fortement liée à la tropicalité qui implique un climat particulier, avec notamment des spécificités en termes de températures, d'amplitude thermique et de précipitations qui vont se traduire sur l'hydrographie, la végétation, les modes d'érosion, mais aussi les cultures. L'opposition entre la côte au vent et la côte sous le vent est particulièrement marquée. La tropicalité implique aussi la récurrence d'aléas climatiques intenses, les cyclones, dont le pouvoir destructeur constitue un risque majeur (cf. chapitre 2). De plus, à l'image d'autres îles tropicales, la Martinique est une île marquée par le volcanisme. Ce volcanisme est à l'origine d'un relief massif, aux pentes vigoureuses, qui occupe la partie septentrionale de l'Île. La Montagne Pelée est un volcan explosif qui provoque des nuées ardentes ravageuses à l'image de celle qui détruisit la ville de Saint-Pierre en 1902. L'ensemble de l'île est aussi exposé à des manifestations tectoniques (séismes en particulier) qui peuvent entraîner des pertes humaines et matérielles dramatiques.

CONCLUSION

Les territoires périphériques en France sont à la fois le reflet des dynamiques qui affectent aujourd'hui le territoire national et qui sont de puissants facteurs de différenciation spatiale, et des évolutions propres à chaque espace dans le cadre d'un retour de plus en plus affirmé vers le local. On voit ainsi très nettement se dessiner de nouvelles fractures à des échelles infrarégionales. Elles traduisent des processus de marginalisation, qui sont pour partie engendrés par la métropolisation et l'intégration européenne, processus territorialement très sélectifs qui exacerbent les concurrences entre

La Martinique : mise en valeur d'une ultra-périphérie insulaire

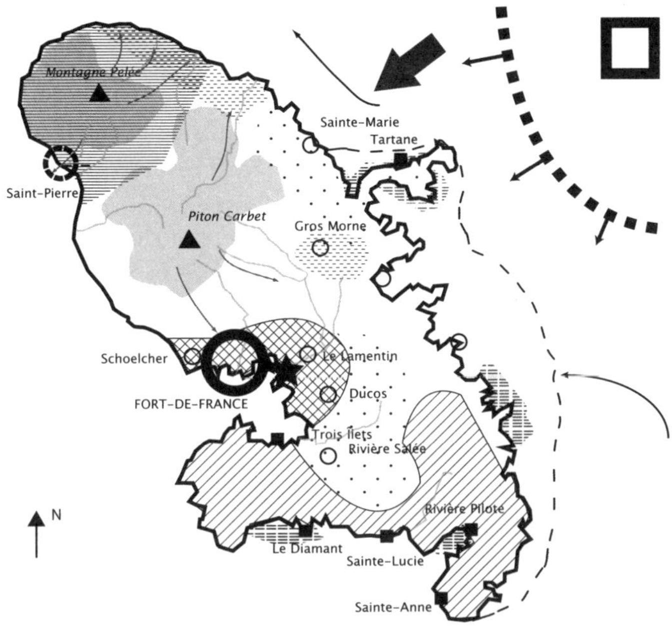

1. Les marques de la tropicalité

- alizés
- mangrove
- récifs coraliens
- lagon
- trajectoire cyclonique
- risque de crues
- massif volcanique (fortes pentes)
- risque volcanique majeur

2. Une mise en valeur différenciée

- villes
- espace urbain dense
- aéroprt
- canne à sucre
- banane
- tourisme balnéaire

3. Une organisation centre-périphérie

- Métropole et son aire d'influence
- Capitale régionale
- Ancien centre de l'île
- espace agricole en déprise

territoires et qui valorisent les territoires les plus compétitifs et attractifs au détriment des autres. Ces dynamiques accusent ainsi le caractère périphérique de certains territoires, mal reliés aux centres nationaux et européens. D'autres périphéries connaissent en revanche un rattrapage rapide et s'intègrent de plus en plus aux centres. Dans ce contexte, l'aménagement des territoires, qui implique de nouveaux acteurs à de nouvelles échelles, reste un levier important pour atténuer ou compenser ces nouveaux déséquilibres.

Bibliographie

Doumenge J.-P. (2000), *L'outre-mer français*, Armand Colin, 224 p.

Gay J.-C. (2008), *L'outre-mer français : un espace singulier*, Armand Colin, 231 p.

Knafou R. *et alii* (2008, nouvelle éd.), *Tourisme. 1. Mobilités, itinéraires, territoires*, Belin, coll. Mappemonde.

Équipe MIT, Knafou R. (dir.) (2005), *Tourisme 2. Moments de lieux*, Belin, coll. Mappemonde.

Équipe MIT, Knafou R. (dir.) (2010), *Tourisme 3. La révolution durable*, Belin, coll. Mappemonde.

Merlin P. (2007), *L'aménagement du territoire en France*, La Documentation française, coll. Les Études de la Documentation française, 174 p.

Miossec A. (2004), *Les littoraux entre nature et aménagement*, Armand Colin, coll. Cursus, 191 p.

Vieillard-Baron H., *Les banlieues. Des singularités françaises aux réalités mondiales*, Hachette, 2001, 287 p.

Chapitre 8

Du gouvernement à la gouvernance : le défi de la cohérence territoriale

Dans les années 1990, la question de la « gouvernance » s'est imposée aussi bien dans la recherche que dans le discours des acteurs qui agissent sur les territoires. Le terme, qui vient au départ de l'entreprise privée, est étroitement lié à la notion de « gouvernement ». La gouvernance est en effet d'abord une réponse au constat d'échec du gouvernement traditionnel formulé par certains observateurs. Comme le rappelle P. Le Galès, dans la société française et plus largement les sociétés européennes, l'État était en charge « de la direction de la société et de l'agrégation des différents intérêts pour la définition de l'intérêt général ». Or, on note désormais une « incapacité » (relative) de l'État à s'adapter aux nouvelles formes d'organisations sociales, économiques, politiques, qui découlent en particulier de la mondialisation et de l'intégration européenne. La remise en question de l'État-providence dans un contexte de crise économique, la critique de l'inefficacité de certaines politiques publiques ou encore la contestation du pouvoir central par des acteurs locaux sont autant d'éléments qui appellent à refonder le gouvernement des territoires, c'est-à-dire, selon J. Leca, le fait de « prendre des décisions, résoudre des conflits, produire des biens publics, coordonner les comportements privés, réguler les marchés, organiser les élections, extraire les ressources, affecter les dépenses ». La gouvernance désigne alors les processus de coordination entre les différents acteurs, groupes sociaux, institutions, qui doivent leur permettre de s'accorder sur un projet collectivement défini et de le mener à bien.

Désormais, les pouvoirs publics, quels que soient leurs échelons de compétences, mais aussi les acteurs privés, qu'il s'agisse des acteurs économiques ou des citoyens, sont amenés à participer à la construction de l'intérêt général rattaché à un territoire et à la mise en œuvre des stratégies qui président à son devenir. La gouvernance territoriale consacre aussi la prise en compte par l'État des territoires, qu'il entend ici comme le niveau local, et la transformation de l'action publique qui modifie le rapport entre élus, administration et citoyens. Le terme s'est d'ailleurs chargé d'une dimension normative et prescriptive, servant parfois d'argument d'autorité et de moteur de changement.

Cette nouvelle façon d'administrer le local appelle des modes de régulation inédits, qu'ils soient politiques, économiques ou juridiques, afin de dépasser les conflits et d'arbitrer entre les intérêts divergents. Comment s'organise aujourd'hui la gouvernance des territoires ? Que révèle-t-elle sur l'évolution des systèmes d'acteurs ? Est-elle la « solution miracle » aux problèmes de fragmentations politiques et d'articulation entre les différents échelons d'action ? Participe-t-elle au contraire au brouillage des cadres territoriaux et à la production de conflits et de contentieux ?

I. L'AFFIRMATION DES POUVOIRS LOCAUX

L'autonomisation relative des pouvoirs institutionnels locaux, suite à la décentralisation et au repositionnement de l'État (cf. chapitre 1), s'est accompagnée d'une diversification des acteurs et d'une complexification des jeux de pouvoirs. On assiste peu à peu à la formation de systèmes d'acteurs qui font intervenir différents protagonistes, qui ont chacun leurs propres intérêts et leurs propres stratégies. Ces systèmes d'acteurs constituent des pouvoirs locaux à part entière, qui se distinguent des pouvoirs publics institutionnels, tout en interagissant avec eux.

A. La « révolution silencieuse » des pouvoirs privés

Les acteurs économiques ont un pouvoir de plus en plus important sur les territoires qu'ils contribuent à façonner par leurs interventions, leurs implantations d'activités et leurs financements. D. Lorrain a même parlé de « révolution silencieuse » pour désigner cette montée en puissance des groupes privés.

On note ainsi un poids accru des pouvoirs économiques privés, au travers de multiples formes de partenariats à l'échelle locale. Le lien public-privé se traduit d'abord dans la loi puisque, depuis 2002, les communes, les groupements de communes et les départements peuvent participer au financement des aides directes aux entreprises, dans le cadre d'une convention passée avec la région, et leur attribuer des aides indirectes.

Les liens public-privé prennent aussi la forme de « partenariats public-privé (PPP) ». L'expression désigne un mode de financement par lequel une autorité publique fait appel à des prestataires privés pour financer et/ou gérer un équipement assurant ou contribuant au service public. Le partenaire privé reçoit en contrepartie un paiement du partenaire public et/ou des usagers du service qu'il gère. La gestion de services comme l'eau, l'assainissement ou les transports se faisait depuis longtemps sous cette forme, avec par exemple la délégation de service public, qui est définie depuis 2001 comme l'ensemble « des contrats par lesquels une personne morale de droit public confie la gestion d'un service public dont elle a la responsabilité à un délégataire public ou privé dont la rémunération est substantiellement liée au résultat d'exploitation du service ».

En réalité, selon les villes, la situation est très différente. Certaines ont fortement privatisé les services urbains. Elles travaillent avec des entreprises qui sont aussi souvent des grands groupes de construction : Générale des Eaux devenue Vivendi puis Veolia environnement, Lyonnaise des eaux, qui a rejoint la branche environnement de Suez, la SAUR (Société d'aménagement urbain et rural), filiale du groupe Bouygues. Les « trois sœurs » contrôleraient, selon B. Giblin, plus de 85 % du marché de l'eau. D'autres municipalités ont au contraire freiné l'implantation du privé en privilégiant systématiquement le secteur public : par exemple, dans les années 1980, la mairie de Montpellier soutenait la régie municipale et refusait la délégation du service de l'eau au privé. La Compagnie Générale des Eaux a dû attendre plus de onze ans pour signer un contrat avec la ville. Pour cela, elle avait dû patiemment négocier des contrats avec les communes environnantes, ce qui la plaçait ensuite en position de force par rapport à ses concurrentes.

Le cas de l'eau est intéressant, car il montre les nouveaux rapports entre des pouvoirs locaux renforcés par la décentralisation et les entreprises privées. L'eau est un enjeu stratégique pour le fonctionnement communal. Les maires, affranchis depuis les lois de 1982 de la tutelle du préfet, qui jusque-là rédigeait les contrats entre les communes et les entreprises, se sont tournés vers le privé pour garantir l'excellence du service rendu. La limite est que les maires se sont retrouvés seuls dans la négociation avec les grands groupes : les compagnies privées proposaient les contrats à des municipalités qui n'avaient pas encore l'expertise technique suffisante et qui devaient du coup faire confiance aux prestataires. L'augmentation rapide des tarifs et quelques scandales de corruption, dans un contexte de concurrence très rude entre les différentes entreprises, ont conduit dans les années 1990 à une défiance accrue des élus et des populations. Certains contentieux réglés devant les tribunaux ont parfois permis un retour à des pratiques plus justes.

Plus largement, la montée en puissance des acteurs privés doit s'envisager comme une conséquence de l'insertion à la mondialisation. Les acteurs économiques, en particulier les grands groupes, interviennent de plus en plus en plus sur les territoires, non seulement à cause de la privatisation croissante de certains services, mais aussi plus généralement par leurs investissements. Ils sont donc partie prenante du développement local et entendent à ce titre peser sur la prise de décision, en particulier lors de la définition des politiques d'aménagement. Ils sont ainsi appelés à intervenir de plus en plus sur les territoires et à négocier directement avec les acteurs publics.

B. La « société civile », nouveau contre-pouvoir

Toutefois les pouvoirs privés ne relèvent pas tous de la sphère économique. Il existe par exemple de plus en plus de mouvements citoyens, qui se fédèrent parfois dans le cadre d'associations pour porter des projets, des revendications ou des critiques sur la scène politique. Si l'on revient au cas de l'eau, ce sont souvent des associations de consommateurs et d'usagers qui ont dénoncé les pratiques frauduleuses ou abusives. Ces associations peuvent s'organiser à des échelles variées : de la copropriété au quartier pour les plus petites, elles peuvent avoir une envergure régionale, nationale voire mondiale dans le cas de grandes ONG (organisations non gouvernementales). Constituées souvent sur le modèle du *lobby*, elles cherchent à peser sur le débat public par des actions parfois spectaculaires, mais également par la participation aux consultations type enquêtes publiques. Parfois dotées de leurs propres capacités d'expertises, elles utilisent la voie juridique pour faire valoir leurs droits et contester les politiques publiques mises en place.

Ces associations sont le signe d'un renouvellement plus large de la vie politique locale, qui s'émancipe des cadres traditionnels que sont les syndicats et les partis, en proposant des voies alternatives de participation et de représentation citoyenne. Toutefois, l'implication des citoyens dans l'action publique ne se limite pas aux associations. Il existe désormais de multiples structures qui visent à réunir différents partenaires non institutionnels afin qu'ils définissent collectivement les orientations de la gestion d'un territoire. Le développement des conseils de quartier, des forums citoyens, des réunions publiques, sont des exemples de la multiplicité ces « scènes de consultation ».

De fait, le discours politique met désormais en exergue la « société civile », concept assez vague, rarement défini, pour désigner ce type d'acteurs. On peut ici s'appuyer sur la définition de la « société civile » donnée par le *Livre Blanc de la gouvernance de l'Union européenne* : « La société civile regroupe notamment les organisations syndicales et patronales (les "partenaires sociaux"), les organisations non gouvernementales (ONG), les associations professionnelles, les organisations caritatives, les organisations de base, les organisations qui impliquent les citoyens dans la vie locale et municipale ». Comme le souligne R. Raymond[1], il y a dans cette définition « un risque de confusion entre, d'une part, "la société civile" comme ensemble des citoyens d'un territoire, et, d'autre part, "la société civile" comme groupe d'organisations censées représenter ces citoyens. Cette confusion pose problème lorsque certaines de ces organisations prétendent incarner l'ensemble des citoyens et s'attribuent ainsi la légitimité de représenter la société civile en général ».

Quoi qu'il en soit, il faut souligner ici le fait que la participation de la société civile reçoit le plus souvent un accueil favorable de la part des pouvoirs publics traditionnels qu'elle remet pourtant en cause. Il existe aujourd'hui un consensus sur la légitimité de la société civile à s'exprimer et à intervenir dans la prise des décisions concernant le devenir des territoires. Le discours est moins unanime lorsqu'il s'agit de définir les modalités de la participation : de la sensibilisation du public, qui consiste à diffuser une information, à l'auto-gestion, dans laquelle les bénéficiaires d'un projet s'en voient confier la mise en œuvre, il existe de multiples modes d'implication qui passent par la consultation (prise de l'avis des personnes concernées, sans que cet avis ne modifie forcément la décision), la concertation (préparation partiellement négociée d'une décision) ou la gestion participative (les représentants de la société civile participent à la prise de décision et à la réalisation).

C. La réponse étatique : territorialisation et gouvernance

En réponse à l'affirmation de pouvoirs locaux de nature variée, l'État modifie sa façon d'envisager les politiques publiques en promouvant « les » territoires au nom d'une nouvelle gouvernance. La territorialisation des politiques publiques dépasse ici la simple décentralisation ou le transfert de compétence. Elle affirme la nécessité de réinscrire les dispositifs dans l'échelon local, supposé être le seul à même de porter la singularité des espaces et de leurs habitants. Cette volonté de territorialisation concerne l'ensemble des secteurs, même les plus régaliens comme la police (« police de proximité ») ou la justice (« justice de proximité »).

La territorialisation aspire à adapter les cadres spatiaux de l'action publique à la nouvelle réalité des territoires, en opérant un changement d'échelle. On passe du national au local avec l'idée qu'un « petit » terri-

1. R. Raymond, « La "société civile", ce "nouvel" acteur de l'aménagement des territoires », *L'Information géographique*, vol. 73, 2009, p. 10-28.

toire est plus facile à gérer que le territoire national. L'ancrage dans le local poursuit donc un objectif précis : rendre plus efficace l'action publique. En pratique, la territorialisation prend de multiples formes. Elle peut s'appuyer sur des actions de concertation, qui visent à négocier localement et collectivement les modalités de la gestion, en limitant par le consensus les blocages liés aux contentieux potentiels. Elle peut aussi consister en une identification des lieux ou les espaces qui posent problème et en concentrant sur eux les dispositifs, comme par exemple les zones franches urbaines qui ciblent les quartiers en difficulté.

Pour autant, comme le soulignent A. Dubresson et S. Jaglin : s'agit-il réellement de territorialisation au sens fort, c'est-à-dire d'un processus qui conduirait à la constitution de « systèmes d'action autonomes », capables de se doter à l'échelon local de ses propres règles de fonctionnement et de son système de valeurs ? Ne faut-il pas parler plutôt d'une spatialisation, c'est-à-dire de la déclinaison locale de normes et de règles établies à l'échelon national ? Dans la plupart des cas, il est manifeste que la territorialisation est très loin d'être aboutie. Plus largement, il semble que la territorialisation accompagne la transformation du pouvoir central, qui à travers la prise en compte des territoires, multiplie les contacts avec les acteurs sociaux en fragmentant l'appareil étatique pour mieux répondre à la diversité des problèmes. L'État conserve une position centrale dans les dispositifs tout en adaptant sa pratique à la nature, la puissance, la spécificité de ses interlocuteurs.

La territorialisation de la gestion de l'eau : SAGE, SDAGE et CLE

L'application de la directive-cadre européenne (DCE), de « l'acte II » de la Décentralisation et de la Charte de l'environnement a renforcé la territorialisation des politiques de gestion de l'eau. Dès 1992, la « loi sur l'eau » inscrivait la gestion dans une dimension locale avec les schémas directeurs d'aménagement et de gestion des eaux (SDAGE) et les schémas d'aménagement et de gestion des eaux (SAGE). Les SDAGE sont réalisés à l'échelle de dix grands bassins-versants (Adour-Garonne, Artois-Picardie, Loire-Bretagne, Rhin-Meuse, Rhône-Méditerranée-Corse et Seine-Normandie ainsi que les quatre bassins des DROM). Les SAGE s'appliquent au niveau local. Ce type de dispositif est très ambigu : si de prime abord, on peut y voir une décentralisation des compétences étatiques à l'échelon local, en pratique, ils consacrent au contraire le retour de l'État et de la planification dans le domaine de la gestion de la ressource en eau. L'originalité des SAGE réside en effet dans la mise en place par le Préfet (ce qui confirme la marque de l'État) d'une commission locale de l'eau (CLE). La CLE est chargée d'élaborer et de suivre l'application du SAGE. Elle est composée de trois collèges : le premier regroupe les représentants des collectivités locales ; le deuxième associe des usagers, des propriétaires, des riverains, des associations, des représentants des chambres de commerce et d'industrie, etc. ; le troisième regroupe les représentants de l'État. La prise de décision nécessite une majorité de deux tiers. Le premier collège représente au moins la moitié des membres. La composition de la CLE prend donc acte de l'émergence de nouveaux acteurs, en particulier des acteurs de la société civile locale. Elle consacre également le poids du local, sans toutefois exclure les acteurs étatiques. Elle sanctionne enfin la volonté d'impliquer des acteurs non administratifs dans la gestion de la ressource en eau, en mettant en place une procédure précise de consultation et de négociation.

II. VERS UNE FRAGMENTATION POLITIQUE ACCRUE ?

Même si elle est inachevée, la territorialisation des politiques publiques conduit à un renouveau de l'organisation des acteurs et de leurs rapports de forces sur les territoires. On voit émerger des systèmes d'acteurs, qui renvoient à l'imbrication toujours plus étroite de groupes, de structures, d'institutions. Les acteurs locaux portent aujourd'hui leurs intérêts dans le débat public et cherchent à infléchir les politiques qui influent sur le développement local. Mais, l'augmentation du nombre d'acteurs fait aussi courir le risque de fragmentation politique.

A. Le temps du conflit

L'autonomisation, même inachevée, des pouvoirs locaux pose la question de la régulation des usages, des activités ou encore des comportements dans les territoires. À partir du moment où le nombre d'acteurs augmente, les intérêts de chacun peuvent se révéler contradictoires alors même qu'il n'existe plus forcément de pouvoir susceptible d'arbitrer les antagonismes. Le conflit constitue dès lors une forme récurrente de régulation.

Il existe d'abord des conflits entre les différents échelons politico-administratifs. Si théoriquement, les attributions de chacun ont été définies et assignées à un échelon spécifique, en pratique, certaines compétences se chevauchent ou se recoupent, d'autant que les objets à gérer sont de plus en plus complexes et se jouent souvent des limites administratives. Plus largement, les échelons politiques ont tendance à entrer en concurrence pour asseoir leur légitimité sur leur territoire. Ainsi, pour certains chercheurs, la décentralisation a d'abord conduit à une concurrence accrue entre les régions et les départements, et ce, indépendamment de la couleur politique de ces entités. À une autre échelle, les grandes villes ont cherché à faire émerger des pouvoirs d'agglomérations en créant des agences d'urbanisme, des sociétés d'économie mixte, etc., qui peuvent entrer en concurrence directe avec les départements voire les régions. Les conflits portés par les élus locaux ne sont pas négligeables. Dans une étude menée à propos de l'Île-de-France, S. Darly analyse quatre-vingts conflits, dont près de la moitié est portée par des élus et des collectivités territoriales, contre seulement 30 % par les associations.

Il existe ensuite des conflits entre les acteurs publics institutionnels et les acteurs privés. La mise en place des politiques publiques suscite en effet un certain nombre d'oppositions que ne parviennent pas à réguler les différentes formes de consultation mises en place. Ces oppositions se transforment souvent en contentieux juridiques. Elles ont un coût important pour la société car, outre les sommes investies pour porter l'affaire en justice et pour soutenir le jeu des expertises/contre-expertises, les contentieux retardent l'application de textes réglementaires ou les opérations d'aménagement. Dans de nombreux cas, ces contestations sont tout à fait justifiées : elles montrent les dysfonctionnements de l'administration ou invalident la pertinence de tel ou tel choix d'aménagement. Mais elles peuvent aussi exprimer des intérêts égoïstes, qui contreviennent à l'intérêt général. On parle ici d'effet NIMBY (« pas dans mon jardin », « *not in my backyard* » en anglais) pour désigner la propension des acteurs à refuser des projets qui produiraient des nuisances, réelles ou perçues comme telles, dans un environnement proche de chez eux. Ces oppositions se focalisent aujourd'hui très largement sur les questions environnementales : refus de voir s'installer une décharge, un axe de communication, etc. Elles sont aussi très fortes dans le cas des documents d'urbanisme visant à réglementer l'occupation des sols au nom du principe de précaution car les zonages imposent des contraintes très lourdes, qui peuvent entraîner des coûts considérables, faire baisser la valeur foncière des terrains ou des biens, voire conduire à l'expropriation.

On observe enfin des dynamiques conflictuelles entre les acteurs privés. La multiplicité des usages sur un territoire forcément restreint crée des contentieux, par exemple, pour l'usage des ressources ou du fait des différences de modes de vie et de comportement. On peut prendre ici l'exemple des territoires périurbains, qui ont vu leurs usages se diversifier fortement (cf. chapitre 4 et 5). Aux activités primaires (agricoles, forestières ou encore cynégétiques), se sont ajoutées les activités liées à l'industrie, la construction, la logistique, les commerces. Ces activités ne sont pas forcément compatibles. Elles mobilisent parfois le même type de ressource, créant une situation de tension. S'ajoute l'arrivée de néo-ruraux, qui sont souvent opposés à des activités qui produisent des nuisances sonores, paysagères ou des pollutions : rejet des activités industrielles, mais aussi de certains bâtiments agricoles ou de certains équipements logistiques. De plus, la pression foncière augmentant, les activités deviennent concurrentes et se chassent les unes les autres. Le conflit peut aussi se déplacer à une autre échelle : si l'on garde l'exemple des territoires périurbains, la grande majorité des conflits relève de l'extension de la ville, en particulier à travers les transports : il y a souvent coalition des acteurs locaux pour s'opposer à telle ligne de TGV, tel échangeur autoroutier, tel projet d'aéroport.

B. Le conflit, révélateur des transformations des systèmes d'acteurs

La multiplication des conflits peut révéler les transformations que connaissant les systèmes d'acteurs à l'échelle locale. L'arrivée de nouveaux acteurs, qui possèdent leur propre culture, un capital économique et socioculturel différent, d'autres réseaux de sociabilités, peut transformer profondément les équilibres des pouvoirs sur un territoire. Chaque acteur ou groupe d'acteurs va en effet développer une stratégie pour augmenter ou tout simplement maintenir son pouvoir dans le rapport de forces local. Dans ces conditions, il peut arriver que certains acteurs perdent une position dominante. Leur affaiblissement entraîne souvent une diminution de leur capacité de revendication et un sentiment de dépossession.

Ces conflits autour de l'appropriation de l'espace s'expriment souvent par une opposition entre les occupants traditionnels et les néo-arrivants, ce qui traduit en réalité la perte d'influence des pouvoirs locaux traditionnels. On trouve cette situation dans le cas des territoires mis en tourisme. Ce nouvel usage d'un espace, qui peut produire un certain nombre de contraintes pour les activités traditionnelles, même s'il contribue par ailleurs à leur maintien : par exemple, la pression touristique peut conduire à une augmentation du coût du foncier qui pénalise les activités traditionnelles. Elle augmente la demande en eau, concurrençant d'autres usages de la ressource, en particulier les usages agricoles. Elle peut aussi créer des nuisances sonores ou visuelles, et être à l'origine de pollutions diverses. Or, l'activité touristique est souvent portée par des acteurs extérieurs, qui disposent de capitaux importants et d'autant plus indispensables, qu'ils permettent souvent le renouveau et le développement de territoires en crise. Les acteurs locaux perdent alors leur pouvoir décisionnel. Cette situation s'observe également dans le cas des territoires périurbains. On peut analyser à travers les conflits d'acteurs le recul des agriculteurs dans l'équilibre général des pouvoirs locaux. Pourtant, cette situation est très inégale selon les territoires. Si l'on observe les cartes de vignoble en Bourgogne, en Champagne ou dans le Bordelais, on constate que le front d'urbanisation s'arrête aux limites des vignobles classés. Par exemple, sur les cartes de la Côte-d'Or, qu'il s'agisse de la Côte de Nuits ou de la Côte de Beaune, la périurbanisation s'étend dans la plaine de Saône, mais absolument pas en direction du vignoble. De même, sur la carte IGN de Langon au 1/50 000e, où l'on peut voir de célèbres grands crus comme le Château Yquem, la périurbanisation dessine les limites exactes de la zone d'appellation contrôlée. Cela signifie que, quand l'agriculture est puissante et dynamique, quand elle génère une forte valeur ajoutée, l'agriculteur occupe une position qui reste dominante et peut contrôler le territoire. Si l'on prend maintenant la carte d'Avignon, on remarque à l'opposé le mitage de la huerta, vaste ceinture d'agriculture maraîchère et fruitière qui entoure la ville. Dans cet espace, l'agriculture est en crise relative, fortement concurrencée par les primeurs de la péninsule ibérique et du Maghreb. De même, sur les cartes du Languedoc, le mitage de l'arrière-pays correspond au recul de la vigne et s'arrête quand la viticulture relève d'appellations contrôlées.

Conflits d'usages et gouvernance territoriale en Camargue. Carte au 1/50 000e du « Parc naturel régional de Camargue ».

La carte du « Parc naturel régional de Camargue » au 1/50 000e de l'IGN présente pour l'essentiel le territoire du PNR de Camargue, qui couvre l'espace compris entre les deux bras du Rhône (cf. croquis) : il s'agit d'un delta, c'est-à-dire d'une forme d'accumulation située à l'embouchure d'un cours d'eau (ici le Rhône). Le fleuve dépose des sédiments, appelés alluvions fluviatiles, qui vont s'accumuler de sorte que la terre va peu à peu s'avancer dans la mer.

Le delta du Rhône peut se diviser en trois parties, selon l'influence respective de la mer et du fleuve :

- À la pointe nord du delta, l'influence du fleuve domine celle de la mer. Cet espace est formé de bourrelets alluviaux, déposés par le fleuve, qui enserrent des dépressions humides où prédomine l'eau douce. C'est donc un espace de marais, de pelouses et de bois, parfois appelé Camargue fluvio-lacustre. Cet espace a été mis en valeur précocement par l'agriculture. Les mentions de « drailles » (chemin de transhumances), de « jas » (bergeries), de « paty » (pâtures) et de mas (fermes), renvoient à l'activité pastorale traditionnelle, organisée autour de structures latifundiaires. À ces activités typiques du milieu méditerranéen s'est substitué l'élevage de taureaux et de chevaux, ainsi que la riziculture irriguée. Celle-ci a succédé à la vigne après la Deuxième Guerre mondiale, grâce aux financements du plan Marshall.

- Occupant tout le sud du delta, la Camargue laguno-marine se compose à 70 % de lagunes et d'étangs saumâtres et salés. Elle s'organise autour de l'étang Vaccarès (6 400 hectares, premier étang de Camargue par sa superficie). Les étangs abritent une faune extrêmement importante et diverse, qui fait aujourd'hui l'objet de mesures de protection. Dans cet espace, le sel devient un l'élément structurant des paysages. Rendus stériles à cause du sel, les terrains fréquemment inondés en hiver sont recouverts par les « sansouires » (toponyme sur la carte), végétation halophile basse composée de salicornes. Ces sansouires servent de terres de pacage pour les taureaux.
- Enfin, la Camargue littorale est entièrement façonnée par la mer. Il s'agit d'une côte à lido, où un cordon littoral dunaire isole en arrière des lagunes salées et saumâtres. Certaines de ces lagunes ont été aménagées pour la culture du sel. Les salins représentent environ 11 % du delta. Le salin de Giraud (11 000 ha) extrait de l'eau de mer du chlorure de sodium mais aussi divers sels destinés à l'industrie chimique (usine Solvay). À l'ouest du petit Rhône, le salin d'Aigues-Mortes (10 000 ha) est spécialisé dans la production du sel alimentaire. À l'est du grand Rhône s'étendent la zone industrialo-portuaire de Fos-sur-Mer et ses complexes pétrochimiques. À l'ouest, les stations touristiques du Languedoc-Roussillon, héritées de la mission Racine, telle Port-Camargue, occupent les passes qui relient les étangs à la mer (les graus) (cf. chapitre 7).

Les activités présentes sur la carte montrent d'emblée la diversité des acteurs locaux et des usages : des agriculteurs et des éleveurs, qui peuvent encourager certaines formes de tourisme vert au sein de leur exploitation, saliculteurs et groupes économiques (le groupe Salin par exemple), viticulteurs qui habitent le delta ; touristes qui ne font que passer ; acteurs institutionnels (élus locaux, département, région, État) ; acteurs chargés de la protection (Office national des forêts - ONF, conservatoire du littoral, Parc naturel régional - PNR, etc.). Or, les différentes formes de mise en valeur ne sont pas toujours compatibles : par exemple, la proximité d'un complexe industriel comportant des installations classées à risque et d'activités touristiques pose problème. La richesse de la faune et de la

La Camargue : une multiplicité d'usages difficiles à concilier

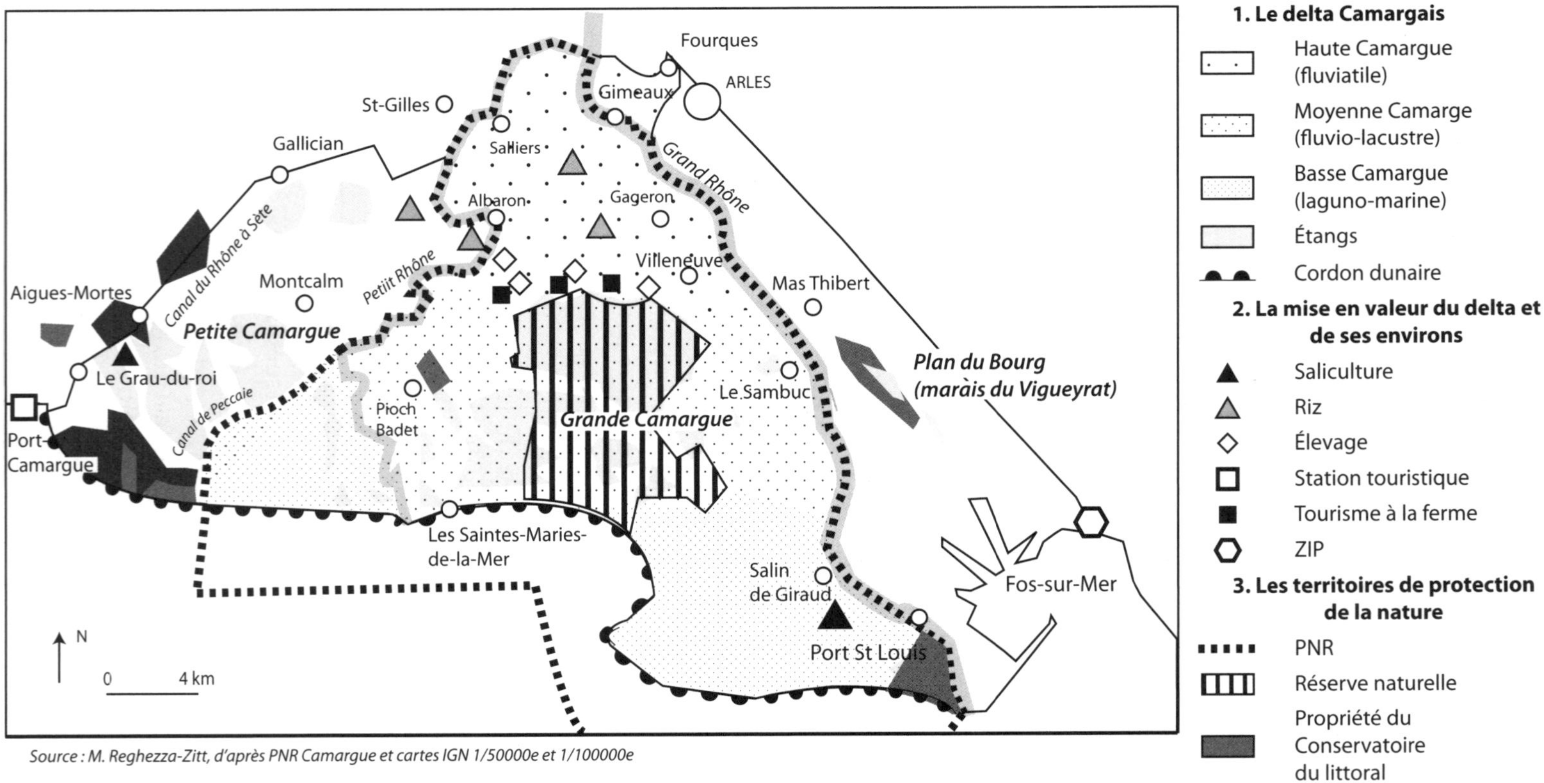

Source : M. Reghezza-Zitt, d'après PNR Camargue et cartes IGN 1/50000e et 1/100000e

flore peut souffrir de la fréquentation touristique. Mais dans le même temps, certains périmètres de protection très contraignants peuvent soustraire de vastes étendues à la fréquentation du public.

Les conflits d'acteurs se cristallisent particulièrement autour de la question de l'eau. La mise en valeur de la Camargue passe par la maîtrise du rapport entre eau douce et eau salée, mais également par le contrôle des eaux stagnantes dans le marais. Dès le Moyen Âge, l'irrigation et le drainage ont permis le développement de l'agriculture. On utilise ici les eaux du Rhône et la gravité : des pompes placées au niveau du fleuve permettent de dépasser les contraintes de la pente, puis un système des canaux, les roubines, qui partent ou arrivent à ces pompes, évacuent l'eau excédentaire et l'apportent dans les parcelles à irriguer. La riziculture dépend de cette irrigation : le riz est submergé d'avril à septembre. Mais cette culture du riz pose problème car une partie de l'eau s'infiltre dans le sol, provoquant des remontées d'eaux souterraines. De plus, l'eau douce est partiellement évacuée vers le Vaccarès, ce qui entraîne la remontée et le dessalement des eaux de l'étang. Dans le même temps, les activités de saliculture peuvent au contraire contribuer à la salinisation excessive des étangs. Enfin, l'ensemble de ces activités, conjugué à la pression touristique estivale sur la ressource hydrique peut poser des problèmes de pénurie et de qualité des eaux, le traitement des eaux usées restant problématique. Les conséquences pour les milieux « naturels » fragiles peuvent être très importantes : disparition de certains milieux ou écosystèmes, menace sur certaines espèces, etc.. Or, le rapport entre les différentes activités dépend de leur poids respectif au sein du delta : ce poids est en particulier déterminé par le dynamisme de la riziculture, qui a vu ses surfaces nettement reculer dans les années 1980, puis se stabiliser voire augmenter récemment. Au contraire, l'activité salicole connaît une crise relative. Le tourisme quant à lui ne cesse d'augmenter.

Dans ce contexte a été créé un PNR qui a pour but de promouvoir le territoire, d'accompagner son développement mais aussi de régler les conflits d'usages. Le PNR s'étend sur le territoire de deux communes, Arles et les Saintes-Maries-de-la-Mer, mais un seul département. C'est un espace très peu peuplé (7 200 habitants). Le PNR a développé de nombreuses initiatives pour réguler les conflits d'usage : une charte de l'eau et un contrat de delta cherchent par exemple à assurer « dans la perspective d'un développement cohérent, une approche globale entre les bras du Rhône ». Les contrats territoriaux d'exploitation appuient le développement de la polyculture tandis que des contrats de pâturages sont proposés aux éleveurs, leur offrant un appui technique.

III. LA GOUVERNANCE À L'ÉPREUVE DES TERRITOIRES

Au-delà des discours qui en font l'instrument idéal d'une « société autorégulée, pacifiée et consensuelle » (J. Chevallier), la mise en place de la gouvernance locale se heurte à un certain nombre de difficultés.

A. À la recherche du bon périmètre

Une gouvernance territoriale efficace suppose de trouver le « bon » périmètre de gestion, c'est-à-dire un périmètre adapté à la nature du problème à administrer. Si les mailles politico-administratives traditionnelles se révèlent très souvent inadaptées aux questions à traiter, la définition de nouvelles mailles, qui soient tout à la fois efficaces et légitimes, ne va pas de soi

La gouvernance territoriale doit aujourd'hui se penser dans un nouveau contexte, celui d'une société « hypermobile » qui fait que les hommes, les capitaux, les marchandises se déplacent toujours plus vite, toujours plus loin et à un coût moindre (cf. chapitre 3). Cette « hypermobilité » a une conséquence immédiate pour les territoires : à mesure que les distances parcourues s'allongent, la superficie de l'espace parcouru et vécu s'étend. On a vu que les territoires cohérents du point de vue fonctionnel ne coïncidaient plus avec les limites de la territorialisation actuelle des politiques de gestion. Or, à chaque problème correspond un territoire fonctionnel spécifique. Par exemple, la gestion des inondations devrait se penser à l'échelle du bassin-versant, le développement économique à l'échelle du bassin d'emploi, le transport à l'échelle de l'aire métropolitaine, etc. Or ces territoires ignorent les limites communales, départementales ou régionales.

De plus, à l'heure de l'« hypermobilité », les territoires sont tout autant habités que parcourus. Dès lors, pour qui gérer les territoires ? Faut-il par exemple aménager un territoire pour ses habitants, pour les néo-arrivants, pour les touristes, pour ceux qui y transitent quotidiennement ou ponctuellement, pour ceux qui l'utilisent occasionnellement, pour les entreprises qui n'y sont pas encore implantées mais que l'on cherche à attirer ?

Pour P. Estèbe, les « enjeux locaux de la gestion des territoires ne sont pas solubles dans les territorialités locales » : il signifie ainsi que l'efficacité des politiques publiques ne se trouve pas dans la déclinaison localisée des dispositifs, mais dans la prise en compte des solidarités fonctionnelles entre les différents territoires, et ce à plusieurs échelles. Ainsi, on remarque que les institutions franciliennes telles que le Syndicat des transports d'Ile-de-France (STIF) ou l'AP-HP (Assistance publique-Hôpitaux de Paris) sont très efficaces car elles ont justement la pertinence du territoire fonctionnel.

Dans ces conditions, la puissance publique est confortée dans son désir de redéfinir les périmètres administratifs pour mieux les faire « coller » aux territoires fonctionnels. Mais cela ne va pas de soi. Dans le cas des intercommunalités, certains acteurs ont voulu, pour que la gouvernance soit efficace, définir le périmètre le plus vaste possible afin d'englober les spécialisations fonctionnelles les plus diverses. Un périmètre très vaste permet en outre de maximiser les coûts d'évasion : plus le périmètre est étendu, plus il devient coûteux d'en sortir pour échapper aux taxes et à l'impôt. Certaines structures intercommunales sont ainsi devenues des « Gargantua ». Le cas lillois, où la communauté urbaine (CUDL) regroupe quatre-vingt-sept communes, est exemplaire. Mais cette territorialisation pose problème : les intercommunalités atteignent une taille optimale au-delà de laquelle elles deviennent mécaniquement ingouvernables. En effet, plus la structure est grande, plus les petites communes font et défont les majorités et de fait, plus le leadership s'opère au profit des communes les plus petites. Pour P. Estèbe, « la communauté urbaine devient alors un instrument technique au service des petites communes : c'est un géant technique, un nain politique ».

B. La gouvernance locale en quête de légitimité

La gouvernance locale interroge les modes de légitimation des différents acteurs et périmètres mobilisés. Dans la définition idéale de la gouvernance, « les porte-parole représentatifs » des différents groupes sociaux doivent être systématiquement associés à l'élaboration des politiques. La question est de savoir quelle place accorder à la participation citoyenne, comment choisir ceux qui pourront s'exprimer, en d'autres termes, qui sont ces « porte-parole représentatifs » et sur quels critères fonder cette représentativité. Car, comme J. Chevallier le rappelle[1], « l'accessibilité des acteurs sociaux aux processus décisionnels dépend des ressources qu'ils peuvent mobiliser, de leur degré d'organisation, ainsi que de leur aptitude à se plier aux contraintes du jeu collectif ». Autrement dit, la gouvernance peut consolider des inégalités sociales fortes et conférer un pouvoir disproportionné à certains acteurs.

Certes, à côté de la légitimation par le suffrage universel, qui renvoie aux rapports entre les élus et leurs électeurs, émergent de nouvelles formes de légitimation : tirage au sort, lobbying, etc. De multiples expériences ont été tentées au cours des années 1990-2000. On a par exemple assisté à une multiplication des référendums communaux. Des initiatives originales ont

1. J. Chevallier, « La gouvernance, un nouveau paradigme étatique ? », *Revue française d'administration publique*, n° 105-106, 2003, p. 203-217.

été prises : réseau de correspondants en communication dans les quartiers de Dreux, sondages délibératifs à Melun-Sénart, université du citoyen à Marseille.

Pourtant filigrane se pose invariablement la question de la représentativité des citoyens et de leur place dans le débat public et la prise de décision : la démocratie représentative est de plus en plus opposée à la démocratie participative.

Il faut ici préciser que même les expériences de gouvernance locale qui s'appuient sur des périmètres institutionnels se soldent aujourd'hui par un bilan contrasté. Les nouvelles mailles de gestion type intercommunalité, région métropolitaine, eurorégion, etc. reçoivent des compétences de plus en plus étoffées, mais elles souffrent toujours d'un déficit démocratique. Il n'y a toujours pas d'élection au suffrage universel direct alors que les citoyens aspirent à davantage de démocratie locale tout en s'investissant de façon très inégale selon les individus.

C. Les territoires de projet : du périmètre d'action au périmètre de mobilisation

La territorialisation des politiques publiques a indéniablement contribué à promouvoir les vertus de démocratie locale. Comme le rappelle A. Moine[1], « gérer un territoire ne s'inscrit pas forcément dans un rapport de force conflictuel, mais plus souvent dans un rapport de force constructif au sein duquel de plus en plus d'acteurs ont la capacité de s'exprimer ». Mais au-delà de la diversité des processus qui visent à intégrer la société civile à la prise de décision, l'une des difficultés est ici d'intéresser les citoyens. Les périmètres d'action ne sont en effet pas, loin s'en faut, des périmètres de mobilisation.

On peut se pencher ici sur le cas des « territoires de projet » : il s'agit de périmètres d'action institutionnalisés qui n'existent que pour permette la résolution d'un problème spécifique ou pour atteindre un objectif particulier de développement local. Parmi ces territoires de projet, on peut citer les parcs naturels régionaux (PNR) ou les « pays » instaurés par les lois Pasqua (1995) et Voynet (1999), mais aussi les europôles, les opérations d'intérêt national (OIN), les pôles d'excellence rurale, etc. Leur existence peut donc être liée à des objets très différents : désenclavement des campagnes, développement industriel, aménagement touristique, coopération transfrontalière, promotion de la culture, etc. Ces dispositifs visent tous à favoriser la participation de la société civile, la mobilisation se faisant autour d'un projet de développement pour le territoire.

1. A. Moine, « Le territoire comme un système complexe : un concept opératoire pour l'aménagement et la géographie », *L'Espace* géographique, t. 35, 2006, p. 115-132.

Dans la pratique, les résultats sont mitigés. D'un côté, ces territoires de projet, souvent portés par des élus locaux, participent à la création d'une « marque territoriale ». Ils permettent par exemple de valoriser un produit ou une production locale, qui vont favoriser le maintien d'une activité mais aussi la construction d'une identité de l'espace concerné, cette identité pouvant susciter l'adhésion des habitants du territoire et motiver une implication plus grande. D'un autre côté, la participation des populations locales, en dehors d'associations souvent elles-mêmes porteuses de projet, reste faible. Elles sont le plus souvent spectatrices, parfois opposantes, mais rarement à l'initiative des projets.

Le Grand Paris

Le projet de Grand Paris est un projet d'aménagement encadré par le gouvernement français sous la houlette d'un secrétaire d'État chargé du Développement de la région capitale. Ce projet vise à accompagner le développement métropolitain de l'agglomération capitale. En juin 2009, dix projets d'architectes sélectionnés sont ainsi présentés au public. En juin 2010 est créée la société du Grand Paris, établissement public à caractère industriel et commercial, qui doit assurer la mise en place des grandes infrastructures de transport prévues par l'État.

Derrière le projet d'aménagement se cache un enjeu politique fort, la gouvernance de la métropole. Depuis plusieurs années en effet, s'impose la nécessité de mieux coordonner la gestion de la métropole francilienne, et ce pour deux raisons principales. D'une part, les différents acteurs prennent conscience qu'il est important d'affirmer la position de la région métropolitaine, pour conforter sa place dans la compétition internationale que se livrent les villes globales à l'heure de la mondialisation. En particulier, la métropole doit développer des projets d'aménagement ambitieux pour continuer à attirer des investisseurs étrangers et des acteurs économiques face à la concurrence d'autres régions métropolitaines européennes, en particulier de Londres. D'autre part, l'augmentation des inégalités à l'échelle infra-métropolitaine, conjuguée à l'émergence de nouveaux risques et de nouvelles nuisances, appelle à mettre en place des dispositifs de gestion innovants. Or, quel que soit l'objectif visé, on se heurte très vite à l'absence d'un « pilote ».

Paradoxalement en effet, l'agglomération parisienne est la seule grande ville de France à ne pas être dotée d'une communauté urbaine, et ce alors même que des intercommunalités se construisent sur les franges périphériques. Si la région a vu ses compétences étoffées, elle a une compétence sur un territoire beaucoup plus vaste et diversifié que l'agglomération : 4/5 du territoire régional sont ainsi des espaces ruraux. La mairie de Paris, qui n'est élue au suffrage universel que depuis 1977, est encore trop faible institutionnellement et les maires de banlieue, dont le pouvoir a cru « à l'ombre de la capitale », refusent toute posture hégémonique de ce dernier. Les départements ont des pouvoirs très limités et leurs périmètres ne correspondent pas à la cohérence fonctionnelle de la métropole.

En outre, dans la métropole, le poids des acteurs privés s'accroît. L'agglomération parisienne est la seule agglomération française qui dispose d'opérateurs techniques et économiques à l'échelle de son espace : RATP, Assistance publique (AP-HP), Chambre de commerce et d'industrie, etc. Ces acteurs sont très puissants. Ils sont tous liés au secteur public, mais ont acquis une certaine autonomie qui leur permet de faire jeu égal avec les pouvoirs institutionnels locaux et régionaux. Ils sont en revanche très dépendants de l'État et nouent des relations qui peuvent prendre des formes diverses : actionnariat, pilotage de politiques nationales, relation d'agence à régulateur, etc.

Dès lors, de multiples initiatives vont tenter d'organiser la gouvernance métropolitaine. Si les projets de réforme institutionnelle sont anciens, le véritable tournant date des années 2006-2008. En 2006, une quarantaine d'élus créent une conférence métropolitaine de l'agglomération parisienne, nouvelle structure de concertation soutenue par le maire de Paris. En 2007, le président de la République lance l'idée d'une possible communauté urbaine. Quelques mois plus tard, la région publie son Schéma directeur de la région Île-de-France (SDRIF), qui définit les orientations de l'aménagement régional jusqu'en 2050. En 2008, le ministère de la Culture lance une consultation internationale de recherche et développement pour l'avenir du Paris métropolitain, qui va devenir le « Grand Paris ». En octobre 2009, à quelques mois des élections régionales, le président du conseil général des Hauts-de-Seine a créé une association concurrente de Paris métropole, Île-de-France Métropole.

Le calendrier des initiatives montre la concurrence entre les différents acteurs. La gouvernance ne peut évidemment se penser indépendamment des enjeux politiciens, même si ceux-ci dépassent fréquemment les appartenances partisanes. Les conflits s'expliquent très largement par le fait que chacun cherche à imposer, étendre ou conforter son pouvoir sur un territoire donné, alors même que les rapports de forces sont susceptibles d'évoluer très vite, en fonction de la conjoncture économique, politique et institutionnelle.

Au-delà des questions politiques, le grand Paris soulève aujourd'hui au moins plusieurs débats. D'abord, on s'interroge sur l'opportunité de créer une nouvelle institution. Plusieurs chercheurs considèrent par

La fragmentation intercommunale en Île-de-France

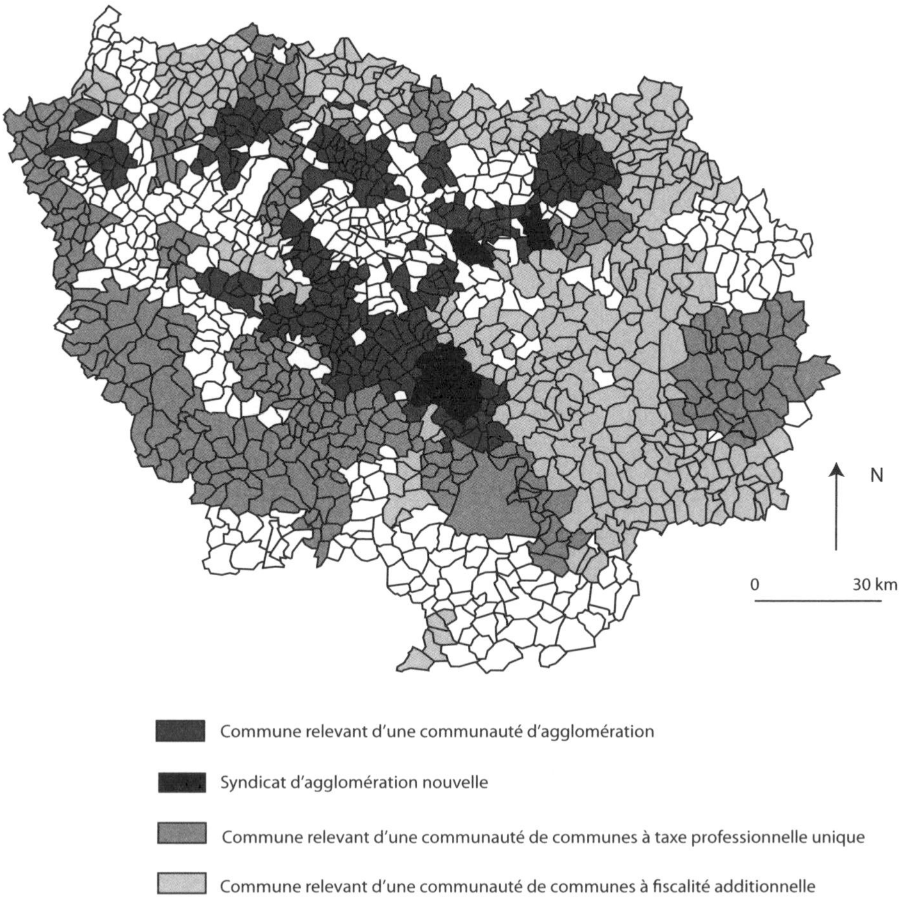

Source : M. Reghezza-Zitt, d'après Ministère de l'intérieur, Préfecture, IAURIF

exemple que la création d'une nouvelle structure politico-administrative ne serait pas adaptée à la gouvernance d'une région métropolitaine aux limites floues et mouvantes, qui ressemble de plus en plus à un archipel du fait du polycentrisme en construction. L'enjeu serait plutôt de s'appuyer sur les instruments institutionnels existants. Pour ceux qui acceptent l'idée d'une nouvelle institution, encore faut-il trancher sur le statut juridique de cette dernière et bien entendu sur ses limites et ses compétences. Plus largement, le débat porte sur l'articulation entre les enjeux locaux, qui persistent, et les logiques métropolitaines : faut-il par exemple promouvoir Paris métropole ou préserver « Paris-villages » ?

CONCLUSION

L'inévitable prise en compte des pouvoirs locaux dans un contexte de fragmentation gestionnaire accrue, qui tient à la fois à la déconcentration de certaines compétences et à un contexte plus global d'émergence de nouveaux acteurs (acteurs économiques privés, associations, etc.), a débouché sur la remise en question du rôle de l'État et sur la volonté de promouvoir de nouveaux modes de gouvernance territoriale. Ce constat n'est pas propre à la France : de nombreuses villes européennes (Londres, Stuttgart, Rotterdam, etc.) ont par exemple expérimenté différentes formes de gouvernement local.

La gouvernance se heurte à la difficulté à trouver la bonne échelle et le bon périmètre de gestion. Le caractère ponctuel et localisé de la plupart des dispositifs doit s'articuler avec la prise en compte d'échelles plus vastes, qui dépassent souvent les cadres administratifs traditionnels. En pratique, la gouvernance ne débouche pas forcément sur une territorialisation effective des politiques publiques : s'il y a bien de nouveaux modes de négociation et de coordination, si de nouveaux acteurs participent aux débats, si le local est davantage intégré aux dispositifs, il n'y a pas émergence de systèmes locaux réellement autonomes. Le poids de l'État reste important, tandis que le rôle des acteurs privés est plus faible que dans d'autres pays. Finalement, le processus de transformation de l'action publique n'est pas achevé : il s'agit plus d'une transition que d'une réelle recomposition, chaque acteur devant en particulier adapter sa culture à de nouveaux modes de fonctionnement.

Bibliographie

Le Galès P. (2006), « Gouvernement et gouvernance des territoires », *Problèmes politiques et sociaux*, n° 922, mars, La Documentation française.

Le Galès P. (2008), *Gouverner la ville mobile*, PUF, 76 p.

Ghiotti S. (2006), « Les Territoires de l'eau et la décentralisation. La gouvernance de bassin-versant ou les limites d'une évidence », *Développement durable et territoires*, URL : http ://developpementdurable.revues.org/index1742.html

Offner J.-M. (2007), « Le Grand Paris », *Problèmes politiques et sociaux*, n° 942, novembre, La Documentation française

Chapitre 9

Les nouveaux défis territoriaux : l'exemple du développement durable

La « durabilité », qui traduit l'anglais « *sustainability* » (littéralement soutenable), a été notamment définie en 1987 par le rapport Brundtland (du nom de la présidente de la commission, Mme Gro Harlem Brundtland), rapport émanant de la Commission mondiale sur l'environnement et le développement des Nations Unies. Le terme a été repris et diffusé à l'échelle mondiale par le Sommet de la Terre de Rio, en 1992. Est durable un développement qui satisfait les besoins des générations actuelles sans compromettre celui des générations futures. Il doit ainsi assurer la croissance économique et le développement humain, sans porter préjudice à l'environnement. Il doit également permettre de réduire les inégalités, quelle que soit leur nature, sans augmenter les risques ou en créer de nouveaux.

L'adhésion aux objectifs de « durabilité » résulte d'un constat de plus en plus partagé. Malgré le développement soutenu de l'après Deuxième Guerre mondiale, l'État-Providence n'est pas parvenu à redistribuer équitablement les fruits de la croissance : les différentiels de revenus se sont accrus, les inégalités entre certains groupes sociaux, mais aussi entre les territoires, se sont creusées. Dans le même temps, les modes de développement adoptés ont eu des impacts négatifs sur les milieux physiques, qu'il s'agisse des écosystèmes, des ressources ou des paysages. Ces atteintes écologiques ont des répercussions pour l'homme : exposition aux aléas naturels et industriels, qui entraînent des risques sanitaires avec une possible diminution de l'espérance de vie, qualité de vie dégradée par des nuisances diverses (bruit, pollutions), habitat dans un environnement détérioré, sont autant de discriminants qui touchent généralement les populations les plus pauvres. Plus largement, malgré les progrès continus des sciences et des techniques, les sociétés occidentales restent vulnérables à un ensemble de menaces, dont certaines sont anciennes (risques naturels, risques sanitaires, risques sociaux, terrorisme) et d'autres inédites (risques technologiques, risques financiers, etc.). Ces menaces ont en commun une dimension planétaire : changement climatique global, pandémie mondiale, crise financière, etc. mais elles ont des impacts locaux difficiles à évaluer. Dans ces conditions, le développement est vu comme économiquement, socialement et écologiquement insoutenable et les gestionnaires sont appelés à redéfinir leurs politiques à l'aune du référentiel de la durabilité.

Or, si le développement durable est un concept abstrait pensé d'abord à l'échelle globale, il trouve une application concrète à l'échelle des territoires, dans les différents projets d'aménagement et de développement local. En France, il est peu à peu intégré aux dispositifs juridiques (loi d'orientation pour l'aménagement et le développement durable du territoire, dite loi Voynet, en 1999). La « Stratégie nationale du développement durable » est ainsi adoptée en juin 2003 et est définitivement sanctionnée en 2005 par l'adoption de la Charte de l'environnement, adossée à la Constitution. Le « Grenelle de l'Environnement », lancé à l'été 2007, qui réunit des représentants de l'État et de la société civile, est vu comme « un point de départ à la mobilisation de la société française pour inscrire son développement dans une perspective durable ». Comment les territoires font-ils alors face au défi du développement durable ? Quels sont les outils et les actions engagés ? Quelles sont les limites de l'application concrète de ce principe ?

I. LE DÉVELOPPEMENT DURABLE, NOUVEAU RÉFÉRENTIEL DU DÉVELOPPEMENT DES TERRITOIRES ?

La multiplication des projets qui se réclament du développement durable, en accolant par exemple le préfixe valise « éco » (écoquartier, écocité, écorégion, etc.), montre l'indéniable engouement des acteurs pour ce nouvel « horizon de portée lointaine » (C. Emelianoff). Le principe de durabilité constitue-t-il pour autant un nouveau cadre d'action ou bien le développement local dit « durable » ne renvoie-t-il finalement qu'à un pur habillage rhétorique, un argument d'opportunité au service du « marketing territorial » ?

A. Un nouveau cadre d'action ?

La prise en compte des impératifs de durabilité est à l'origine de nombreuses initiatives. Certaines sont très largement symboliques, comme la création d'un grand ministère regroupant l'environnement, le développement durable, l'équipement, l'énergie et un temps l'aménagement du territoire (MEEDDAT[1], MEEDDM[2]), création qui a toutefois permis de réorganiser les services dans un souci d'efficacité. D'autres innovations sont juridiques et réglementaires. Par exemple, à partir de 2007, le Grenelle de l'environnement a rassemblé, dans des groupes de travail, des représentants de l'État, des partenaires sociaux, des organisations syndicales et patronales, des associations de la société civile et des collectivités territoriales. 273 engagements généraux ont été pris et une partie a été traduite dans la loi dite du « Grenelle 1 », promulguée en 2009. Ces objectifs, qui ne sont pas toujours chiffrés ou datés, devront ensuite être déclinés à l'échelle locale grâce à des projets de territoire, reposant sur diagnostic partagé par les différents acteurs. L'État s'appuie ici sur différentes échelles : l'échelle interrégionale, avec les missions d'étude et de coopération interrégionale et européenne, les commissariats de massif (montagne) ou les agences de bassin ; puis les échelons administratifs inférieurs : région, département, intercommunalités. Par exemple, la loi « Grenelle 1 » crée trois nouveaux outils pour les collectivités territoriales : les bilans des émissions de gaz à effets de serre (GES) et les Plans climat énergie territoriaux (PCET) pour l'ensemble des territoires, le Schéma régional du climat, de l'air et de l'énergie (SRCAE) pour les régions.

Dans le même temps, la plupart des projets de développement territorial portés par les collectivités locales se réfèrent déjà explicitement au développement durable. Cette inflexion des logiques de gestion territoriale se lit notamment dans les opérations d'aménagement. L'aménagement est en effet une action prospective volontaire, qui vise à transformer un espace à des fins de développement en orientant l'implantation des populations, des équipements et des activités, en mettant en valeur des ressources, en prévenant les risques. C'est donc un domaine privilégié de mise en œuvre de la durabilité, puisqu'il façonne le devenir des territoires. La réorientation des dispositifs d'aménagement est d'autant plus marquée qu'elle est sanctionnée par la création de nouveaux outils réglementaires. Par exemple, les plans d'occupation des sols (POS), ont été transformés en plans locaux d'urbanisme (PLU). La différence essentielle réside dans l'adjonction d'un plan d'aménagement et de développement durable (PADD), qui est un document décrivant le projet d'urbanisme de la commune (ou de l'ensemble des communes concernées si le PLU est intercommunal). Le PADD introduit la prise en compte de l'avenir du territoire à moyen et long terme. Il définit les enjeux en termes de développement économique

1. Ministère de l'écologie de l'énergie du développement durable et de l'aménagement du territoire (MEEDDAT).
2. Ministère de l'écologie de l'énergie du développement durable et de la mer (MEEDDM).

et démographique en tenant compte des équilibres territoriaux. Il assigne par ailleurs au développement territorial un certain nombre d'objectifs : préservation des espaces naturels et agricoles, reconversion des friches, valorisation du patrimoine, gestion de l'eau ou prévention des risques industriels et naturels.

En pratique, on remarque que l'application du développement durable est souvent réduite à une lecture essentiellement environnementaliste de ce principe, ce qui relègue de fait au second plan les dimensions économiques et sociales. La durabilité consiste par exemple à « verdir » les dispositifs en valorisant dans les discours la dimension « écologique » des mesures mises en place.

La notion de durabilité est en effet très présente dans les discours sur la protection de l'environnement. En effet, l'aménagement produit des changements par rapport à un état antérieur que la société considère comme état de référence. Ces changements affectent notamment les milieux physiques, les ressources et les paysages. La société les perçoit généralement comme des dégradations, voire des destructions, c'est-à-dire des dommages plus ou moins réversibles. Pour être « durables », les différents projets doivent donc veiller désormais à ne pas porter atteinte à ces éléments, érigés en « bien commun » de la société. Dans ces conditions, l'aménagement durable devient synonyme d'un aménagement écologiquement soutenable, qui limite les impacts anthropiques négatifs sur l'environnement, corrige les effets des interventions passés, redonne des espaces à la « nature » par la construction de jardins, parcs et autres coulées vertes ou bleues, mais qui ne prend pas toujours en compte les questions de réduction de la pauvreté, de mixité sociale, d'égalité d'accès aux services ou encore de contrôle du foncier.

B. De dispositifs sectoriels à une vision intégrée

L'application du développement durable consiste le plus souvent en une déclinaison sectorielle du principe de durabilité dans les différents domaines de l'aménagement et du développement local. Les collectivités territoriales ont ainsi cherché à mettre en place une gestion durable des mobilités à travers la promotion des mobilités « douces » et des transports en commun ; une gestion durable des déchets, de l'énergie, de l'eau ; la construction de bâtiments « propres » à « haute qualité environnementale », etc. Cette approche très compartimentée prose problème car les différents secteurs sont en interaction systémique au sein du territoire. Par exemple, le traitement de la qualité de l'eau doit prendre en compte les pollutions qui peuvent découler d'une mauvaise gestion des déchets, intégrer les contraintes de la présence d'activités agricoles ou industrielles, s'attacher aux modes de consommation. La question de l'énergie doit combiner une action sur l'habitat et sur les mobilités.

Le caractère sectoriel des mesures se double d'une fragmentation gestionnaire puisque chaque secteur relève d'un service ou d'un champ professionnel spécialisé. Ainsi, pour travailler à l'aménagement durable d'un quartier, il faut corréler les actions sur les inégalités de revenus, le taux de chômage, les niveaux de formation, les conditions de logement des habitants, l'exposition aux risques et aux nuisances, les modes de déplacement, l'accès aux services, les dépenses énergétiques, la santé et la perception de l'environnement, etc. Mais, dans la pratique, ces actions peuvent être « éparpillées » entre les acteurs compétents pour l'habitat, la santé, l'énergie, le social, l'environnement, l'urbanisme ou le développement urbain.

Pour dépasser cette vision sectorielle, les acteurs cherchent désormais à adopter une vision plus globale des questions, par une approche dite « transversale ». Pour ce faire, plusieurs outils ont été créés, afin de garantir l'articulation et la mise en cohérence des différents champs d'application du développement durable. En 2000, le ministre chargé de l'urbanisme affirme la nécessité de conjuguer « les politiques spatiales, de déplacements et d'habitat » par « l'élaboration de véritables projets urbains ». Un nouvel outil de planification, le schéma de cohérence territoriale (SCoT) est créé : il doit permettre de coordonner d'une part les déplacements, d'autre part les différents acteurs concernés. Le SCoT permet de lier droit de l'urbanisme et droit du transport. Il favorise des mesures qui calent le développement de l'urbanisation sur celui des mobilités. Il impose ainsi aux communes périurbaines qui souhaitent s'étendre de prévoir une desserte en transports collectifs suffisante, afin de limiter l'usage de la voiture individuelle. Il permet également de prendre en compte l'échelle de l'aire urbaine, fonctionnellement cohérente du point de vue des mobilités : la loi incite les communes situées à moins de quinze kilomètres d'une agglomération à élaborer un SCoT en commun. Si les communes ne veulent pas entrer dans le SCoT, l'urbanisation de nouvelles zones sera soumise à l'avis préalable du préfet, ce qui est une contrainte forte.

Mais la transversalité peut également être recherchée à partir d'initiatives locales, qui s'appuient souvent sur un projet intégré de développement territorial. Pour ce faire, les acteurs locaux peuvent s'appuyer sur des périmètres existants. On peut citer par exemple la démarche mise en œuvre dans les Parcs naturels régionaux (PNR). Les PNR ont été créés par un décret du 1er mars 1967 avec un triple objectif : offrir des espaces de détente aux populations des grandes aires urbaines ; protéger des patrimoines naturels et culturels ; promouvoir des voies nouvelles de développement local. Au premier janvier 2010, il existait 46 parcs naturels régionaux couvrant près de 7,4 millions d'hectares, ce qui représente environ 13 % du territoire. Ils concernent 21 régions, 66 départements, 3 706 communes et regroupent sur leurs périmètres 3,1 millions d'habitants. Les missions d'origine des PNR relèvent de l'esprit de développement durable. Elles articulent en effet les piliers économiques, sociaux et environnementaux du développement. Les PNR ont deux autres fonctions : l'accueil du public et l'information de leurs habitants et des visiteurs. Ils se distinguent ici des Parcs nationaux dont une partie, la zone centrale, est « sanctuarisée » en étant soustraite aux activités anthropiques (cf. chapitre 2).

La création d'un PNR repose sur l'adhésion volontaire à la charte du Parc, qui fixe les grandes orientations de protection et de développement du territoire. Désormais, les chartes intègrent les impératifs de durabilité. Le document Horizon 2020, cadre de la stratégie des PNR, souligne ainsi la diversité des objectifs et leur caractère transversal : contribution à la lutte pour la conservation de la biodiversité et contre l'effet de serre ; approfondissement du dialogue urbain-rural, accueil de nouvelles populations et lutte contre l'étalement urbain ; prise en compte d'une demande touristique nouvelle (sportive, récréative, culturelle) à côté des aspects « découverte » et « nature » ; etc.

C. Le développement durable : une opportunité pour le développement local

Le développement durable offre un nouvel horizon de développement pour les territoires. Positivement connoté, il fonctionne comme un label qui garantit aux populations et aux investisseurs une certaine qualité de vie. Il confère aux territoires une nouvelle image, plus attractive, plus dynamique. Le développement durable permet aussi le renouvellement des modes de développement local : nombre d'activités vont ainsi trouver un nouveau souffle.

Par exemple, le tourisme durable est un nouveau mode de valorisation des ressources locales, qu'il contribue à exploiter tout en assurant leur préservation. Ce tourisme s'implante dans des territoires jusque-là peu attractifs : espaces ruraux, moyenne montagne, arrière-pays des littoraux balnéaires, etc. Il prend des formes multiples : tourisme doux, tourisme à la ferme, tourisme vert, écotourisme, etc. Dans tous les cas, le développement territorial s'appuie sur un modèle économique original qui privilégie une activité diffuse aux aménagements groupés de la station et des équipements lourds. Car le facteur d'attractivité n'est plus la station renommée ou un type d'équipement particulier. C'est le territoire d'accueil qui est plébiscité, autour des ressources locales, qu'il s'agisse des paysages, de la culture, d'un savoir-faire traditionnel. De fait, le tourisme durable favorise la pluriactivité. Le développement territorial ne s'appuie plus alors sur une ressource unique, comme la mer ou la neige, mais diversifie l'offre touristique en promouvant de nouvelles pratiques et un nouveau rapport aux lieux et aux espaces.

Le tourisme durable peut cependant susciter des tensions importantes au sein des territoires. H. François a par exemple étudié le cas du PNR du Vercors dit des « Quatre Montagnes » dans lequel un agriculteur de Villard-de-Lans a donné un nouvel élan au Bleu du Vercors-Sassenage en obtenant une AOC[1]. Cette AOC a été intégrée à l'offre classique au sein de la station de sports d'hiver de type « fondue – tartiflette – raclette » avec la « vercouline », raclette à base de Bleu du Vercors-Sassenage. Cette utilisation de l'AOC dans le cadre d'une « folklorisation » à but mercantile qui semble assez éloignée de la politique de valorisation des savoir-faire et du patrimoine culturel local, recherchée par l'agriculteur et le PNR. La « mise en marché » représente un détournement du projet de l'agriculteur. Il y a ainsi instrumentalisation et détournement du développement durable. Cette instrumentalisation n'est pas anecdotique. Elle constitue un enjeu important des politiques de développement local. C. Emelianoff rappelle par exemple qu'« en l'absence de mesures un peu fortes, le développement-durable devient du marketing territorial. [...] L'action se limite alors à quelques initiatives spectaculaires où on rabat la question du développement-durable sur une vision locale et étroite de la qualité de vie. »

Les Grands Causses, une périphérie rurale à l'heure du développement durable

Les Grands Causses sont des plateaux calcaires situés aux marges du Massif central, à cheval sur quatre départements : l'Aveyron, le Gard, l'Hérault, la Lozère. Ces plateaux sont caractérisés par un modelé karstique, lié à la dissolution du calcaire par les eaux d'infiltration : les écoulements superficiels sont rares, intermittents, les grottes et les gouffres (aven) sont nombreux, les dolines (petites dépressions) parsèment la surface. Les Grands Causses sont très peu peuplés. Ils ont été pourtant anciennement occupés (en témoignent les nombreux vestiges préhis-

1. H. François, « Durabilité des ressources territoriales et tourisme durable : vers quelle convergence ? », *Géographie, économie, société*, n° 1, vol. 10, 2008, p. 133-152.

Les Causses, une périphérie rurale, entre développement local et protection de la nature

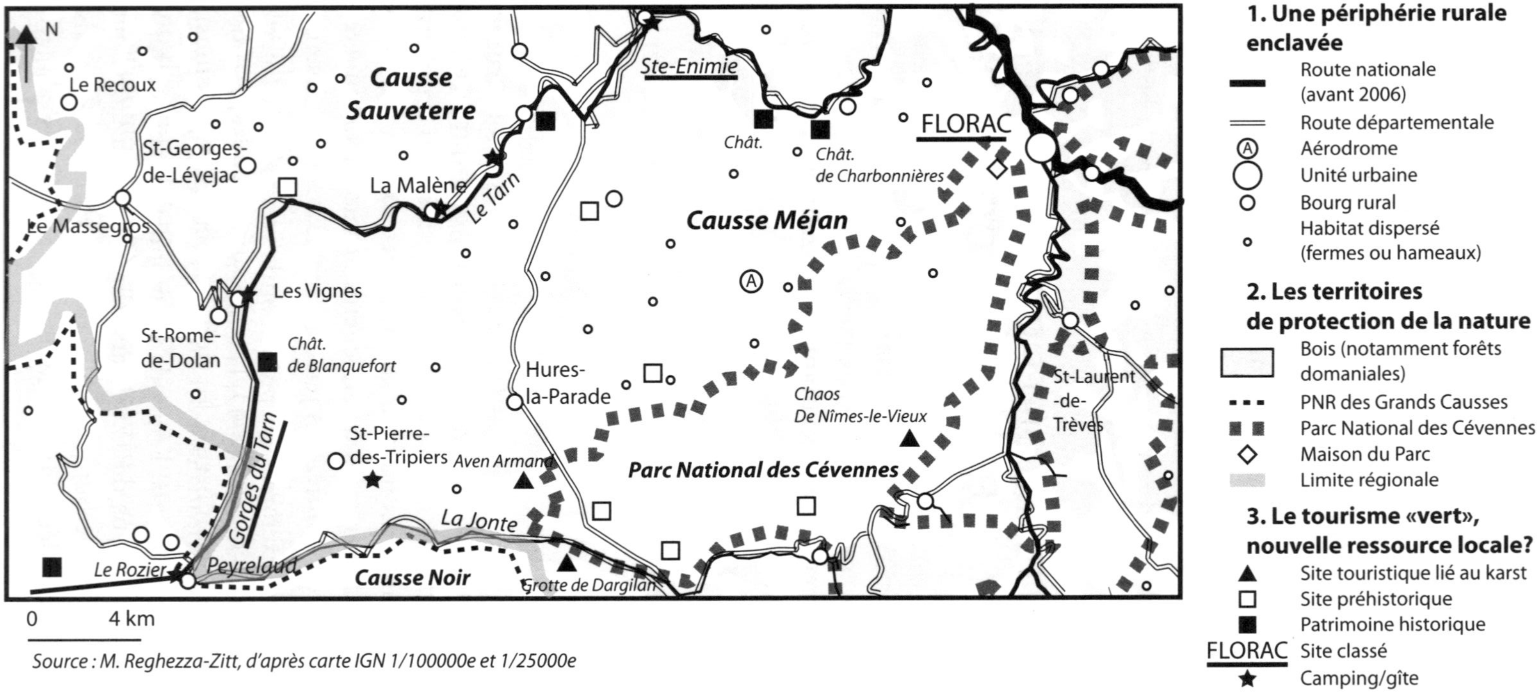

Source : M. Reghezza-Zitt, d'après carte IGN 1/100000e et 1/25000e

toriques) et mis en valeur par l'agropastoralisme. A partir des années 1970, les Grands Causses connaissent une forme de renaissance rurale autour de la protection du patrimoine naturel et culturel, avec la multiplication de territoires de protection qui deviennent autant de ressources pour le tourisme vert. La protection est facilitée par la relative absence d'hommes et l'enclavement partiel. Aujourd'hui, les Causses cherchent à fonder leur identité sur l'idée d'un rapport harmonieux à la nature, produit d'une longue tradition héritée. Cette image permet de valoriser les productions agricoles. La protection est ainsi mise au service du développement local.

II. LES TERRITOIRES DU DÉVELOPPEMENT DURABLE : PENSER GLOBAL, AGIR LOCAL

Le développement durable est associé à l'impératif du « penser global, agir local », formule employée par R. Dubos lors du premier Sommet sur l'environnement de Stockholm en 1972. Si les risques sont désormais planétaires, seule l'action concrète menée à l'échelle locale peut avoir une efficacité.

A. La territorialisation de durabilité : entre loi et contrat

L'application du développement durable illustre la territorialisation des politiques publiques et ses contraintes. Elle suppose en particulier une redéfinition du rapport entre État et collectivités territoriales avec l'adoption de démarches partenariales autour d'un projet de territoire. La loi, votée à l'échelon national, cadre des actions qui reposent localement sur la contractualisation entre les différents acteurs. L'État conserve un rôle d'arbitre. Il favorise les synergies entre les acteurs, tempère les processus de concurrence territoriale et reste garant de la cohésion nationale.

L'un des exemples les plus aboutis ce type de démarche est celui des Agenda 21 locaux. En 1992, la Conférence de Rio de 1992, avait invité les collectivités territoriales à décliner à leur échelle, avec l'appui des habitants et des acteurs locaux, l'Agenda 21 mondial, plan d'action de 40 chapitres approuvé par plus de 170 États. En 2002, à la Conférence des Nations unies de Johannesburg, les collectivités territoriales françaises se sont engagées, par une déclaration solennelle, à élaborer et à mettre en œuvre des Agenda 21 locaux.

Les Agenda 21 locaux sont des documents stratégiques qui définissent un projet de territoire de court, moyen et long terme. Ils résultent, du moins dans l'esprit de la démarche, d'une réflexion collective, fondée sur une large consultation et sur une implication des habitants et des acteurs socio-économiques. La démarche y est transversale, tant au niveau des actions engagées que des acteurs impliqués. L'engagement dans un Agenda 21 local est une démarche volontaire, soumise à évaluation régulière. Cette démarche locale a été reprise à l'échelon national par le Grenelle de l'environnement, dans l'article 51 de la loi « Grenelle 1 », qui a proposé d'utiliser les Agenda 21 locaux comme outil de contractualisation avec les collectivités. Dès 2003, la stratégie nationale de développement durable avait fixé un objectif de 500 Agenda 21 locaux à l'horizon 2008. Une série d'initiatives ont par ailleurs été lancées au niveau national pour soutenir ces démarches : « appels à projets » du Ministère chargé du développement durable en vue de repérer et de capitaliser les « bonnes pratiques », création de « l'Observatoire national des Agenda 21 locaux et des pratiques territoriales de développement durable », etc.

L'objectif de ces initiatives est en particulier de parvenir à la création d'une « ville durable », en réponse à la croissance urbaine insoutenable des cinquante dernières années. Celle-ci a conduit la ville s'étendre au détriment des espaces naturels et des terres agricoles, au prix d'un accroissement des mobilités qui a généré nuisances et pollutions. La ville durable, qui s'apparente à une utopie urbaine, mêle les objectifs d'une ville juste et participative à ceux d'une ville écologique.

En pratique, l'aspiration à la construction d'une ville durable se traduit dès 1994 par la Charte des villes européennes pour la durabilité, dite « Charte d'Aalborg ». Les villes européennes signataires s'engagent à « utiliser les instruments politiques et techniques dont elles disposent pour parvenir à une approche écosystémique de la gestion urbaine ». Elles adoptent en particulier un Agenda 21 local. Une telle initiative renvoie à l'affirmation de l'échelon municipal (ou intercommunal) et à la constitution d'un réseau de cités européennes dépassant le cadre national.

Pour beaucoup, « la ville durable » répond au modèle de la ville compacte, c'est-à-dire de ville dense, caractérisée par un faible étalement permettant un accès plus facile aux transports non motorisés et aux transports publics collectifs.

Cette ville « compacte » aurait le quadruple avantage de :

– limiter « l'empreinte écologique », qui mesure la pression exercée par l'homme sur les ressources de la planète, en réduisant les déplacements par le contrôle de l'étalement urbain et la multiplication des modes de transports alternatifs à la voiture ;

- d'améliorer par le renouvellement urbain la qualité de vie d'espaces dégradés, en reconstruisant la ville sur elle-même ;
- de retrouver l'identité urbaine en redonnant aux centres une attractivité fondée notamment sur la préservation du patrimoine bâti (étymologiquement, le patrimoine est ce qui se transmet du père, on est donc bien dans la logique des générations futures) ;
- de refonder le sens de la ville en retrouvant par la densité la proximité et l'interaction sociale à l'intérieur des espaces publics, en particulier dans le centre.

Toutefois, ce modèle de la ville dense ne fait pas consensus.

L'Agenda 21 local de Nantes

Nantes s'est engagée dès le milieu des années 1990 dans une démarche de développement durable avec une politique innovante autour des mobilités douces (tramway, limitation de la circulation en centre-ville, pistes cyclables, vélos en libre-service « bicloo » etc.). La ville signe la Charte d'Aalborg, et lance une première initiative d'Agenda 21 local en 1996 (adoption du plan d'action en 1998) avec une entrée écologique et naturaliste. La création d'un Conseil consultatif de l'environnement et d'une Maison de l'environnement en découle.

En 2001, avec la naissance de la Communauté urbaine Nantes-Métropole, un Agenda 21 est lancé à l'échelle métropolitaine. Il concerne 24 communes (soit une superficie de 52 000 hectares, qui comprend des espaces urbains, périurbains et ruraux) et 580 000 habitants. Il aspire à faire de Nantes-métropole une « éco-métropole » à partir de l'argumentaire suivant : « La qualité de vie "à la nantaise" c'est tout d'abord vivre dans un environnement agréable dont les espaces verts et les cours d'eau sont mis en valeur. C'est également vivre dans une agglomération desservie par un réseau dense de transports en commun permettant la mobilité de tous. Enfin, cette qualité de vie se doit d'être une réalité pour tous, la cohésion sociale devenant un enjeu majeur pour la métropole ». La dimension écologique est donc mise en avant, associée au thème de la « métropole solidaire » et de « la métropole mobile ». Le discours appuie une stratégie de développement qui aspire à conforter et accroître l'attractivité du territoire grâce à la durabilité. Dans le détail, les actions sont concentrées dans les domaines suivants : énergie, Plan climat, déchets, eau, économie, recherche, grands aménagements, gestion des zones humides, animation du réseau des Agenda 21 communaux, etc.

Cet agenda à l'échelle de l'agglomération est complété par un Agenda 21 à l'échelle de la ville-centre, qui porte sur les actions relatives aux équipements publics, à l'urbanisme, aux achats responsables, aux actions éducatives, aux espaces verts, à la diversité culturelle, à l'intégration, etc.

B. Les échelles de la durabilité

La territorialisation du développement durable se décline à toutes les échelles, de l'immeuble à la région, en passant par le quartier, la ville, la métropole. À une échelle très fine, l'éco-construction doit produire des bâtiments respectueux de l'environnement, de la qualité de vie et de la santé des populations : faible consommation énergétique, production d'énergies renouvelables, matériaux isolants, toitures végétalisées, récupération des eaux de pluies, etc. L'éco-construction date des années 1960, mais a été renouvelée par l'idée de construction durable, qui cherche à impliquer tous les acteurs de la construction, depuis l'amont (concepteurs du projet, architectes) jusqu'à l'aval (habitants et usagers), avec bien sûr les différents corps de métiers intervenant dans la réalisation du bâtiment. Une autre démarche, moins globale que celle de l'éco-construction, repose sur la « haute qualité environnementale » (HQE). Cette démarche a été développée à partir d'initiatives publiques et privées dans les années 1990. Elle a donné lieu à la création d'une marque, c'est-à-dire d'un label commercial et d'une certification. La démarche qualité qui permet d'obtenir le label est effectuée l'association HQE, reconnue d'utilité publique depuis 2004. Le label HQE repose non pas sur la définition de normes mais sur la fixation d'un référentiel de quatorze « cibles », c'est-à-dire d'objectifs posés au moment de la conception du projet, l'objectif étant toujours de limiter l'impact environnemental des constructions. La HQE est critiquée aujourd'hui pour son manque de lisibilité et pour sa proximité avec des intérêts commerciaux et industriels. Elle renvoie cependant au rôle important de l'initiative privé dans la réalisation du développement durable.

À une autre échelle, les écoquartiers cherchent à promouvoir un nouvel urbanisme en limitant leur impact environnemental et en favorisant la mixité sociale. Ils sont des laboratoires « grandeur nature » de l'éco-construction. Mais la démarche des écoquartiers peut aller plus loin : dans leurs formes les plus abouties, ils permettent aux habitants de participer à leur conception et leur gestion. Des groupes d'habitants-promoteurs peuvent demander aux municipalités de céder des terrains pour construire des écoquartiers. Ils peuvent aussi s'associer à des bailleurs sociaux. L'organisation collective favorise l'émergence de nouvelles pratiques : tri sélectif, recyclage, covoiturage, groupement d'achats. Le Ministère de l'Écologie, de l'Énergie, du Développement durable et de l'Aménagement du territoire (MEDDAT) a ainsi lancé en 2009 un concours pour valoriser des projets d'écoquartiers qui ne se limitent pas à une démarche technique mais qui privilégient les trois piliers de la durabilité en insistant par exemple sur la diversité sociale et fonctionnelle, les espaces publics, les espaces de loisirs ou sur la prospective économique. Un concours analogue a été lancé autour des « ÉcoCités ». La démarche « ÉcoCités » a pour but, selon les termes du ministère de l'Écologie, de l'Énergie, du Développement durable et de la Mer, « de dynamiser la réalisation des projets d'aménagement d'un genre nouveau. Elle vise à identifier les agglomérations qui, en partenariat avec les acteurs économiques, sociaux, et institutionnels, se portent volontaires pour initier une démarche résolument novatrice en matière de conception et de réalisation urbaine, et à accompagner les projets les plus aptes à constituer des emblèmes de la ville durable ».

La difficulté est ici d'articuler les différentes échelles : à quoi sert un écoquartier si les quartiers environnants continuent à polluer ? Comment coordonner les initiatives prises à l'échelle de la commune-centre et les projets de développement des communes périphériques ? Le développement durable rencontre ici les difficultés inhérentes aux découpages politico-administratifs actuels et aux questions de gouvernance territoriale (cf. chapitre 8).

L'écoquartier de Bonne à Grenoble

Projet primé au palmarès des écoquartiers en 2009, la ZAC (zone d'aménagement concerté) de Bonne à Grenoble est en cours d'achèvement. Ce projet d'aménagement concerne la réhabilitation et la reconversion d'une friche militaire de 8,5 hectares. Le renouvellement urbain débouche sur la construction de 850 logements, dont plus de 35 % sont des logements sociaux. Le projet cherche à garantir la mixité sociale et générationnelle avec par exemple la construction de logements étudiants ou de résidences pour personnes âgées. Les logements répondent au cahier des charges de l'éco-construction, avec des bâtiments économes en énergie (voire à énergie positive, c'est-à-dire énergétiquement autonome et qui vendent leur surplus de production). Un soin particulier est apporté aux espaces publics, avec la création de vastes espaces verts (parcs et jardins), mais aussi des établissements à caractère culturels. Les activités commerciales et les bureaux sont également présents.

L'écoquartier de Bonne, Grenoble

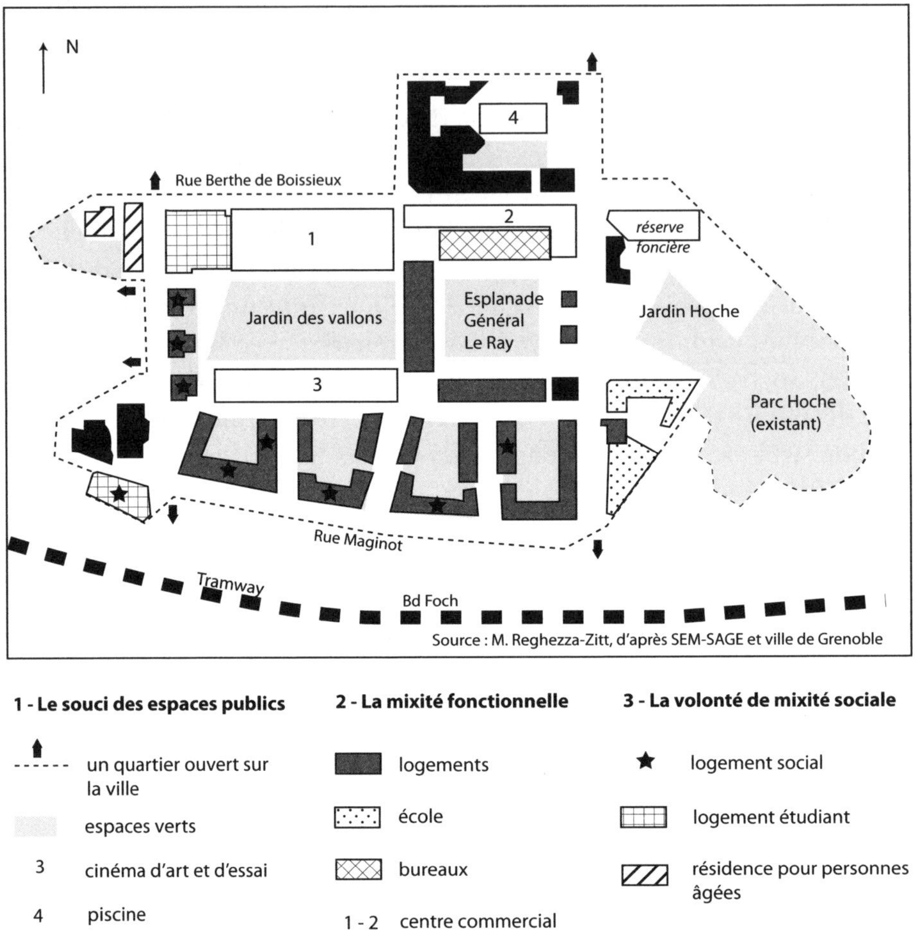

III. LIMITES ET CONTRADICTIONS DU DÉVELOPPEMENT DURABLE

La territorialisation du développement durable est d'autant plus difficile que la mise en pratique des principes de durabilité se heurte à un certain nombre de limites et de contradictions, qui tiennent à la complexité et à la singularité des territoires.

A. Concilier des objectifs antagonistes

La durabilité demande de concilier des objectifs qui ne sont pas forcément compatibles. Si l'on s'en tient au volet écologique du développement durable, on remarque qu'il n'y a pas consensus sur les définitions données à la protection de l'environnement. Ces divergences renvoient à la variété des représentations sur la place des activités anthropiques dans les territoires : protection intégrale qui exclut l'homme ou préservation subordonnée aux pressions de la société sur les milieux. Les projets de territoire doivent satisfaire des postures écologiques qui ne sont pas toujours compatibles entre elles, et ce d'autant plus que l'équilibre entre développement économique et protection peut renvoyer non plus simplement à la façon dont les acteurs conçoivent leur rapport à leur environnement, mais à l'appropriation politique de l'espace concerné par les mesures d'aménagement. En effet, lorsqu'on regarde les limites des périmètres protégés et la nature des contraintes qu'ils imposent, on constate qu'ils résultent souvent moins des impératifs réels de protection que du résultat d'un rapport de forces mouvant entre les acteurs au sein du territoire et entre les échelons politico-administratifs (cf. encadré sur Fontainebleau).

Plus largement, les trois piliers de la durabilité ne sont pas forcément conciliables. Par exemple, un périmètre de protection peut limiter une activité économique indispensable à la survie d'un territoire (cf. chapitre 2). De plus, ce qui semble durable à brève échéance peut se révéler insoutenable sur le long terme. Si l'on prend l'exemple de l'aménagement des espaces à risques, un développement durable supposerait pour le moins de limiter l'implantation de nouvelles populations ou de nouvelles activités. Mais cette option peut devenir très vite insoutenable dans la mesure où ces espaces sont souvent stratégiques pour le développement économique communal (cf. encadré sur l'éco-vallée du Var). La présence d'entreprises permet en effet de dégager des taxes qui servent à financer des équipements sociaux. L'instauration de zonages fait baisser la valeur foncière des propriétés, l'expropriation de certains habitants dégrade leurs conditions de vie tandis que des friches se développent entraînant des nuisances paysagères. Enfin, le développement local durable doit parvenir à concilier les trois piliers de la durabilité, à l'échelle d'un territoire, mais aussi entre les territoires dans la mesure il y a interdépendance entre les différents espaces au-delà des limites des périmètres d'action. Par exemple, la définition d'un périmètre protégé, où l'aménagement touristique est strictement réglementé, induit généralement une augmentation de la fréquentation touristique et la pression immobilière en zone périphérique, ce qui n'est pas durable.

Concilier les impératifs de protection à l'heure du développement durable : l'exemple de Fontainebleau

La protection recouvre deux postures différentes : une protection stricte qui n'admet l'action humaine que comme un correctif visant à conserver un état initial de référence ; une protection qui cherche davantage à accompagner le changement qu'à l'empêcher et qui envisage le patrimoine comme une ressource à exploiter. Ces deux logiques se traduisent par la diversité des périmètres de protection. Si l'on prend la carte IGN du massif forestier de Fontainebleau au 1/25 000e, on constate l'existence de nombreux périmètres protégés à l'intérieur de la forêt domaniale, qui relève elle-même d'un statut particulier puisqu'elle est une « forêt domaniale de protection », ce qui impose en particulier le maintien de l'usage des sols. Le massif forestier comporte des sites classés, des ZNIEFF (zone naturelle d'intérêt écologique, faunistique et floristique), des zones Natura 2000, des réserves biologiques, etc. On trouve l'opposition entre réserve biologique intégrale et réserve biologique dirigée. Dans la première, toutes les opérations sylvicoles sont interdites, sauf cas particulier d'élimination d'essences exotiques invasives ou de sécurisation. Dans la seconde, la gestion prend davantage un type conservatoire ou restauratoire : une exploitation forestière douce compatible avec les objectifs d'exploitation (pour restaurer des clairières, une source de bois mort…) peut ainsi être envisagée.

L'exemple des réserves montre qu'il existe des degrés de protection qui sont fonction d'un choix définissant le degré d'intervention de l'homme sur le milieu. Ce choix est variable en fonction des acteurs et des époques. Ainsi, dans le cas de Fontainebleau, le classement en forêt de protection ne fait pas consensus : certaines associations auraient souhaité la création d'un parc naturel national (PN) afin d'interdire ou de réglementer très strictement l'accès au public dans la zone centrale. Le statut de forêt de protection ne permet que de limiter le « mitage » de la forêt et de ne plus faire primer la rentabilité de l'exploitation forestière sur la protection des milieux. Ce classement a pourtant été défendu par d'autres associations qui ont fait valoir le fait que la création d'un PN était irréaliste dans la mesure où il aurait fallu fermer l'A86 et les deux nationales à quatre voies alors que le classement risquerait d'augmenter la fréquentation touristique et la pression immobilière en zone périphérique. On voit donc bien s'affronter deux conceptions de la protection, qui ne sont pas résolues par la référence au développement durable : les arbitrages dépendent des rapports de forces entre acteurs et des représentations des équilibres à tenir entre les trois piliers de la durabilité.

B. Les effets négatifs du développement durable

Le développement durable peut par conséquent induire des effets indésirables sur les territoires. La durabilité peut ainsi très vite devenir un principe clivant et inégalitaire qui discrimine les populations. Par exemple, la reconstruction de la ville sur elle-même par la réhabilitation de certains quartiers conduit souvent à leur *gentrification*, c'est-à-dire à une hausse du foncier qui conduit à la concentration des couches aisées de la population, et donc à la spatialisation des inégalités sociales. De même, la restriction de l'usage de l'automobile pénalise les plus pauvres, contraints d'habiter en périphérie à cause d'un foncier trop élevé dans le centre. La construction d'écoquartiers peut provoquer une augmentation du coût du foncier qui empêche la mixité sociale, malgré l'objectif affiché. La ville durable peut alors consacrer une excellence écologique réservée aux seules classes moyennes et aisées. Les habitants des écoquartiers sont en effet souvent des populations au capital intellectuel et financier élevé. Comme le rappelle C. Emelianoff, ce sont aussi ces populations qui ont le temps et la capacité de s'investir dans l'écocitoyenneté et de mobiliser les élus, les promoteurs, les professionnels au service d'un projet innovant.

Le développement durable privilégie par ailleurs certains types d'espaces. D'un côté, les actions de développement durable ciblent des territoires caractérisés par un milieu particulier : littoraux, montagnes, forêts, etc. Ces territoires essentiellement ruraux, fortement convoités, se sont trouvés soumis à des pressions foncières et économiques fortes, du fait de la périurbanisation, de la littoralisation des activités et du peuplement ou encore du développement touristique. Dès les années 1970-1980, ils ont fait l'objet de mesures spécifiques visant à encadrer leur aménagement : loi littoral, loi montagne, etc. ont inscrit dans le droit les principes de la protection de ces milieux. La référence au développement durable n'a fait ici que conforter les dispositifs existants. D'un autre côté, les promoteurs du développement durable se sont focalisés sur les espaces qui concentrent aujourd'hui la majeure partie des populations et des activités, à savoir les espaces urbains, et plus encore, les régions métropolitaines. Ces dernières ont en effet été identifiées comme les principales émettrices de pollutions et de nuisances. En 2008, selon les données de l'observatoire national des Agenda 21 locaux, presque toutes les communautés urbaines, 25 % des communautés d'agglomération et quelques communautés de communes avaient mis en place une démarche de développement durable. Les petites villes restaient très en retard (57 % des villes de plus de 100 000 habitants et 17 % des villes moyennes, contre seulement 1,6 % pour les petites villes et les villages, étaient dotés de tels projets).

Gérer les territoires à risques à l'heure du développement durable. Exemple de la vallée du Var.

Au sein de la conurbation littorale qui s'étend de Cannes à Menton et qui compte environ un million d'habitants, la basse vallée du Var est un espace périphérique à toutes les échelles : échelle nationale, mais aussi départementale et communale. Le Var, ancienne frontière entre la France et le Comté de Nice, et sa vallée, constituent une discontinuité spatiale forte alors même que la conurbation cherche à se structurer autour d'un projet de développement métropolitain visant à conforter les solidarités territoriales. Or la vallée du Var est aujourd'hui le seul espace plan qui offre encore des terrains à bâtir. Elle revêt donc un caractère stratégique d'un point de vue économique et urbanistique et fait l'objet d'importantes opérations d'aménagement (zones d'activités, logements, gare multimodale), qui se heurtent aujourd'hui à de fortes contraintes liées aux risques d'inondation, à la protection de l'environnement et aux besoins de développement économique.

La création d'une Opération d'Intérêt national (OIN), le 7 mars 2008, répond à cette volonté de concilier des intérêts divergents sur un même territoire. L'OIN doit désormais servir de support à la réalisation d'un projet d'aménagement de long terme visant à faire de ce territoire une « éco-vallée », « laboratoire et modèle de développement local durable, fondée sur l'excellence écologique ». Le devenir de l'agglomération azuréenne ne peut plus se penser uniquement à l'échelle locale : l'objectif est de créer une nouvelle centralité pour arrimer la Côte d'Azur au processus de mondialisation et asseoir sa position à l'échelle du bassin méditerranéen. La vallée du Var deviendrait ainsi « cœur de métropole ». Pour autant, le développement actuel de la métropole azuréenne paraît de moins en moins soutenable : le recours quasi exclusif à la voiture individuelle, les carences en transports en commun et la congestion des réseaux a des coûts économiques et environnementaux majeurs. Les nuisances associées à la congestion automobile portent atteinte à la qualité de vie des habitants des espaces concernés. De plus, la préservation des ressources naturelles et paysagères est considérée comme un enjeu majeur. La Côte d'Azur connaît de grosses difficultés pour l'approvisionnement en électricité. La gestion des eaux usées, en particulier en période estivale avec l'arrivée des touristes, est rendue problématique par l'insuffisance des équipements ou la vétusté de certaines stations d'épuration. Enfin, le mitage mal maîtrisé des espaces agricoles et le développement de certaines infrastructures lourdes modifient les paysages, pouvant porter atteinte à une ressource essentielle pour le tourisme.

Le concept « d'éco-vallée » est finalement construit volontairement sur un paradoxe : utiliser un territoire qui concentre risques, fragilités et difficultés en matière environnementale « comme espace de démonstration des meilleurs savoir-faire azuréens et nationaux dans le domaine de la gestion des problématiques environnementales ». Mais au-delà du discours volontariste, les aménageurs vont devoir concilier un certain nombre de logiques antagonistes. En premier lieu, il faut gérer les héritages : la vallée du Var est un axe logistique majeur, parcouru de flux motorisés importants. Plusieurs voies de communication importantes s'y concentrent : autoroute A8, routes nationales (RN 202 et 202 bis), aéroport international, etc. Le pont sur l'autoroute, à l'embouchure du Var, voit par exemple circuler chaque jour 160 000 à 170 000 véhicules, ce qui correspond au trafic de l'autoroute A1 à hauteur de Paris. Il faut ensuite composer avec les risques d'inondations. Le territoire a été soumis à deux Plans de Prévention des Risques (PPR) consécutifs, qui se révèlent très contraignants : plus de 40 % de la basse vallée sont en zone rouge. Pour contourner le PPR, l'établissement public en charge de l'OIN, en accord avec les acteurs locaux et les services de l'État, a demandé la mise en œuvre d'un Plan d'Action et de Prévention des Inondations (PAPI). Le PAPI prévoit des travaux de confortement des digues pour obtenir le label « digue fiable » au regard des critères définis par le PPR et donc permettre la densification de l'habitat et des activités dans des secteurs stratégiques jusque-là inconstructibles.

Il est indéniable que le PPR constitue un risque pour le développement local. Mais, dans le même temps, le PAPI encourage un discours contraire à la conscience du risque. Ainsi, le 1er novembre 2009, le quotidien local, *Nice Matin*, titre sur une phrase du Préfet : « la plaine du Var ne sera plus inondable dès mars prochain ». Si cette approche du risque limite la vulnérabilité en réduisant l'exposition, elle ne permet pas l'affichage du risque, et donc la conscience de ce dernier. Elle ne favorise pas non plus le développement de la capacité d'adaptation des populations concernées par le risque. Elle accroît donc la vulnérabilité de la société en cas de sinistre.

L'« éco-vallée » : l'excellence écologique au service de la métropolisation

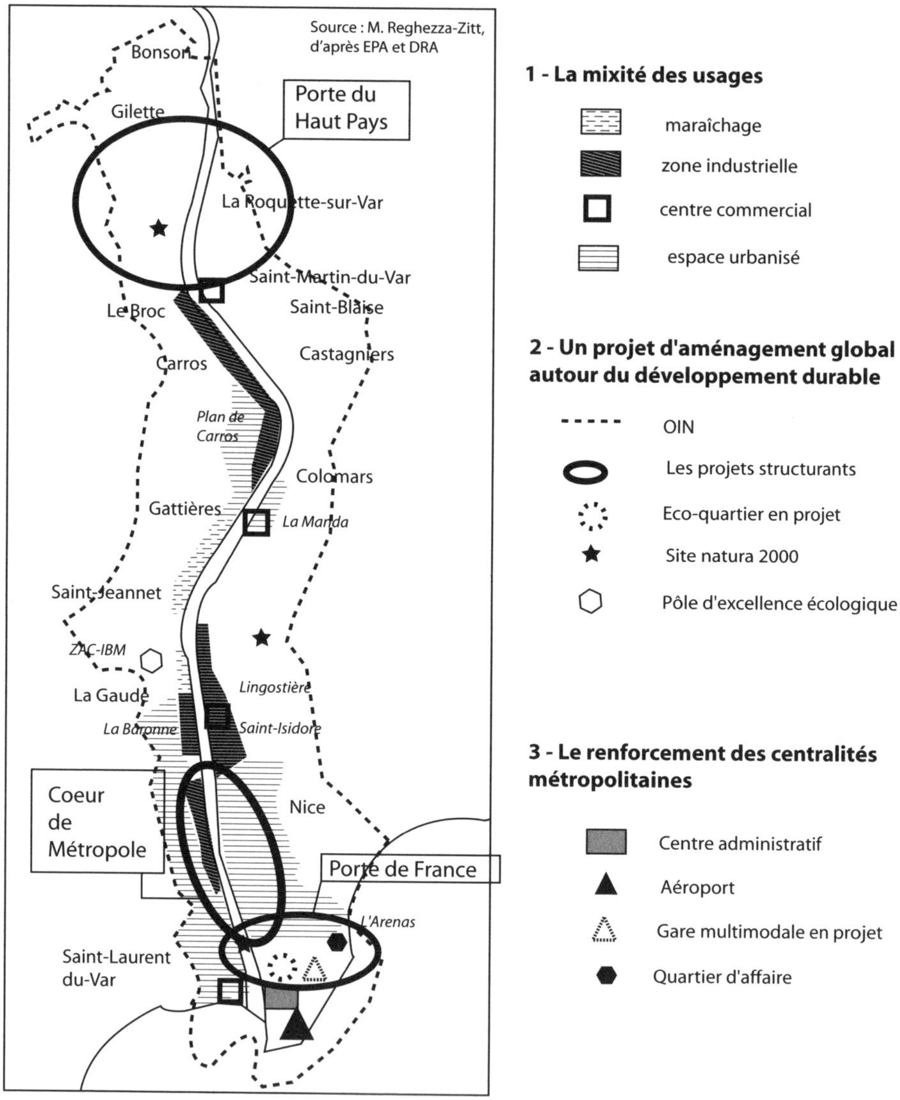

Source : M. Reghezza-Zitt, d'après DTA et OIN

CONCLUSION

Le développement durable constitue tout à la fois un défi et une opportunité pour les territoires. Sa mise en œuvre se heurte finalement aux difficultés rencontrées aujourd'hui par les territoires : fragmentation des acteurs, articulation entre les différents échelons politico-administratifs et les niveaux scalaires, difficultés à gérer le développement local sur le long terme dans un contexte de complexité, d'interdépendance et d'incertitude accrues. La durabilité révèle la nécessité de faire évoluer les pratiques de gestion et de gouvernance, en les adaptant à un nouveau contexte économique, social et environnemental.

Bibliographie

Emelianoff C. (2007), « La ville durable : l'hypothèse d'un tournant urbanistique en Europe », *L'Information géographique*, n° 3, vol. 71, p. 48-65.

Mancebo F. (2006), *Le développement durable*, Armand Colin, coll. U, 260 p.

Mancebo F. (2007), « Quels référentiels pour un aménagement « durable » ? », *L'Information géographique*, vol. 71, p. 29-47.

Offner J.-M., Pourchez C. (2007), « La ville durable. Perspectives françaises et européennes », *Problèmes politiques et sociaux*, n° 933, février, 119 p.

Veyret Y. (dir.), (2007), *Le développement durable*, SEDES, 432 p.

Conclusion

Le 22 octobre 2009, la DATAR inaugurait officiellement un nouveau cycle de réflexion prospective à l'échelle nationale intitulée *Territoires 2040, aménager le changement.* Le titre met en exergue le souci porté aux territoires qui sont considérés par la DATAR comme des « opérateurs de changement », c'est-à-dire « des acteurs politiques majeurs qui participent de la construction de la France ». S. Cordobes[1] écrit par exemple que « les territoires paraissent aujourd'hui devoir tenir un rôle majeur : d'échelles variées, ils disposent tous de capacités endogènes, d'excellences propres pour conduire leur changement et non le subir ». Il sous-entend ainsi que la France se construit aujourd'hui non seulement dans mais aussi par ses territoires, qui sont les moteurs du développement.

Les territoires en France sont animés aujourd'hui par deux types de dynamiques complémentaires : des dynamiques endogènes, qui sont produites par le territoire lui-même et qui renvoient à la capacité d'innovation, d'initiative, d'adaptation des acteurs locaux et des activités aux mutations de plus en plus rapides du contexte économique et social ; des dynamiques exogènes, qui ne sont pas spécifiques aux territoires considérés mais qui découlent de l'intensification des relations entre les différents acteurs, activités et lieux, intensification née de l'insertion de plus en plus poussée à la mondialisation.

On peut retenir finalement un certain nombre d'éléments qui caractérisent aujourd'hui le territoire national et les territoires aux échelles infranationales.

On observe d'abord une mise en réseau croissante des espaces et des territoires, qui résulte très largement de la mondialisation. Par mise en réseau, on entend non seulement le fait que les territoires sont de plus en plus en situation d'interrelation les uns avec les autres, mais aussi que l'organisation des espaces de vie devienne discontinue, lacunaire. Les territoires doivent ainsi désormais s'envisager tantôt comme des espaces conti-

1. S. Cordobes, « Les plis de territoires 2040 », *Territoires 2040*, revue en ligne, n° 1, 2009, http :// territoires2040.datar.gouv.fr/spip.php?rubrique10&revue=1.

nus (par exemple, l'espace vécu de l'individu), tantôt comme des archipels (par exemple, les systèmes de villes ou les territoires de l'économie) dans lesquels les lieux sont reliés, interdépendants, mais aussi physiquement séparés.

La figure du réseau, qu'il s'agisse de l'infrastructure matérielle qui assure la mobilité ou de l'organisation spatiale qui caractérise les relations entre des lieux spatialement disjoints, devient ainsi omniprésente. Le potentiel relationnel du réseau permet de dépasser la discontinuité de la distance, qu'il s'agisse d'une distance kilométrique, temporelle, sociale, culturelle, etc. Mais il accroît du même coup le poids des interrelations et les solidarités entre des territoires qui peuvent être très éloignés les uns des autres. De fait, les territoires, qu'ils soient urbains, métropolitains, industriels, ruraux, etc. s'inscrivent aujourd'hui dans des systèmes spatiaux complexes, souvent multiscalaires, dont la cohérence et le contenu varient en fonction des enjeux considérés.

Cette dynamique de mise en réseau accompagne la polarisation du territoire national autour de quelques centres fortement hiérarchisés. La métropolisation du territoire national est une conséquence (et un moteur) de ce processus. La métropolisation, qui résulte de la mondialisation, accélère aussi la spécialisation des lieux et des territoires. Loin d'un développement homogène et équilibré du territoire national, les différenciations spatiales s'accroissent en fonction du degré d'insertion à la mondialisation et à l'intégration à l'Union européenne.

On assiste alors à un creusement des inégalités à toutes les échelles : inégalités économiques, sociales, environnementales, qui reflètent la logique de concurrence et de compétitivité des territoires.

Ces mécanismes spatialement sélectifs entraînent des risques de fragmentation des territoires. Ils font éclater les solidarités anciennes aussi bien entre les lieux ou les espaces qu'entre les personnes. Cette fragmentation peut susciter de multiples tensions que le politique semble d'autant plus impuissant à contenir qu'il ne parvient plus à réguler les processus et les mécanismes qui en sont à l'origine. Cette impuissance résulte aussi de l'incapacité à adapter les périmètres d'intervention à la réalité fonctionnelle des nouveaux territoires réticulaires, aux limites floues, au contenu spatial mouvant.

Ces mutations profondes aboutissent finalement à un sentiment de crise. Les identités territoriales sont remises en question par des dynamiques qui brouillent les catégories qui permettaient à chacun de penser le territoire. L'urbanisation participe à la « mort de la nature », la métropolisation modifie le sens de la ville, la périurbanisation signe la « fin des campagnes », la désindustrialisation consacre l'hybridation entre les secteurs primaires, tertiaires et secondaires, les mobilités sapent les ancrages territoriaux classiques et favorisent la multi-appartenance, etc. Peu à peu, les différentes formes de territoires ne coïncident plus : les espaces de vie se morcellent alors que l'espace vécu reste un tout continu, les bassins de vie ne se superposent plus aux bassins d'emplois, les limites administratives ne contiennent plus les territoires fonctionnels.

Dans le même temps, les territoires manifestent une extrême vigueur et une étonnante capacité de résistance. Les identités sont refondées et réaffirmées autour de projets de développement locaux qui mobilisent les différents acteurs. La « fabrique des territoires » évoquée à plusieurs reprises augmente certes les risques d'émiettement des périmètres ou de morcellement socio-spatial, mais offre aussi de formidables laboratoires d'innovation politique, de mobilisation citoyenne, de modernisation économique et sociale.

Index

Table des matières

Composition réalisée par Datagrafix

11010465 - (I) - (1,3) - OSB 90° - ACT

Imprimerie CHIRAT - 42540 Saint-Just-la-Pendue
Dépôt légal : avril 2011
N° 201103.0188

Imprimé en France